NZZ **Libro**

Benedikt Weibel

Mir nach!
Erfolgreich führen vom heiligen Benedikt bis Steve Jobs

Verlag Neue Zürcher Zeitung

Bibliografische Information der Deutschen Nationalbibliothek

Die Deutsche Nationalbibliothek verzeichnet diese Publikation in der Deutschen Nationalbibliografie; detaillierte bibliografische Daten sind im Internet über http://dnb.d-nb.de abrufbar.

© 2012 Verlag Neue Zürcher Zeitung, Zürich

Umschlaggestaltung: Atelier Mühlberg, Basel, unter Verwendung eines Fotos von Jean-Pierre Rey/Gamma Rapho/Getty Images
Gestaltung, Satz: Gaby Michel, Hamburg
Druck, Einband: CPI – Clausen & Bosse, Leck

Dieses Werk ist urheberrechtlich geschützt. Die dadurch begründeten Rechte, insbesondere die der Übersetzung, des Nachdrucks, des Vortrags, der Entnahme von Abbildungen und Tabellen, der Funksendung, der Mikroverfilmung oder der Vervielfältigung auf anderen Wegen und der Speicherung in Datenverarbeitungsanlagen, bleiben, auch bei nur auszugsweiser Verwertung, vorbehalten. Eine Vervielfältigung dieses Werkes oder von Teilen dieses Werkes ist auch im Einzelfall nur in den Grenzen der gesetzlichen Bestimmungen des Urheberrechtsgesetzes in der jeweils geltenden Fassung zulässig. Sie ist grundsätzlich vergütungspflichtig. Zuwiderhandlungen unterliegen den Strafbestimmungen des Urheberrechts.

ISBN 978-3-03823-794-5

www.nzz-libro.ch
NZZ Libro ist ein Imprint der Neuen Zürcher Zeitung

Inhaltsverzeichnis

Eine faszinierende Reise 9

Teil 1
Vom Abt bis zum CEO 11

1 Führung in der Kirche 13
    1.1 Die *Benediktus-Regel* 13
    1.2 Die Jesuiten 18
    1.3 Calvin 22
    1.4 Besonderheiten der Führung in der Kirche 26

2 Führung in der Armee 28
    2.1 Die Preussen 28
    2.2 Napoleon 36
    2.3 Die US Army 42
    2.4 Besonderheiten der Führung in der Armee 46

3 Führung an den Höfen 52
    3.1 Machiavelli 52
    3.2 Ludwig XIV. 55
    3.3 Haile Selassie: der König der Könige 59
    3.4 Höfisches in der heutigen Zeit 61
    3.5 Besonderheiten der Führung am Hof 64

4 Führung in Extremsituationen **68**
    4.1 Magellan **68**
    4.2 Carl Weyprecht **72**
    4.3 Das Rennen um den Südpol **75**
    4.4 Ernest Shakleton **80**
    4.5 Fussballtrainer **83**
    4.6 Besonderheiten der Führung in Extremsituationen **87**

5 Führung in der Revolution **91**
    5.1 Robespierre **91**
    5.2 Lenin **96**
    5.3 Buenaventura Durruti **100**
    5.4 Besonderheiten der Führung in der Revolution **106**

6 Führung in der Wirtschaft **109**
    6.1 Frederick W. Taylor **109**
    6.2 Henry Ford **115**
    6.3 Lee Iacocca **123**
    6.4 Jack Welch **130**
    6.5 Toyota **139**
    6.6 Steve Jobs **148**
    6.7 Besonderheiten der Führung in der Wirtschaft **157**

7 Frauen führen **164**
    7.1 Maria Theresia **164**
    7.2 Frauen in Politik und Wirtschaft **171**
    7.3 Besonderheiten der Führung durch Frauen **176**

Teil 2
Die grossen Themen der Führung 181

1 Macht 183

2 Autorität 187

3 Hierarchie 191

4 Menschenbild 195

5 Verantwortung 197

6 Moral, Ethik, Tugend, Werte 199

7 Gestaltung und Umsetzung 203

8 Glaubwürdigkeit und Vertrauen 204

9 Disziplin 206

10 Loyalität 209

11 Kritik und Widerspruch 212

12 Motivation 214

13 Antizipieren 220

14 Kultur 222

15 Das oberste Führungsteam 225

16 Entscheiden 227

17 Lernen 229

18 Komplexität reduzieren 231

19 Kommunizieren 234

20 Typen von Führungssituationen 237

21 Handwerk oder Kunst? 240

Teil 3
Das Muster für erfolgreiche Führung 243

1 Glaubwürdigkeit als Basis **246**
2 Die sieben Schlüsselfaktoren **249**
    2.1 Sachverstand **249**
    2.2 Leidenschaft **251**
    2.3 «Alpha-Gen» **253**
    2.4 Tatkraft **254**
    2.5 Einfachheit **256**
    2.6 Team-Building **258**
    2.7 Beharrlichkeit **260**

Anhang
Anmerkungen **263**
Literaturverzeichnis **301**
Personen- und Sachregister **306**

Eine faszinierende Reise

Mir nach! Der kürzeste Führungsbefehl als Chiffre für ein Phänomen, das die Menschen seit Jahrtausenden beschäftigt. Immer noch. Vor Jahren hat mich ein Bild magisch gepackt: ein schief liegendes Schiff in einer Polarnacht, im Packeis gefangen. Ich habe mir das Buch über die Saga von Ernest Shakleton in der Antarktis beschafft und im Urlaub gelesen.[1] Bald wurde mir klar, dass das nicht in erster Linie ein Buch über ein aussergewöhnliches Abenteuer ist, sondern Literatur über Führung unter schwierigsten Umständen. Einige Jahre später las ich die Publikation von zwei Amerikanerinnen über Shakletons Führungskunst.[2] Das war der Boden, auf dem die Idee reifte, Geschichten über Führung in ganz verschiedenen Kontexten darzustellen und daraus ein Muster für den Führungserfolg abzuleiten. Das Verfahren ist in der Wissenschaft als «beschreibend-analytische Form des Berichts von Beispielen» bekannt. «Aus diesen Beispielen lösen wir bestimmte Zusammenhänge heraus, von denen wir annehmen, dass sie allgemeine Bedeutung haben.»[3]

Die Auswahl der sieben Bereiche und der insgesamt 26 Porträts ist subjektiv, ebenso die Auswahl der Quellen. Dabei habe ich nicht nur historische Quellen, soziologische, philosophische Publikationen und Biografien benutzt, sondern auch belletristische Werke. Mit Staunen habe ich im Verlauf meiner Lektüre festgestellt, dass auch der oben zitierte Soziologe Heinrich Popitz in seinem Buch *Phänomene der Macht* eine Passage des Thrillerautors Eric Ambler zitiert. Eine wunderbare Passage übrigens, auf die im Teil 2 wiederholt Bezug genommen wird. Das bedeutet nichts anderes, als dass Autoren aus dem Bereich der Belletristik bestimmten Phänomenen näherkommen als Autoren wissenschaftlicher Werke.

So habe ich mich auf die Reise gemacht und Tausende Seiten gelesen.

Ich bin der Faszination des Themas vollständig erlegen. Erstmals habe ich akute Symptome von Lese- und Schreibsucht wahrgenommen. Seit Jahrzehnten habe ich mich praktisch und theoretisch mit dem Phänomen Führung auseinandergesetzt. Umso überraschter war ich, wie viele neue Perspektiven mir diese Arbeit geöffnet hat. Ich habe Autoren entdeckt, deren Namen ich wohl gekannt habe, aber nur durch Zitate aus der Sekundärliteratur. Allen voran der grosse Soziologe Max Weber. Seine umfangreichen Werke, vor hundert Jahren geschrieben, sind ein unendlicher Fundus und in vielen Bereichen von geradezu beängstigender Aktualität. Man staunt über diesen Typ des Universalgelehrten, den es heute nicht mehr gibt. Das Buch hat sich zu einem Kompendium über die grossen Themen der Führung entwickelt. Und schliesslich bin ich am Ziel angekommen: Ja, es gibt das Muster für erfolgreiche Führung.

Benedikt Weibel

Teil 1
Vom Abt bis zum CEO

1. Führung in der Kirche

1.1 Die *Benediktus-Regel*

Benedikt von Nursia (etwa 480–547) studierte in Rom. «Doch zog er sich bald, vom sittenlosen Treiben der Weltstadt angewidert, beseelt vom Verlangen, ‹Gott allein zu gefallen›, zunächst in die Einsamkeit der Sabiner Berge …, dann ins romanitische Tal des Aio … zurück. Nach drei Jahren streng eremitischen Lebens scharten sich um den jungen Asketen Schüler, und er wurde Lehrer und Vater einer Mönchskolonie von zwölf Klöstern.»[4] Für die Mönche schrieb er ein umfassendes Handbuch über das mönchische Leben mit vielen Anweisungen für den Abt. Es kann wohl als erstes Führungshandbuch der Geschichte betrachtet werden. «Von der Bibel abgesehen, liegt kein Werk des altchristlichen Schrifttums in so zahlreichen Handschriften vor wie die RB (Regula Benedicti).»[5]

Das Kapitel «Die Eigenschaften des Abtes» behandelt die Führung im Kloster. «Ein Abt, der würdig ist, ein Kloster zu leiten, muss immer den Titel bedenken, mit dem er angeredet wird, und muss der Bezeichnung ‹Oberer› durch seine Taten gerecht werden.»[6] Dann wird präzisiert: «Er zeige mehr durch sein Beispiel als durch Worte, was gut und heilig ist.»[7] Und: «Der Abt muss wissen: Für jeden Verlust, den der Hausherr bei seinen Schafen feststellt, trifft den Hirten die Verantwortung.»[8] Es folgt eine klare Handlungsanweisung: «Er soll im Kloster niemand bevorzugen.»[9]

Eindrücklich knapp und bildhaft werden die Schlüsselbegriffe der Führung erläutert. Begriffe, die bis heute zentrale Bedeutung haben: Beispiel, Vorbild, Verantwortung, Gerechtigkeit. «*Weise zurecht, ermutige, tadle!* Das heisst: Je nach Zeit und Umständen verbinde er mit der Strenge die Milde; er zeige bald den Ernst des Meisters, bald die Güte des Vaters. Die Ungezogenen und Unruhigen soll er sehr hart zurückweisen, die Gehorsamen, Friedlichen und Willigen aber zu weiteren Fortschritten ermutigen. Wir ermahnen ihn, die Nachlässigen und Verächter der Zucht zu tadeln und zu bestrafen. Er soll nicht über die Fehler der Schuldigen hinwegsehen, sondern sie, so gut er kann, gleich beim Entstehen mit der Wurzel ausrotten ... Rechtschaffene und verständige Gemüter kann er bei der ersten und zweiten Mahnung mit Worten zurechtweisen; die Unaufrichtigen und Widerspenstigen, die Stolzen und Ungehorsamen aber bestrafe er gleich beim ersten Vergehen mit Schlägen und körperlicher Züchtigung. Kennt er doch das Schriftwort: *Der Tor wird durch Worte nicht gebessert.* Und das andere: *Schlag deinen Sohn mit der Rute, und du rettest ihn vor dem Tod.*»[10]

In der Konzeption von Benedikt ist Führung nicht ein Privileg, sondern eine Verpflichtung. «Der Abt soll immer daran denken, was er ist; er soll daran denken, was sein Name besagt. Er soll wissen: *Wem mehr anvertraut ist, von dem wird auch mehr gefordert.* ... Er soll wissen, wie schwer und mühevoll die Aufgabe ist, die er übernommen hat: Seelen zu leiten und der Eigenart vieler zu dienen; bei dem einen soll er es mit liebenswürdiger Güte, bei dem anderen mit Tadel, beim dritten mit eindringlichem Zureden versuchen. Je nach Veranlagung und Fassungskraft eines jeden soll er sich an alle so anpassen und anschmiegen, dass er an der ihm anvertrauten Herde keinen Verlust zu beklagen hat, sondern im Gegenteil sich am Gedeihen der guten Herde freuen kann.»[11]

Mit wenigen Worten illustriert Benedikt die Herausforderung einer Führungsaufgabe. Dabei stechen zwei Verben ins Auge: leiten und dienen. Und es kommt eine wechselseitige Verpflichtung zwischen dem Leitenden und den Geleiteten zum Ausdruck. Weiter hinten wird dieser Gedanke konkretisiert: «Er soll wissen, dass er mehr zum Helfen als zum Befehlen da ist ... Und immer soll er mehr *Erbarmen walten lassen als strenges Gericht ...* Und er suche mehr geliebt, als gefürchtet zu werden.»[12]

Die Verantwortung des Abtes wird noch präzisiert: «Vor allem darf er nicht über das Heil der ihm anvertrauten Seelen hinwegsehen oder es geringschätzen ... Vielmehr soll er stets daran denken, dass er die Leitung von Seelen übernommen hat, für die er einst Rechenschaft ablegen muss.»[13] Verantwortung lässt sich etymologisch auf «Antwort geben vor dem Richter» zurückführen. Das wird in dieser Passage eindrücklich umschrieben. Der Abt hat vor dem höchsten Richter Rechenschaft abzulegen. Und deshalb muss er sich bewusst sein: «Wenn ich meine Herden auf dem Marsch überanstrenge, gehen sie alle an einem einzigen Tag zugrunde.»[14]

Ein zentrales Thema der Führung einer jeden Institution ist die Art und Weise, wie Entscheidungen zustande kommen. «Sooft es sich im Kloster um eine wichtige Angelegenheit handelt, soll der Abt die ganze Klostergemeinde zusammenrufen und selbst die Angelegenheit vortragen. Er soll den Rat der Brüder anhören, dann die Sache bei sich überlegen und das tun, was er für richtig hält.»[15] Erstaunlich, dass schon im frühen Mittelalter Partizipation und Kooperation vorgeschrieben werden. Die Begründung wird nachgeliefert: «Dass zur Beratung alle gerufen werden, bestimmen wir deshalb, weil der Herr oft einem Jüngeren offenbart, was das Bessere ist.»[16]

Hier erscheint eine zentrale Frage der Führung, die bis heute grösste Aktualität hat: Wie kann das kreative Potenzial der Gemeinschaft einer Institution aktiviert und ausgeschöpft werden? Dies wird hier eher bei den Jüngeren vermutet. Aber auch die Erfahrung spielt eine wesentliche Rolle: «Handelt es sich um weniger wichtige Angelegenheiten des Klosters, so ziehe er nur die Älteren zu Rate; es steht ja geschrieben; *Tu alles mit Rat, dann brauchst du nach der Tat nichts zu bereuen.*»[17]

Klar ist, wer das letzte Wort hat: «Doch sollen die Brüder ihren Rat demütig und bescheiden geben und sich nicht herausnehmen, ihre Meinung hartnäckig zu verteidigen. Die Entscheidung liegt vielmehr beim Abt: Was er für nützlicher hält, das sollen alle gehorsam annehmen. Aber wie es sich für den Jünger schickt, dem Meister zu gehorchen, so ist es die Pflicht des Abtes, alles umsichtig und gerecht anzuordnen.»[18]

Der Entscheid ist das eine, seine Umsetzung das andere. Auch hier wird auf die Reziprozität der Beziehungen hingewiesen, was man als Verpflichtung zur gegenseitigen Loyalität bezeichnen kann. «Alle sollen daher in allem der Weisung der Regel folgen, und niemand darf leichtfertig von ihr abweichen. Niemand im Kloster soll dem Begehren des eigenen Herzens folgen, und niemand darf sich herausnehmen, mit seinem Abt frech oder ausserhalb des Klosters zu streiten. Wenn jemand sich das herausnimmt, verfalle er der in der Regel festgesetzten Strafe. Der Abt jedoch handle immer in Gottesfurcht und nach den Vorschriften der Regel. Er soll wissen, dass er ohne jeden Zweifel vor Gott, dem gerechten Richter, über alle Entscheidungen Rechenschaft ablegen muss.»[19]

Unter dem Titel «Die Instrumente der guten Werke» folgen nicht weniger als 73 Gebote, viele direkt der Bibel entnommen.[20] Die lange Liste umfasst sowohl positive Handlungsanweisungen wie «Den nächsten lieben wie sich selbst» als auch Verbote wie «Kein falsches Zeugnis geben».

Neben den vielen religiös motivierten Vorgaben fallen die bis heute aktuellen allgemeinen Massregeln auf: nicht heuchlerisch Frieden bieten; niemandem Unrecht tun, aber auch erlittenes Unrecht geduldig tragen; kein Faulenzer und kein Murrer sein; sein Tun und Lassen ständig überwachen; dem Befehl des Abtes in allem gehorchen; die Überheblichkeit fliehen; bei einem Zwist noch vor Sonnenuntergang wieder Frieden schliessen. Dem Abt wird insbesondere die Mässigung, die «Mutter aller Tugenden», ans Herz gelegt.[21]

Ein Kapitel wird dem Gehorsam gewidmet. «Die höchste Stufe der Demut ist der Gehorsam ohne Zögern.»[22] Die Mönche haben auf ihre persönlichen Interessen zu verzichten. Sie «legen gleich alles aus der Hand, lassen ihre Arbeit unvollendet liegen, und mit dem raschen Schritt des Gehorsams kommen sie durch die Tat dem Wort des Befehlenden nach».[23] Es kommt nicht nur darauf an, dass der Auftrag sofort ausgeführt wird, er muss auch mit Freude erledigt werden. «Wenn aber der Jüngere missmutig gehorcht und wenn er murrt, nicht nur mit dem Mund, sondern auch nur im Herzen, dann findet er kein Gefallen vor Gott, … er verfällt im Gegenteil der Strafe der Murrer …»[24]

Gehorsam allein reicht nicht. Es kommt auch darauf an, mit welchem Geist eine Aufgabe erledigt wird. Wenn wir das in unsere heutige Fachsprache übersetzen, dann ist damit die Motivation gemeint.

Nach einigen Kapiteln über geistliche und spirituelle Themen werden die Sanktionen angesprochen, die von Ausschliessungen (zum Beispiel vom gemeinsamen Tisch) bis zu körperlichen Strafen reichen. Aber auch: «Der Abt muss auf jegliche Weise um die Brüder besorgt sein, die sich verfehlt haben; denn nicht die Gesunden brauchen den Arzt, sondern die

Kranken. ... Der Abt muss sich grosse Mühe geben und mit Umsicht und Beharrlichkeit alles daran setzen, um keines der ihm anvertrauten Schafe zu verlieren.»[25] Das ist eine sehr bildhafte Umschreibung der Fürsorgepflicht, die zum Inhalt einer Führungsaufgabe gehört und welche die Angelsachsen so treffend mit *take care* umschreiben.

Ebenso schlicht wie bedeutsam ist die Anregung an den Abt: «Kann er einem Bruder nichts geben, dann gebe er ihm wenigstens eine freundliche Antwort. Es steht ja geschrieben: *Ein* freundliches Wort *geht über die beste Gabe.*»[26]

Das Verfahren bei der Aufnahme der Brüder ist klar geregelt. «Wenn einer neu ankommt, um Mönch zu werden, dann soll ihm der Eintritt nicht ohne weiteres gewährt werden, sondern man halte sich an das Apostelwort: *Prüft, ob die Geister aus Gott sind.*»[27] Dem Novizen wird ein älterer Bruder zugewiesen, der über ihn wacht. «Wenn er nach reiflicher Überlegung verspricht, alles zu beobachten und jedem Befehl nachzukommen, dann nimmt man ihn in die Klostergemeinde auf.»[28]

Wer wird Abt? Auch für diese Schlüsselfrage gibt es eine eindeutige Anweisung: Bei der «Einsetzung des Abtes gelte immer der Grundsatz, dass der bestellt wird, den sich die ganze Klostergemeinde einmütig ... wählt».

Nach der Lektüre der *Benediktus-Regel* staunt man über die Vollständigkeit der behandelten Themen und ein Führungsverständnis, das Vorbild und Unterstützung ins Zentrum stellt (wenn man von den heute als archaisch wahrgenommenen Strafen absieht). Erstaunlich modern ist das Menschenbild des Geführten. Er ist ein reflektierendes Wesen, dessen Meinung vom Abt in den Entscheidungsprozess einbezogen werden soll. Auch war damals schon die *Corporate Governance* ein Thema, selbstverständlich ohne diesen erst seit wenigen Jahren geläufigen Begriff zu verwenden. Für die *Checks and Balances* sorgt Gott, dem Rechenschaft abzulegen ist und der alles sieht und weiss.

1.2 Die Jesuiten

Tausend Jahre nach der Einführung der *Benediktus-Regel* hat der Kontext fundamental geändert. Die Reformation erschütterte den katholischen Glauben in seinen Grundfesten, und die Gegenkräfte begannen sich zu sammeln. In diesem Klima gründete Ignatius von Loyola (1491–1556) mit Gefährten 1539 die Gesellschaft Jesu mit dem Ziel, «Athleten» heranzubilden, «um die Feinde Gottes zu bekämpfen».[29]

Der Begriff «Athlet» bringt zum Ausdruck, dass hier ein Stosstrupp der Besten aufgebaut werden sollte. 1540 genehmigte Papst Paul III. das Statut der Gesellschaft. Der oberste Zweck der Gesellschaft war die «Verteidigung und Verbreitung des Glaubens».[30]

Wie in anderen kirchlichen Orden ist jedes Mitglied an ein Gelübde gebunden, und wie üblich umfasst dieses die drei Bereiche Armut, Keuschheit und Gehorsam.[31] Dazu kommt auf den oberen Stufen der Hierarchie das bei keinem anderen Orden formulierte Gehorsamkeitsgelübde gegenüber dem Papst.[32]

Die Gesellschaft Jesu wurde als eine elitäre Kaderorganisation konzipiert. Jesuit zu werden, war und ist ein Privileg, das Leben als Jesuit auch physisch anstrengend.[33] Jesuiten tragen hinter ihrem Nachnamen den Zusatz SJ (für Societas Jesu). Zwei Instrumente sorgen für eine einheitliche Doktrin: die *Imago primi saeculi*, «ein zeitloses Kompendium jesuitischer Ideale und Leistungen»,[34] und die *Geistlichen Übungen* von Ignatius von Loyola, «die jeder Jesuit nach einer Anleitung von 1608 einmal pro Jahr lesen musste. Durch diese Übungen – eine Abfolge von Meditation, Gebet und strenger Gewissensforschung – geführt zu werden, erwies sich … als ein wirksamer Weg, Neulinge zu einer Laufbahn als Jesuit zu locken.»[35]

Das Auswahlprinzip ist rigoros. Gesucht sind aussergewöhnliche Talente – Reichtum und sozialer Status zählen nicht –, «Qualitäten wie spirituelle Kraft, Zuneigung zur Societas, ein gutes Gedächtnis und eine angenehme Art zu sprechen umso mehr».[36] Zurückhaltend ist man bei «einem Mangel an körperlicher Vollständigkeit, bei Krankheit und Schwäche» und bei «auffallender Hässlichkeit».[37] Weil «eine jesuitische Erziehung fast immer umsonst war, sorgte sie für eine beeindruckende soziale Mischung».[38]

1. Führung in der Kirche

Die Gesellschaft Jesu war die erste Organisation, die ihre Mitglieder «wahrhaft revolutionär»[39] in Eliteschulen auf ihre Aufgaben vorbereitete, in einem «ungewöhnlich lang[en] und hart[en]» Prozess[40]. In einem weltweiten Netz von Schulen und Kollegien wurden in den vergangenen Jahrhunderten nicht nur Novizen, sondern «ein beträchtlicher Teil der Weltgeistlichkeit Europas» ausgebildet.[41] Aber nicht nur Geistliche besuchten die Kollegien der Jesuiten, sondern auch bedeutende Köpfe wie Descartes, Corneille und Molière.[42]

Die Lerntechniken reichten vom Einexerzieren über Disputationen bis zu Übungen. Die Lehrer verlangten keinen Lohn. Die Klassen waren gross und wurden streng diszipliniert. «Zusammengesetzt aus Schülern aller sozialer Schichten, blühten sie vor Strebsamkeit und Wetteifer.»[43] In den «niederen Schulen» wurde während fünf bis sechs Jahren Grammatik, *humanitas* (mit Texten von Cicero, Livius und Caesar) und Rhetorik unterrichtet.[44] «Nach den niedrigen Disziplinen kamen voll ausgeprägte Universitäten, die vierjährige Studiengänge der Philosophie... und der Theologie... anboten.»[45] Das System generierte Universalgelehrte mit aus heutiger Sicht geradezu unglaublich breitem Horizont.

Nach der «Grundschulung» folgte ein zweijähriges Noviziat mit einer anschliessenden Auswahl als Laienbruder oder Scholastiker. «Vor einem Scholastiker lagen viele Jahre des Studiums der Philosophie (in der Regel drei Jahre) und der Theologie (normalerweise vier Jahre)...»[46] Und wieder folgte ein Ausleseverfahren, in dem entschieden wurde, «ob der nun vollends geformte Jesuit ein geistiger Koadjutor oder ein Professe wurde, der die Ehre hatte, das zusätzliche vierte Gelübde des Gehorsams gegenüber dem Papst in Bezug auf die Aussendung abzulegen».[47] Das Gelübde umfasste die Verpflichtung, «überall hin zu gehen unter Gläubige oder Ungläubige, wo Seine Heiligkeit es befehlen sollte, ohne Ausrede und ohne irgendwelches Reisegeld zu fordern, für Aufgaben, welche die Gottesverehrung und das Wohl der christlichen Religion betreffen».[48]

Die Mission steht im Zentrum der Tätigkeit der Gesellschaft Jesu. Diese Tätigkeit war immer mit Gefahren verbunden. Dutzende Jesuiten starben den Märtyrertod. Durch die Mission wurde die Gesellschaft zu einer multinationalen Organisation und «eine der einflussreichsten Organisationen Europas».[49]

Im Gegensatz zu anderen Orden wohnen Jesuiten nicht in Klöstern und unterstehen keiner Kleiderordnung. Stattdessen «passten sie sich an jedem Ort, an dem sie sich befanden, dem Stil der dortigen Priester an ...».[50] So präsentiert sich Pater Ferdinand Verbiest auf einer Farbtafel im Buch von Jonathan Wright *Die Jesuiten* in der Kleidung eines chinesischen Astrologen. Das illustriert die grosse Flexibilität jesuitischer Missionare trefflich. Sie hatten erkannt, dass für ein erfolgreiches Wirken nicht nur das Verständnis anderer Kulturen unabdingbar war, sondern man sich diese Kulturen recht eigentlich aneignen musste. Die «evangelikale Strategie der Missionare beruhte auf vorsichtiger Anerkennung der Ausprägungen der uralten Zivilisation ...».[51] Die Mittel wurden situationsgerecht eingesetzt, «manchmal sanft, manchmal mit dem Schwerte».[52] Dieses Vorgehen erforderte ein «gewisses Talent zur Metamorphose»,[53] was dem Orden einen konspirativen Zug verlieh.

Die Gesellschaft ist streng hierarchisch gegliedert. An der Spitze steht der Generalobere, die einzige Person, die gewählt wird. Wahlgremium ist die Generalkongregation. «Sie setzt sich zusammen aus den Provinziälen und bis zu zwei Delegierten aus jeder der weltweit 89 Provinzen ... Seit der Gründung des Ordens 1539 haben insgesamt erst 35 Generalkongregationen stattgefunden, die letzte vom Januar bis März 2008.»[54] «Regionale Obere setzte man lieber von oben ein, als sie am jeweiligen Ort auszuwählen.»[55] Gelübde und Hierarchie sorgen für strenge Disziplin. Das führte allerdings auch zu «Spannungen zwischen der autoritären Struktur ihrer Hierarchie ... und den individualistischen Bestrebungen ihrer Basis, zwischen der Notwendigkeit des Gehorsams und dem Wert eigener Initiative an abgelegenen Orten rund um die Welt».[56]

Die straffe Hierarchie, das elitäre Auslese- und Schulungskonzept und ein gewisser konspirativer Charakter der Gesellschaft führten schon früh zu Anfeindungen, selbst innerhalb der katholischen Gemeinschaft. Verleumdungen, Verschwörungstheorien und antijesuitische Mythen nährten sich über die Jahrhunderte. Die 1614 in Krakau publizierte jesuitenfeindliche Schrift *Monita Secreta* ist noch heute erhältlich. Die Aussage «Der Zweck heiligt die Mittel» wird den Jesuiten, Machiavelli und den Bolschewiken zugeschrieben. Die strikte Gehorsamspflicht wurde in den Schmähschriften zum Kadavergehorsam.[57] Wright kommt zum Schluss, dass «ein Grossteil jener ausgefallenen Jesuitenhetze schierer Unsinn ist».[58] Aber auch namhafte Gelehrte wie Blaise Pascal wandten sich gegen die Gesellschaft Jesu. Die Jesuiten wurden als «Handlanger des Papstes» und «eingeschworene Feinde weltlicher Autorität» diskreditiert.[59] In der Aufklärung verschärften sich die Gegensätze, und das 18. Jahrhundert wurde für die Jesuiten das «problematischste Jahrhundert».[60] Es gipfelte 1773 im päpstlichen Erlass der Aufhebung des Ordens, «eine der mysteriösesten Angelegenheiten in der Geschichte der Kirche».[61] 728 Bildungseinrichtungen wurden aufgelöst und 600 Bibliotheken abgeschafft. «Das Seltsame am Verschwinden der Societas Jesu ist aber, dass sie niemals ganz verschwand.»[62] 1814 wurde der Orden durch Papst Pius VII. wieder zugelassen. In der Schweiz wurden die Jesuiten nach dem Sonderbundskrieg 1847 des Landes verwiesen und der Orden in der Verfassung verboten. Diese Bestimmung wurde 1973 wieder aufgehoben.

Am Ersten Vatikanischen Konzil (1869–1870) nahmen 700 Bischöfe teil, die endlos über die päpstliche Unfehlbarkeit debattierten, eine Idee, welche die Jesuiten seit Jahrhunderten unterstützten. Trotz einigen Widerstands wurde das Unfehlbarkeitsdogma beschlossen, was dazu führte, dass der Papst, wenn er *ex cathedra* spricht, per definitionem nicht einem Irrtum verfallen kann. Der Entscheid führte zu grossen Spannungen in der katholischen Kirche und zur Abspaltung der Altkatholiken.

Die Gesellschaft Jesu ist noch heute weltweit tätig.[63] Ihre Ideen sind über ihre Zeitschriften auch online zugänglich, zum Beispiel in *Stimmen der Zeit*. Dort wird in einem Artikel zum 20. Todestag des Generaloberen Pedro Arrupe SJ (1907–1991) von «neuen Ideen, wie dem Dialog als Führungsinstrument im Orden» gesprochen.[64] Es hat fast 500 Jahre gedauert, bis der Dialog als Führungsinstrument eingesetzt wird. Das ist einer der Gründe, weshalb die Gesellschaft Jesu so ambivalent wahrgenommen wurde. Wenn in der *Benediktus-Regel* die Mässigung als die «Mutter aller Tugenden» gepriesen wird, so ist davon bei den Jesuiten nichts zu spüren. Indoktrination und unbedingter Gehorsam sind die Säulen des Führungskonzepts der Gesellschaft Jesu. «Die von Stufe zu Stufe steigende Rationalisierung der Askese zu einer immer ausschliesslicher in den Dienst der Disziplinierung gestellten Methodik erreichte im Jesuitenorden ihren Gipfel. Jeder Rest von individueller charismatischer Heilsverkündung und

Heilsarbeit ... sind hier verschwunden: der rationale ‹Zweck› herrscht ... und ‹heiligt› die Mittel ...»[65]

Mission ist ein zentraler Begriff. Es wirkt eigentümlich, dass dieses Wort Eingang in den Sprachgebrauch des heutigen Managers gefunden hat. Der Manager nimmt mit Bewunderung Kenntnis von der Konsequenz (und dem Erfolg) des Ordens im *War for Talents* und von der Intensität, mit der er diese Talente über Jahre hinweg ausgebildet und gefördert hat. Und er staunt über die Anziehungskraft einer Idee, welche eine enorm hohe Motivation generiert, die ganz ohne monetäre Reize auskommt.

1.3 Calvin

«Sicher waren es die eifrigsten und kompromisslosesten Gestalten an den jeweiligen Enden des religiösen Spektrums: Die Calvinisten von Genf und die Jesuiten von Rom.»[66]

Ist es Zufall, dass Johannes Calvin (1509–1564) und Ignatius von Loyola durch die gleiche strenge Schule des Kollegiums von Montaigu gegangen sind?[67] Die Lebensumstände an dieser Universität waren «schreckenserregend ... Die Peitsche gehört zum normalen Erziehungsmittel».[68] Gewisse Parallelen sind jedenfalls unverkennbar. Was für die Jesuiten die *Imago primi saeculi* war, war für Calvin die *Institutio christianae religionis*, «eines der zehn oder zwanzig Bücher der Welt, von denen man ohne Übertreibung sagen darf, dass sie den Ablauf der Geschichte bestimmt und das Antlitz Europas verändert haben; ... hat sie von der ersten Stunde bei den Zeitgenossen durch ihre logische Unerbittlichkeit, ihre konstruktive Entschlossenheit entscheidenden Einfluss geübt».[69]

Stefan Zweig zeichnet in seinem 1936 erschienenen Buch *Castellio gegen Calvin oder Ein Gewissen gegen die Gewalt* ein düsteres Bild des Reformators. Natürlich ist dieses Werk durch die Umstände der Zeit zu interpretieren. Wenn er schreibt: «Denn nur eine solche Selbstbesessenheit, eine solche grossartig bornierte Selbstüberzeugtheit macht in der Weltgeschichte einen Mann zum Führer. Nie hat die immer dem Suggestiven erliegende Menschheit sich dem Geduldigen und Gerechten unterworfen, sondern immer nur den grossen Monomanen...»,⁷⁰ dann werden Namen wie Lenin, Stalin und Hitler gegenwärtig.

Aber auch ein moderner Autor wie der deutsche Theologe und Publizist Uwe Birnstein, der Calvin mehr Sympathie entgegenbringt, stellt die rücksichtslose Durchsetzung der Kirchenzucht und das rigorose Verbot von Luxus und Verschwendung ins Zentrum seiner Ausführungen.⁷¹ Max Weber spricht im Zusammenhang mit Calvin von einer «pathetischen Unmenschlichkeit».⁷²

Nach Stefan Zweig ist Unerbittlichkeit nicht nur ein Merkmal der *Institutio*, sondern auch des Charakters von Calvin, einer «granitenen Grundnatur» mit «eiserner Starre». Nichts sei ihm «zeitlebens fremder gewesen als Konzilianz».⁷³ «Es gehört zur Kraft Calvins, dass er die Starre seiner ersten Formulierung [der *Institutio*] niemals gelindert oder geändert hat... Kein wesentliches Wort wird er mehr ändern und vor allem sich selber nicht...»⁷⁴ Zweig zeichnet das Bild eines «Subordinationsfanatikers»,⁷⁵ der seine Autorität mit äusserster Rücksichtslosigkeit durchsetzt. Calvins Machtanspruch ist unbedingt, von den Menschen verlangt er «sich selbst preisgebenden Gehorsam».⁷⁶ «...kraft seiner unerbittlichen Energie wird Calvin alles an sich reissen, rücksichtslos wird er seine totalitäre Forderung in Tat und damit eine demokratische Republik in eine theokratische Diktatur verwandeln.»⁷⁷ Der *Institutio* lässt er einen *Katechismus* folgen, der mit 21 Artikeln die Grundsätze der neuen evangelischen Lehre formuliert. Calvin «verlangt restlosen Gehorsam bis auf Punkt und Strich... [Er] duldet niemals und in keiner Hinsicht Freiheit in Dingen der Lehre und des Lebens. Nicht eine Spanne Spielraum in geistlichen und geistigen Dingen ist er der innerlichen Überzeugung des einzelnen zu überlassen gewillt; die Kirche hat nach seiner Auffassung nicht nur das Recht, sondern auch die Pflicht, unbedingten, autoritären Gehorsam allen Menschen gewaltsam aufzunötigen...»⁷⁸ Der *Katechismus* ist nicht bloss eine religiöse Vorschrift, Calvin nötigt den Rat der Stadt Genf, ihn zum Staatsgesetz zu erheben. Damit nicht genug: Alle Bürger der Stadt werden gezwungen, «diesen Katechismus einzeln, Mann für Mann, öffentlich zu beschwören».⁷⁹ Basis dieser Unerbittlichkeit ist Calvins negatives Menschenbild. In seiner *Institution Chrétienne* schreibt er: «Blickt man den Menschen nur auf seine natürlichen Gaben hin an, so findet man an ihm vom Scheitel des Kopfes bis zur Sohle des Fusses nicht die geringste Lichtspur des Guten.»[80] Deshalb dürfe man den Menschen nicht sich selbst überlassen, denn «seine Seele [ist] einzig des Bösen fähig».[81] Deshalb wird vor «jedem Vertrauen auf Menschenhilfe und Menschenfreundschaft»[82] gewarnt und «alles nur Gefühlsmässige für der Täuschung verdächtig»[83] gehalten.

Es sei dies der erste Versuch, meint Zweig, im Namen einer Idee eine völlige Gleichschaltung eines ganzen Volkes zu unternehmen und aus Genf den ersten Gottesstaat auf Erden zu schaffen.[84] Calvin habe nie daran gezweifelt, «dass man die Menschen nur fördere, wenn man ihnen rücksichtslos jede individuelle Freiheit nimmt».[85] Das Mittel dazu ist die Disziplin. «Zucht und Strenge sind die eigentlichen Fundamente des calvinistischen Lehrgebäudes. ... Alles was die Seele selig entspannen, erheben, erlösen und entschweren will – in erster Linie also die Kunst, [ist] verpönt als eitle und ärgerliche Überflüssigkeit.»[86] Calvin selbst sei «absolut unsinnlich».[87] Sein Porträt charakterisiert er als «güteloses, trostloses, altersloses Asketenantlitz».[88] Zweig hält mit seinem Urteil nicht zurück: «Immer ist – Beispiel Robespierres – der Asket der gefährlichste Typus des Despoten.»[89]

Die Befolgung des *Katechismus* wird rücksichtslos durchgesetzt. Mit Methoden des Terrors wird gezielt Angst geschürt. «Man täusche sich nicht. Gewalt, die vor nichts zurückschreckt und jede Humanität als eine Schwäche spottet, ist eine ungeheure Kraft.»[90] Ordonnanzen überwachen die Durchführung der Regeln. Ein Privatleben gibt es nicht mehr, «überall sitzen seine bezahlten Spione».[91] Alles, was nur im Entferntesten mit Zerstreuung und Freude zu tun hat, ist verboten, selbst das Feiern der Festtage Weihnachten und Ostern. «Erlaubt ist, zu leben und zu sterben, zu arbeiten und zu gehorchen und in die Kirche zu gehen.»[92] Zuwiderhandlungen werden grausam bestraft, «besser zu hart als zu milde».[93] Um seine Gemeinde zu regieren, setzt er vier Arten von Ämtern ein: die Pastoren, die Doktoren, die Ältesten («Presbyter») und die Diakonen. Die Presbyter haben auf die Lebensführung jedes Einzelnen zu achten. Zusammen mit den Pastoren bilden sie das Konsistorium, das über Sanktionen beschliesst.[94]

Basis des Calvinismus ist die Prädestinationslehre, das Dogma der Gnadenwahl: «... für die Kirchenväter des Luthertums stand es dogmatisch fest, dass die Gnade verlierbar ... ist und durch bussfertige Demut und gläubiges Vertrauen auf Gottes Wort und die Sakramente neu gewonnen werden kann. Gerade umgekehrt verlief der Prozess bei Calvin ... Nicht Gott ist um der Menschen, sondern die Menschen sind um Gottes willen da ...»[95] Das bedeutet, dass «ein Teil der Menschen selig wird, ein anderer verdammt bleibt. Anzunehmen, dass menschliches Verdienst oder Verschulden dieses Schicksal mitbestimme, hiesse Gottes absolut freie Entschlüsse, die von Ewigkeit her feststehen, als durch menschliche Einwirkung wandelbar ansehen: ein unmöglicher Gedanke.»[96] Die «Erwählten» und die «Verworfenen» sind von Gott bestimmt, und sie unterscheiden sich im Leben nicht voneinander.[97] Konsequenterweise hat der Calvinismus jegliche «Fragen nach dem ‹Sinn› der Welt und des Lebens» ausgeschaltet.[98]

«Der Gott des Calvinismus verlangte von den Seinigen nicht einzelne ‹gute Werke›, sondern eine zum *System* gesteigerte Werkheiligkeit ... Die ethische Praxis des Alltagsmenschen wurde so ihrer Plan- und Systemlosigkeit entkleidet und zu einer konsequenten *Methode* der ganzen Lebensführung ausgestaltet. ... Diese Rationalisierung nun gab der reformieren Frömmigkeit ihren spezifisch *asketischen* Zug ...»[99]

Tröstlich ist die Feststellung Zweigs, dass Calvins Lehre schneller, als es zu erwarten war, ihre übersteigerte Unduldsamkeit eingebüsst habe. Man tue gut dran, das, was Calvin selbst gefordert habe, von dem, was aus dem Calvinismus in seiner historischen Entwicklung geworden sei, zu unterscheiden. In dieser milderen Form hat der Calvinismus unter vielen Etiketten überlebt: Puritanismus, Presbyterianer, Methodisten, Pietisten und Quäker; in Schottland, Holland, Preussen und den USA. Mit Recht habe Max Weber in seiner berühmten Studie festgestellt, «dass kein Element so sehr wie die calvinistische Lehre des absoluten Gehorsams den Industrialismus vorbereiten half».[100] Weber spricht dem Calvinismus die «Entfesselung der privatwirtschaftlichen Energie des Erwerbs» zu.[101] Calvin habe «in dem Reichtum der Geistlichen kein Hindernis für ihre Wirksamkeit» gesehen, «im Gegenteil eine durchaus erwünschte Steigerung ihres Ansehens ..., [die] ihnen gestattete, ihr Vermögen gewinnbringend anzulegen ...».[102] Nicht Besitz ist verwerflich, sondern «das *Ausruhen* auf dem Besitz, der *Genuss* des Reichtums ... Nicht Musse und Genuss, sondern *nur Handeln* dient nach dem unzweideutig geoffenbarten Willen Gottes zur Mehrung seines Ruhmes. *Zeitverschwendung* ist also die erste und prinzipiell schwerste aller Sünden.»[103] In der Lehre Calvins gibt es für den Menschen nur eine Devise: «Arbeite hart in deinem Beruf.» Arbeit ist Selbstzweck des Lebens. Der paulinische Satz: «Wer nicht arbeitet, soll nicht essen», gilt bedingungslos für jedermann.[104] Auf diesem geistigen Fundament hat die Lehre Calvins zur Akkumulation des Kapitals geführt und war nach Max Weber der entscheidende Treiber des Kapitalismus.

Zweig weist auf ein ursächliches Dilemma jeglicher Führung hin: Die Abgrenzung zwischen Freiheit und Autorität, «denn Freiheit ist nicht möglich ohne Autorität (sonst wird sie zum Chaos) und Autorität nicht ohne Freiheit (sonst wird sie zur Tyrannei)».[105] Prophetisch ist seine Aussage «alle Despotien veralten oder erkalten..., alle Ideologien und ihre zeitlichen Siege enden mit ihrer Zeit: Nur die Idee der geistigen Freiheit, Idee aller Ideen und darum keiner erliegend, hat ewige Wiederkehr.»[106]

Das Auffallendste an der Führungskonzeption Calvins ist sein abgrundtief negatives Menschenbild. Es ist die Basis für sein tyrannisches System der Zucht. Es ist einigermassen paradox, dass ausgerechnet die menschenverachtendste der drei hier vorgestellten Konzeptionen den wohl grössten Einfluss auf die Geschichte gehabt hat.

1.4 Besonderheiten der Führung in der Kirche

Fredmund Malik schreibt in seinem Buch *Führen, Leisten, Leben*, es gebe nach wie vor nur zwei Organisationen, die ihre zukünftigen Führungskräfte systematisch auf ihre Führungsaufgaben vorbereiteten: die Kirche und die Armeen.[107]

Führung in der (christlichen) Kirche basiert auf einer klaren Raison d'être. Die Sinnfrage stellt sich nicht. Das Wort Gottes und die Bibel mit ihren Interpretationen bilden eine starke Klammer. Das asketische Element ist eine Folge davon und wird im Calvinismus auf die Spitze getrieben. So verschieden die drei Konzepte auch sind, es gibt einen gemeinsamen Nenner: die Gehorsamspflicht. In der *Benediktus-Regel* ist der

1. Führung in der Kirche

Gehorsam an die Entscheide und Aufträge des Abtes gebunden. Bei den Jesuiten und den Calvinisten wird der Rahmen durch eine *Mission* (die *Imago* bzw. *Institutio*) vorgegeben. Jesuiten und Calvinisten sind auf dem von Stefan Zweig erwähnten Kontinuum zwischen Autorität und Freiheit am äussersten autoritären Ende angesiedelt. Bezeichnend dafür ist das Unfehlbarkeitsdogma des Papstes. Etwas offener sind die Benediktiner, bei denen der Abt immerhin angewiesen wird, die Erfahrung der Älteren und die Kreativität der Jüngeren in den Entscheidungsprozess einzubeziehen. In allen Institutionen aber wird *Insubordination* hart bestraft.

Den drei kirchlichen Organisationen ist gemeinsam, dass sie durch ein Gesicht repräsentiert werden. Dabei umgibt den heiligen Benedikt von Nursia eine etwas verschwommene Legende. Ignatius von Loyola ist zwar als Gründer präsent, hat aber seiner Organisation nicht seinen Namen gegeben. Die am stärksten prägende Einzelfigur ist ohne Zweifel Calvin, obwohl sich seine Nachfolger Milderungen seines überaus strengen Zuchtregimes erlaubt haben.

Erstaunlich ist, dass sowohl der Abt eines Klosters als auch der Generalobere der Jesuiten von der Gemeinschaft und nicht von einer übergeordneten Instanz gewählt werden.

Die grosse Innovation der Jesuiten ist die Einführung von Eliteschulen. Es gelingt ihnen, die Talente aufzuspüren und sorgfältig auswählen, und zwar ohne Rücksicht auf ihre Herkunft, was im ständischen Mittelalter alles andere als die Norm ist. Auffallend ist die Breite der Bildung, die in diesen Schulen vermittelt wird, und das grosse Gewicht, das auf Präsentation und Ausdruck gelegt wird.

Gross sind die Unterschiede im Menschenbild. In der *Benediktus-Regel* wird vom mitdenkenden Bruder ausgegangen. Vom Mitglied der Gesellschaft Jesu wird eine hohe Anpassungsfähigkeit erwartet. Nur so kann die Missionstätigkeit in verschiedenen kulturellen Milieus Erfolg haben. Für Calvin schliesslich ist das Schicksal der Menschen von Gott vorherbestimmt. Der Mensch ist deshalb eine willenlose Kreatur, bestimmt ausschliesslich zum Arbeiten. Rigorose Zucht und Strafen sollen ihn vor den Versuchungen dieser Welt bewahren. Damit kultivierte Calvin das Führungsinstrument aller Tyrannen: die Einschüchterung.

2. Führung in der Armee

2.1 Die Preussen

«Preussen» ist im Verlauf seiner Geschichte zum Synonym für Militarismus geworden. «Das Bild des preussischen Militärs mit seiner arroganten, affektierten und herablassenden Pose verkörperte für viele ... die schlimmsten Eigenschaften des Staatswesens.»[108] Heinrich Heine fasst seinen Spott und Sarkasmus in die Verse:

> Noch immer das hölzern pedantische Volk,
> Noch immer ein rechter Winkel
> In jeder Bewegung, und im Gesicht
> Der eingefrorene Dünkel.
>
> Sie stelzen noch immer so steif herum,
> So kerzengrade geschniegelt,
> Als hätten sie verschluckt den Stock,
> Womit man sie einst geprügelt.

Die Nationalsozialisten bedienten sich sehr bewusst «preussischer Motive, um den Primat von Loyalität, Gehorsam und Wille zu betonen».[109] Nach dem Krieg sprach Winston Churchill von der «Kriegsmaschine mit ihren eitlen, säbelrasselnden, Hacken zusammenschlagenden preussischen Offizieren und den dummen, fügsamen Massen von Hunnenkriegern, die über das Land herfallen wie ein Heuschreckenschwarm».[110] Und er kam zum Schluss: «Was Europa ein für alle Mal abschütteln müsse, sei der preussi-

2. Führung in der Armee

sche Militarismus mit seiner schrecklichen Philosophie.»[111] Zwischen den Alliierten bestand ein Konsens, dass «dieser todgeweihte Leichnam Preussen endlich getötet werden müsse».[112] Die *déprussification* wurde konsequent umgesetzt, auch der Name Preussen sollte für immer verschwinden. «Am 25. Februar 1947 unterzeichneten Vertreter der alliierten Besatzungsbehörden in Berlin ein Gesetz zur Auflösung des Preussischen Staates.»[113]

Der erste Satz der Präambel des Gesetzes ist unmissverständlich: «Der Staat Preussen, der seit jeher Träger des Militarismus und der Reaktion in Deutschland gewesen ist, hat in Wirklichkeit zu bestehen aufgehört.»

Artikel I bestimmt: «Der Staat Preussen, seine Zentralregierung und alle nachgeordneten Behörden werden hiermit aufgelöst.»[114]

Preussen wuchs aus dem hohenzollerischen Brandenburg, einem «nicht gerade vielversprechenden Territorium».[115] Das Land wurde im Dreissigjährigen Krieg (1618–1648) verwüstet. «Gräueltaten waren das charakteristische Kennzeichen dieses Krieges. Sie drückten etwas aus, was sich tief in das Gedächtnis eingrub: die Aufhebung jeglicher *Ordnung* ...»[116] Unter Friedrich Wilhelm, dem «grossen Kurfürsten», der sein Land von 1640–1688 ausserordentlich lange regierte, transformierte sich das Land grundlegend. «Friedrich Wilhelm hat das Amt des Kurfürsten sozusagen neu erfunden ... [er] arbeitete härter als ein Sekretär ... Seine Minister staunten über sein Detailwissen, sein Urteilsvermögen und seine Fähigkeit, ganztägige Arbeitssitzungen durchzustehen.»[117] Gegen Ende seiner Regierungszeit verfügte Brandenburg über ein stehendes Heer von 30 000 Mann. Dabei hatten sich bereits Elemente der späteren preussischen militärischen Kultur herausgebildet: «... regelmässiger, systematischer Drill der Truppen in Schlachtmanövern, starke funktionelle Ausdifferenzierung und ein diszipliniertes, professionelles Offizierskorps».[118] Der grosse Kurfürst gründete eine Kadettenschule für Offiziersrekruten. Die Ausbildung der Offiziere wurde standardisiert und «der Zusammenhalt und die Moral der niederen Dienstgrade gestärkt, was sich in den 1680er Jahren an der hervorragenden Disziplin und der geringen Anzahl von Deserteuren ablesen liess».[119] Später wurde die Kadettenschule durch eine Lehranstalt für junge Offiziere, eine eigentliche Eliteschule, ergänzt.[120]

Das brandenburgische Heer errang grosse Siege in Fehrbellin und

Warschau. Dabei stand Friedrich Wilhelm, «mittlerweile ein korpulenter Mann von 55 Jahren, mitten im Kampfesgetümmel».[121] Ende des 17. Jahrhunderts war Brandenburg-Preussen nach Österreich das zweitgrösste deutsche Fürstentum.[122] 1701 wurde Kurfürst Friedrich III. von Brandenburg mit riesigem Pomp zum König Friedrich I. von Preussen gekrönt, 1713 folgte ihm sein Sohn als Friedrich Wilhelm I. auf dem Thron. Der australische Historiker Christopher Clark spricht in diesem Zusammenhang von einer Kulturrevolution. Friedrich I. hätte zum Typ A gehört: ein «leutseliger, pompöser Verschwender, in erster Linie auf sein Image bedacht und der täglichen Regierungsarbeit eher abgeneigt», sein Nachfolger zum Typ B: «der asketische und sparsame Workaholic».[123] Die Typen hätten sich in der Folge abgewechselt, wobei der Typ B präsenter gewesen sei. Im Gegensatz zu seinem Vorgänger trug Friedrich Wilhelm I. eine Militäruniform, was «bis zum Ende der preussischen Monarchie nach dem Ersten Weltkrieg ein auffälliges Merkmal dynastischer Repräsentation der Hohenzollern» blieb.[124] Die damit bezeugte demonstrative Bescheidenheit hatte religiöse Wurzeln. Preussens Protestantismus war von verschiedenen Strömungen beeinflusst: Lutheraner, Calvinisten und ganz besonders Pietisten (s. 1, 1.3). «Die Pietisten schätzten Zurückhaltung und Bescheidenheit und verachteten die Prunk- und Verschwendungssucht am Hofe. Dort und in den Organen der militärischen und zivilen Ausbildung förderten sie systematisch die Tugenden der Nüchternheit, Sparsamkeit und Selbstdisziplin ...»[125] «[Es] erscheint wahrscheinlich, dass die Pietisten mit ihrer moralischen Rigorosität und ihrem frommen Berufsethos mit dazu beitrugen, das alte Bild des Offiziers als eines draufgängerischen und verwegenen Hasardeurs zu diskreditieren und stattdessen einen Verhaltenskodex für Offiziersränge zu etablieren, der auf Mässigkeit, Selbstdisziplin und unbedingtem Gehorsam basierte, Eigenschaften, die mit der Zeit als typisch ‹preussisch› definiert wurden.»[126]

Als Friedrich Wilhelm I. 1740 starb, hatte das preussische Heer eine Stärke von 80 000 Mann.[127] Die einzige Verschwendung, die sich der Monarch leistete, waren die «Langen Kerls», hochgewachsene Soldaten, die in ganz Europa rekrutiert wurden.[128] Der «Paradedrill» wurde unter seinem Regime intensiviert und damit die Manövrierfähigkeit grosser Truppenverbände verbessert.[129] Indem er den Adel über die Kadettenschulen in die

2. Führung in der Armee

Armee integrierte, wurde eine militärische Tradition auf Basis der «ungebrochenen Macht der Junker, jener adeligen Gutsbesitzer in den Gebieten östlich der Elbe ...»[130] gebildet. «Die Folge sei eine tief greifende Militarisierung der brandenburgisch-preussischen Gesellschaft gewesen.»[131]

Den Höhepunkt der preussischen Geschichte bildete die 46-jährige Regentschaft von Friedrich II., dem Grossen (1740–1786). Eine Flut von Veröffentlichungen anlässlich seines 300. Geburtstages 2012 zeigt die ungebrochene Popularität und Faszination des Monarchen. Auf der Front des *Spiegels* erscheint er als Friedrich der Grösste.[132] «Was die Grösse seines Intellekts angeht, kann es keinen Zweifel geben. Sein ganzes Leben hindurch verschlang er Bücher.»[133] Während seiner Feldzüge führte er eine mobile Feldbibliothek mit. Sein eigenes literarisches Werk umfasst mehrere Dutzend Bände. Friedrich war auch ein ausgezeichneter Musiker. Er «übte und spielte unablässig [Querflöte], mit einem Perfektionismus, der an Besessenheit grenzte».[134] Ganz in der preussisch-pietistischen Tradition hatte er eine «Abneigung gegen den friderizianischen Personenkult»[135] und verzichtete auf die Insignien der dynastischen Monarchie. Der König trug stets «einen alten blauen Soldatenrock..., dessen Revers mit Spuren von spanischem Schnupftabak befleckt war».[136] Auch fernere Nachfolger zelebrierten dieses Element preussischer Kultur. Der erste deutsche Kaiser und preussische König Wilhelm I. «behielt die knauserigen Gewohnheiten eines ostelbischen Junkers bei. ... Kutschen mit Gummireifen lehnte er beharrlich mit der Begründung ab, sie seien unnötiger Luxus. In dieser Verschrobenheit steckte auch ein Element selbstbewussten Auftretens. Der König trachtete danach, die preussische Schlichtheit, Selbstdisziplin und Sparsamkeit zu personifizieren.»[137]

Die wichtigste politische Einzelaktion Friedrichs des Grossen war die Eroberung und Einverleibung von Schlesien, «eine Entscheidung, die der König allein getroffen hatte, gegen den Rat seiner höchsten diplomatischen und militärischen Berater».[138] Damit «katapultierte [er] Preussen in eine gefährliche neue Welt der Grossmachtpolitik».[139]

Die Siege gegen Österreich und später gegen eine Koalition europäischer Grossmächte gründeten auf der Disziplin und Schlagkraft des preussischen Heeres: «... drei Reihen tief, Schulter an Schulter, die Bajonette aufgepflanzt, mit neunzig Schritt pro Minute ... und beim Kontakt mit dem Feind auf siebzig verlangsamt – unbarmherzig, unaufhaltsam».[140] Der preussische Drill versetzte die «Mauern aus blauen Uniformröcken in die Lage..., sich nach Belieben zu drehen und zu wenden, als hingen sie an unsichtbaren Fäden, und sich doppelt so schnell umzugruppieren wie die meisten anderen europäischen Armeen».[141] Das Menschenbild, das der preussische Offizier von seiner Mannschaft hatte, war archaisch. Der «gemeine Cantonist» gilt «durchwegs als ‹prügelbare Kanaille›... Die Disziplin der preussischen Heere beruht zum guten Teil auf drakonischen Prügelstrafen und auf Grundsätzen wie dem, dass der Soldat seinen Unteroffizier mehr zu fürchten habe als den Feind.»[142] Das heute sprichwörtlich verwendete Wort «Spiessrutenlauf» hatte in Preussen eine sehr konkrete Bedeutung.

Im Siebenjährigen Krieg (1756–1763) kämpfte Preussen unter Friedrich dem Grossen allein gegen eine Koalition von Österreich, Russland und Frankreich. Wieder beschloss Friedrich einen Präventivschlag zu führen. Dass er sich gegen eine dermassen überlegene Streitmacht behaupten konnte, «erschien seinen Zeitgenossen wie ein Wunder... Bei einer ganzen Reihe von Schlachten bewies Friedrich seine Intelligenz und Originalität als Feldherr. ... Eine zentrale Eigenschaft von Friedrichs Kriegskunst war die Bevorzugung schiefer gegenüber frontaler Gefechtsordnung.»[143] Im Vergleich zum schwerfälligen Entscheidungssystem der Koalition war der Entscheidungsprozess bei Friedrich «von grösster Einfachheit, da der Oberkommandierende im Feld zugleich der König und der Aussenminister war. Weitschweifige Diskussionen... erübrigten sich, ein Vorteil, der durch die persönlichen Eigenschaften des Königs – Unermüdlichkeit, Talent und Wagemut – und seine Bereitschaft, Fehler (auch von ihm begangene) einzugestehen, noch verstärkt wurde.»[144] Dieser Prozess hatte allerdings auch seine Schattenseiten: Die Entscheidungen waren «einzig und allein von den Stimmungen und Wahrnehmungen eines einzigen Mannes abhängig».[145]

Auf Friedrich den Grossen folgte 1786 sein Enkel Friedrich Wilhelm II., «ein impulsiver, labiler Charakter, der leicht von seinen Ratgebern gelenkt werden konnte».[146] Mit der Französischen Revolution und der Herrschaft Napoleons verschoben sich die europäischen Gewichte fundamental. «Im Jahr 1806 beging Preussen... den folgenschweren Feh-

2. Führung in der Armee

ler, sich Napoleon in einer Schlacht zu stellen ... Das Ergebnis war eine Katastrophe.»[147] In Jena wurden die Preussen von einem ungefähr gleich starken französischen Heer geschlagen, am gleichen Tag erlitt ein preussisches Heer von 50 000 Mann gegen eine nur halb so grosse Streitmacht Napoleons in Auerstedt eine vernichtende Niederlage.

«Gerade weil die Niederlage so vernichtend war, hatte sie die Tür zu Reformen weit aufgestossen.»[148] Für eine umfassende Militärreform zeichneten vor allem die Generale Johann David von Schanhorst und Carl von Clausewitz. Die militärische Planung und Führung wurden professionalisiert, die Befehlsstrukturen in einem Organ zusammengefasst («erste Konturen eines modernen Generalstabssystems»[149]). «Die reformierte Befehlsstruktur war so flexibel, dass Korpskommandeuren auf dem Schlachtfeld ein gewisses Mass an Autonomie gestattet wurde.»[150] Die drakonischen Körperstrafen wurden stufenweise abgeschafft. «Ein Offizier hatte nicht die Aufgabe, seine Untergebenen zu schlagen oder zu kränken, sondern sie zu ‹erziehen›. Der einflussreichste Ausdruck dieses Wertewandels war Clausewitzens Werk *Vom Kriege*, ... Nach Clausewitzens Typologie der Kampfhandlungen waren Soldaten kein Vieh, das sich willenlos über das Schlachtfeld treiben liess, sondern Menschen, die den Schwankungen von Stimmungen, Moral, Hunger, Kälte, Müdigkeit und Angst ausgesetzt waren. Eine Armee sollte nicht als Maschine verstanden werden ...»[151] Das führte zur Beschäftigung mit einer bisher unbekannten Dimension der Heeresführung. «Es ist also die kriegerische Tugend des Heeres eine der bedeutendsten moralischen Potenzen im Kriege ... Entstehen kann dieser Geist nur aus zwei Quellen und diese können ihn nur gemeinschaftlich erzeugen. Die erste ist eine Reihe von Kriegen und glücklichen Erfolgen, die andere eine oft bis zur höchsten Anstrengung getriebene Tätigkeit des Heeres. Nur in dieser lernt der Krieger seine Kräfte kennen.»[152] Deshalb wurden die Soldaten aufs Äusserste gefordert. «Je mehr ein Feldherr gewohnt ist, von seinen Soldaten zu fordern, umso sicherer ist er, dass die Forderung geleistet wird. Der Soldat ist ebenso stolz auf überwundene Mühseligkeiten als auf überstandene Gefahren.»[153] Diese kriegerische Tugend wird in einer Kurzformel als Moral der Truppe bezeichnet. Zur Stärkung dieser Moral diente den Militärreformern auch der patriotische Enthusiasmus der preussischen Bevölkerung.[154] Damit kam im Vergleich zu den früher üblichen Söldnerheeren ein völlig neues Element zum Tragen, das die in jeder Führung so präsente «Frage nach dem Sinn» neu beantwortete. Dem neuen Menschenbild des Soldaten und seinen patriotischen Gefühlen entsprach die Einführung des Eisernen Kreuzes als militärische Auszeichnung.[155] (Wofür wohl die *Légion d'honneur* Napoleons als Vorbild diente, s. I, 2.2)

Clausewitz setzte sich eingehend mit den Eigenschaften des militärischen Führers auseinander, der sich im *Nebel der Ungewissheit* zu bewähren hat. «Der Krieg ist das Gebiet des Zufalls ... Jene Unsicherheit aller Nachrichten und Voraussetzungen, diese beständigen Einmischungen des Zufalls machen, dass der Handelnde im Kriege die Dinge unaufhörlich anders findet, als er sie erwartet hatte ...»[156] Soll der Feldherr «diesen ständigen Streit mit dem Unerwarteten glücklich bestehen, so sind ihm zwei Eigenschaften unentbehrlich, einmal *ein Verstand, ... und dann der Mut ...* Der erstere ist bildlich mit dem französischen Ausdruck *coup d'œil* bezeichnet worden, der andere ist *die Entschlossenheit.*»[157] Diesen *coup d'œil* bezeichnen wir heute als Mustererkennung, «den Blick für mögliche Entwicklungen auf dem Schlachtfeld und die daraus zu ziehenden Konsequenzen».[158]

Die nächste grosse preussische Figur war nicht mehr ein König, sondern der Ministerpräsident Preussens und spätere Kanzler des Deutschen Reichs, Otto von Bismarck (1815–1894). «Von Theorien und Prinzipien ... hielt er wenig ... ‹Prinzipien haben heisst, mit einer Stange quer im Mund einen Waldlauf machen›.»[159] 1862 wurde Bismarck preussischer Ministerpräsident und startete umgehend eine Heeresreform. Mittlerweile hatte die preussische Armee während eines halben Jahrhunderts keinen Krieg mehr geführt. Das sollte sich rasch ändern. 1864 besiegten die Preussen die Dänen an den Düppeler Schanzen. 1866 zog Preussen gegen Österreich in den Krieg und besiegte den Gegner, den die meisten Zeitgenossen als überlegen betrachteten, in der entscheidenden Schlacht bei Königgrätz. «Der geistige Vater des preussischen Sieges von 1866 war Generalstabschef Helmuth von Moltke.»[160] Sein innovatives strategisches Konzept bestand darin, «die preussischen Truppen in kleine Einheiten aufzuteilen, die blitzschnell zum jeweils günstigsten Ort verschoben werden konnten ... Dank der höheren Marschgeschwindigkeit und Manövrierbarkeit der Truppen

2. Führung in der Armee

im Feld waren ... die Preussen in der Lage, Zeitpunkt und Ort der entscheidenden Kampfhandlungen zu bestimmen. ... Ergänzt wurde dieser aggressive strategische Ansatz durch eine Reihe von Massnahmen, mit denen die preussische Infanterie zur besten in Europa gemacht werden sollte. Mitte der sechziger Jahre war Preussen die einzige europäische Grossmacht, deren Truppen mit Hinterlader ausgerüstet waren.»[161] Die Militärführung erntete «die Früchte des beispielhaften preussischen Bildungssystems ... [Es] implizierte eine weit grössere Autonomie und Selbstbestimmung der Mannschaftsgrade, als dies bei den europäischen Armeen der Zeit die Norm war.»[162] Auch im Deutsch-Französischen Krieg 1870/71 setzten sich die Preussen durch. 1871 wurde in Versailles das neue Deutsche Reich proklamiert. König Wilhelm I. wurde der erste Deutsche Kaiser und von Bismarck Reichskanzler.

1906 belustigte ein spektakulärer Vorfall ganz Europa und legte die Kehrseite der preussischen Tugenden offen. Der Stadtstreicher Friedrich Willhelm Voigt erstand sich in Trödlerläden die Uniform eines Hauptmanns des 1. Garderegiments, eignete sich kraft seiner Uniform Truppen an und liess sich von einem Stadtkämmerer den gesamten Inhalt der Stadtkasse aushändigen – gegen Quittung. Voigt wurde als *Hauptmann von Köpenick* unsterblich und zum Vorbild aller Hochstapler. «Auf einer Ebene war die Episode gewiss eine Parabel über die Macht einer preussischen Uniform. ... So gesehen wirft Voigts Geschichte ein Licht auf ein soziales Umfeld, das von kriecherischem Respekt vor militärischer Autorität geprägt war.»[163] Mit der zaghaft einsetzenden Demokratisierung der Gesellschaft kontrastierte der «legendäre Standesdünkel der preussischen Offizierskaste ... Bis 1913 wehrten sich Teile des preussischen Militärkommandos gegen eine Vergrösserung der Armee mit der Begründung, dass es den aristokratischen Korpsgeist der Offizierskaste verwässern würde, wenn Kandidaten aus der Mittelschicht in die höchsten Ränge strömten.»[164]

Der letzte Zeitsprung führt zu den Nationalsozialisten. «Der Lobgesang auf das ‹Preussentum› zog sich wie ein roter Faden durch Ideologie und Propaganda ...»[165] «Goebbels bediente sich preussischer Motive, um den Primat von Loyalität, Gehorsam und Wille zu betonen ...»[166] Diese Vereinnahmung der Preussen durch die Nationalsozialsten führte dazu, dass das «Preussentum» bei den Alliierten zu einem eigentlichen Feindbild wurde, das wie ein Gift das europäische System zersetzt habe. «Die Geschichte dieses Staates sei eine ununterbrochene Abfolge aggressiver Kriege gewesen. Dadurch sei eine von extremer Unterwürfigkeit geprägte politische Kultur entstanden …»[167] Das führte letztlich zu der eingangs dieses Kapitels geschilderten formellen Auslöschung des geografischen und mittlerweile auch ideologischen Begriffs Preussen.

Dieser Überblick im Zeitraffer zeigt sowohl erstaunliche Konstanten wie den fundamentalen Wandel. Konstant geblieben sind die zentralen Tugenden der Loyalität und des Gehorsams. Gewandelt hat sich das Menschenbild des Soldaten, vom Rädchen in einer grossen Maschine zum Menschen, der geformt werden kann und der eine gewisse Autonomie besitzt. Die Führungsinstrumente wurden angepasst. Anstelle drakonischer Strafen traten eine breite Ausbildung und die bewusste Instrumentalisierung des Nationalismus.

2.2 Napoleon

Als Sohn eines «korsischen Winkeladvokaten»[168] war Napoleon Bonaparte (1769–1821) wenig in die Wiege gelegt worden. Bonaparte war ein Aussenseiter ohne Bindungen, «le petit caporal»[169] mit einem «Korsika-Komplex»[170] und dem «chronischen Leiden, ein Emporkömmling zu sein».[171] In einem frühen Essay schilderte Napoleon Bonaparte die obsessive Seite seines Charakters mit erstaunlicher Selbsterkenntnis: «Selbst wenn ich nichts zu tun habe, plagte mich der vage Gedanke, dass ich keine Zeit verlieren dürfe.»[172]

Malcolm Gladwell belegt in seinem Buch *Überflieger*[173] aufgrund umfassender empirischer Untersuchungen die These, dass der Zufall ein entscheidender Faktor für ausserordentliche Karrieren ist. Dafür ist auch Napoleon Bonaparte ein Beispiel. Er war im besten Alter, als die Französische Revolution die Vorrechte privilegierter Schichten hinwegfegte, was ihm eine vorher undenkbare Entwicklung ermöglichte. Und weil bei der Belagerung von Toulon der Kommandant der Artillerie schwer verwundet wurde, wurde er dessen Nachfolger. Der Zufall öffnet die Türe, aber eintre-

2. Führung in der Armee

ten muss man selber. Bonaparte ergriff die Chance, seine überragenden Fähigkeiten als Stratege und militärischer Führer zu demonstrieren. Er erkannte sofort, wo der schwache Punkt des Gegners lag und wo er seine Artillerie einsetzen musste. Umgehend entwickelte er einen Plan und fixierte ihn schriftlich. Tatsächlich trug die Artillerie entscheidend zur Einnahme der Stadt bei. «Napoleon bewahrte von diesem ersten Sturmangriff, den er befehligte, eine bleibende Erinnerung: Die Pike eines Verteidigers hatte sich so tief in die Innenseite seines Unterschenkels gebohrt, dass man zunächst eine Amputation erwog...»[174] Dieser Erfolg und sein damit bewiesener Mut führten dazu, dass «der wenig bekannte kleinwüchsige Artillerieoffizier mit dem lächerlichen Namen und dem linkischen Auftreten» mit 26 Jahren den wichtigsten militärischen Kommandoposten Frankreichs innehatte.[175]

Als Kommandant hat er immer drei Grundsätze verfolgt: Kräfte zusammenhalten, stets aktiv bleiben, unerschütterliche Entschlossenheit.[176] Er war sich aber immer bewusst, «dass kein noch so unbedingter Wille, keine Vision, kein Ingenium das einfache Gesetz ausser Kraft setzen kann, nachdem auf Dauer die Übermacht obsiegt».[177] Er besass ein ausgeprägtes Antizipationsvermögen: «In seinen Planungen spielte er alle näher und ferner liegenden Hypothesen durch... und entwickelte daraus einen Plan, an dessen Einzelheiten und Festlegungen er sich aber keineswegs klammerte...»[178]

Vor Toulon brillierte er erstmals als Führer in der Schlacht. Er gab klare Befehle und verhielt sich vorbildlich. «Sein unzweifelhafter persönlicher Mut, seine stete Bereitschaft, selbst bis zur völligen Erschöpfung Hand anzulegen, wo und wann es notwendig war, sein Talent zur Menschenführung machten ihn in den Wochen der Belagerung von Toulon zu einem *soldiers soldier*, zu einem Truppenführer, dem seine Soldaten blindlings ergeben waren.»[179] In Napoleons eigenen Worten: «Dann muss man Soldat sein und nichts anderes als Soldat. ... [man] muss bei seiner Avantgarde biwakieren, Tag und Nacht im Sattel sitzen, mit der Avantgarde vorrücken, um zu wissen, was es Neues gibt...»[180]

Nach dem Italienfeldzug zog er folgende Bilanz: «In Italien... betrug das Kräfteverhältnis immer eins zu drei, aber die Truppen vertrauten mir. Die moralische Stärke ist entscheidender für den Sieg als die Zahl.»[181] Napoleons Führungsqualitäten waren ausserordentlich. «Seine besonderen Qualitäten als Truppenführer zeigten sich auch darin, dass Napoleon selbst als Kaiser und Beherrscher Europas ein *soldiers soldier* blieb. Er scheute sich nie, mit einfachen Soldaten das Gespräch zu suchen, sich nach deren Beschwernissen zu erkundigen oder ihnen Worte der Aufmunterung und Anerkennung zuzurufen. Auch sorgte er sich um das leibliche Wohl seiner Truppen. Stabschef Berthier wies er immer wieder an, die täglichen Marschleistungen möglichst gering zu halten und alle drei Tage einen Ruhetag einzulegen. Das Gegenstück zu dieser Rücksichtsnahme waren Gewaltmärsche, die Napoleons Strategie des offensiven Bewegungskriegs in der letzten Phase regelmässig erforderte.»[182] So verlegte er 1805 seine Armee mit 210 000 Soldaten in 17 Tagen vom Rhein nach Ulm. «Der Kaiser gibt das Beispiel: Tag und Nacht ist er zu Pferd, immer inmitten seiner Truppen und überall dort, wo seine Anwesenheit vonnöten ist.»[182] Napoleon war sich immer bewusst, dass neben Strategie und Taktik die Soldaten der entscheidende Faktor für den Erfolg waren. «Tatsache ist, dass die Armee die Schlacht gewinnt.»[183] Er legte daher sehr viel Wert auf den *esprit de corps*, die Moral und Loyalität der Truppe. In seiner Überzeugung war die «moralische Stärke ... entscheidender für den Sieg als die Zahl».[185] «[Der] Loyalität schenkte Napoleon besondere Aufmerksamkeit; sie war das Geheimnis seiner Führungsstärke.»[184] «Diese ihm blindlings ergebene Armee war Napoleons eigentliche Machtbasis.»[185] Die Essenz seiner Erfolge war seine «uneinholbare Führungsqualität».[188] Dabei setzte er auch innovative Konzepte ein. Um den Kampfgeist der Truppe zu erhöhen, gründete er die Stiftung des Ordens der Ehrenlegion, der *Légion d'honneur*, die sich bis heute erhalten hat. Dieser *esprit de corps* und die Erkenntnis der Bedeutung der Moral der Truppe waren eine Erbschaft der Französischen Revolution. Die Revolutionstruppen schlugen zahlenmässig weit überlegene Heere. Ihre Führer hatten erkannt, dass «es nicht mehr möglich ist, den Krieg als blosses Handwerk zu betreiben, sondern dass die Armee auch der Waffenträger eines jedem einzelnen Soldaten verständlichen und einleuchtenden Prinzips sein muss, um leiden, kämpfen und siegen zu können ...».[189]

Napoleon war ein charismatischer Heerführer, der seine Soldaten begeistern konnte. «Ganz besonders wirkte ... die direkte Ansprache an die

2. Führung in der Armee

Soldaten ...»¹⁹⁰ «Er war ein Idol der Massen, ein Nationalheld. Dieses Bild hatte er systematisch aufgebaut und gepflegt.»¹⁹¹ Dabei setzte er alle Mittel der Propaganda ein. Er gab sich demonstrativ bescheiden («... so wie die Diktatoren des 20. Jahrhunderts, denen er darin als Vorbild diente»¹⁹²). Auch als Kaiser wusste er, dass seine Legitimation nur auf zwei prekären Faktoren beruhte: Erfolg und Gewalt.¹⁹³ Seine Armee wurde zur *Grande Armée*. «Bis dahin galten Soldaten als uniformiertes Raubgesindel, als nur mit äusserster Brutalität zu disziplinierendes Gelichter, das man am besten auf die Schlachtfelder exportierte. ... Dieses Bild änderte sich nun mit der *Grande Armée*, weil es Napoleon gelang, in diesem Heer seine während des Italienfeldzuges gemachten Erfahrungen in Menschenführung und Propaganda auszumünzen: In fast zwei Jahren formte er eine heterogene Männergesellschaft zu einer ihm bedingungslos ergebenen Einheit und vermittelte ihr einen *esprit de corps*, der sie zu einem Instrument machte, das für lange Zeit nicht seinesgleichen hatte.»¹⁹⁴ Sein wichtigstes Propagandamittel waren die *Bulletins de la Grande Armée*, die häufig von Napoleon selber verfasst wurden und teilweise täglich erschienen.¹⁹⁵ Dabei wurde die Wahrheit oft bis zur offenen Lüge gedehnt. So bezifferte das *58. Bulletin de la Grande Armée* vom 9. Februar 1807 die Verluste in der Schlacht von Eylau auf 7600 Mann, obwohl 25 000 Mann gefallen waren.¹⁹⁶ Oder: «Auf politisch-strategischer Ebene war das ägyptische Abenteuer ... von Anfang an völlig irrational und zu kläglichem Scheitern verurteilt. Dass dieses Scheitern mit dem angeblich grossen Ertrag der Expedition maskiert werden konnte – in Frankreich grassierte eine *Egyptomanie*, die weit über das Ende der napoleonischen Herrschaft hinaus andauerte – sollte einer der erfolgreichsten Coups bonapartistischer Propaganda werden.»¹⁹⁷

«Als Täter war Napoleon gewissenlos wie je ein Pragmatiker an der Macht.»¹⁹⁸ Die Lüge setzte Napoleon skrupellos als Instrument ein. Als er noch vom Direktorium abhängig war, informierte er dieses mit Schreiben, in denen «bis auf den letzten Nebensatz alles gelogen» war.¹⁹⁹ Ebenso wenig hatte er Skrupel, sich über Gesetz und Verfassung hinwegzusetzen. «Die Rettung Frankreichs, so die bonapartistische Legende, war nur um den Preis der Diktatur zu haben.»²⁰⁰ Wenn er es als nötig empfand, scheute er auch nicht vor Entführung und Hinrichtung zurück.²⁰¹ Napoleon war auch ein Meister der Täuschung und der Kriegslist. Die berühmteste und von Tolstoi in *Krieg und Frieden* grossartig beschriebene Täuschung wandte er vor der Schlacht von Austerlitz an. Er sandte Signale von Kriegsmüdigkeit und der Suche nach Waffenstillstand und Frieden aus. Seine Truppen nahm er, sichtbar für den Feind, um zwei Meilen von der Frontlinie zurück. Damit wurde beim Gegner eine Siegesgewissheit erzeugt, die ihn ins Verderben stürzte.[202]

Als Heerführer wie als Staatsmann und Diktator war Napoleon ein hervorragender Organisator. Er strukturierte das Heer neu, zentralisierte die Kommandostruktur, schaffte einen Generalstab mit einem fähigen Generalsstabschef. «Mit diesem auf Effizienz und Schnelligkeit angelegten Generalstab hatte Napoleon gegenüber allen seinen Gegnern einen enormen Vorsprung.»[203] Als Erster Consul konzentrierte er die ganze Macht auf sich. Nur er konnte die Verfassung interpretieren oder ändern. «Dieses Privileg gestattete ihm, ohne Aufhebens das Consulat durch das Kaisertum zu ersetzen.»[204] «Diese Verfassung, Bonapartes ureigenstes Werk und Meisterstück, … entwarf ein völlig neues, in vielfacher Hinsicht sehr modernes Verständnis von Herrschaft und Regierung. Der in einer Person konzentrierte Machtwille wurde durch ein strikt hierarchisiertes und zentralistisch ausgerichtetes Verwaltungssystem bis in die feinsten gesellschaftlichen Kapillaren diffundiert.»[205] Selbst heute noch sei der prägende Einfluss dieser Herrschaftsphilosophie «in den Organisationsstrukturen multinational oder global agierender Unternehmen nachzuweisen».[206]

Obwohl er einen grossen Teil seines Lebens auf dem Felde verbracht hat, war Napoleon ein gebildeter Mann. Willms spricht ihm in seiner Biografie eine hohe Sprachintelligenz zu. «… seine unbedingt zweckgerichtete, bisweilen schneidende, aber stets von federnder Eleganz geprägte *clarté* gilt noch heute als ein Ideal, dem sich kein französischer Politiker verweigern kann.»[207] In seiner Jugend schrieb er dialogisch aufgebaute Essays wie *Le Souper de Beaucaire*.[208] Den *Werther* von Goethe hat er mehrmals gelesen. Als er 1808 in Erfurt ein Treffen gekrönter Häupter einberief, liess er sich eine Begegnung mit dem grossen Goethe nicht entgehen und begrüsste ihn mit dem legendären *Voilà un homme!* Im gut einstündigen Gespräch unterhielten sich die beiden eingehend über den *Werther*, ganz besonders eine Passage, von der Goethe selber sagen musste, «ich gestehe, dass an dieser Stelle etwas Unwahres nachzuweisen sey».[209]

Napoleon hatte unglaublich viel Talent, und doch war in seiner Persönlichkeitsstruktur und seinem Werdegang sein Niedergang bereits angelegt. Der eine Grund liegt in seiner obsessiven Natur, wie sie bereits im oben zitierten Satz aus seiner frühesten Jugend zum Ausdruck kommt oder wenn er sagt: «Das Unmögliche ist ein Begriff, dessen Bedeutung durch und durch relativ ist. Jeder Mann hat so seine eigene Vorstellung von dem, was unmöglich ist, und die ist davon abhängig, ob er mehr oder weniger vermag. Das Unmögliche ist das Gespenst der Furchtsamen und die Zuflucht der Tölpel.»[210] Dieser Philosophie entspricht auch seine apodiktische Feststellung: «L'Empereur ne connaît autre maladie que la mort.»[211] Der Chronist der Begegnung von Napoleon mit Goethe umschreibt diese charakterliche Prädisposition mit dem treffenden Wort von der «Masslosigkeit des Wollens».[212]

Der andere Grund lag in seiner Legitimation, die im Wesentlichen auf permanenten Erfolgen, die nur auf dem Schlachtfeld zu holen waren, beruhte. Deshalb fühlte sich Napoleon «von der Furie des Erfolgs» gehetzt.[213] «Der Regent Frankreichs ist durch Waffenruhm an die Macht gekommen; also muss er weiter siegen.»[214] «Sein Verständnis dessen, was wirklich und machbar ist, war längst umgeschlagen in den Wahn eines Hasardeurs, der von der Überzeugung durchdrungen ist, durch Verdoppelung, Verdreifachung des Einsatzes den Gewinn förmlich erzwingen zu können.»[215]

«Er musste sich wohl oder übel zu Tode siegen.»[216] Sein Untergang begann, als er mit seiner *Grande Armée* von 449 000 Mann am 24. Juni 1812 die Memel überquerte und Russland angriff. Die unendlichen Weiten von Russland, grosse logistische Probleme, schwierige klimatische Bedingungen und ein Gegner, der kaum zu fassen war und ihm schliesslich ein grösstenteils verbranntes Moskau überliess, führten zum Desaster. «...jene bestenfalls 40 000 Mann, die das Inferno der *Grande Armée* in Russland glücklich überstanden und nun als Heerwurm des Elends nach Frankreich zurückströmten, waren ein zutiefst demoralisierter Haufen.»[217] Selbst in dieser verzweifelten Situation landete er einen Propagandacoup und setzte mit einem *Bulletin* «jene Legende in die Welt, die bis heute die Einschätzung des Napoleonischen Russlandfeldzuges prägt: Es war der Winter.»[218]

2.3 Die US Army

Wie jede Armee eines demokratischen Rechtsstaats ist die US Army dem Primat der Politik unterstellt. Das hat seit dem Ersten Weltkrieg zu permanenten Auseinandersetzungen über die strategische Ausrichtung der Militärpolitik geführt. Dabei vertraten die beiden politischen Strömungen der Isolationisten und der Interventionisten meist diametral verschiedene Meinungen. Das führte zu langen Auseinandersetzungen, schwierigen Entscheidungsprozessen und einem grossen Gewicht der öffentlichen Meinung. Dabei spielten historische Schlüsselereignisse eine wesentliche Rolle. Die Beschwichtigungspolitik des Münchner Abkommens von 1938 führte zu einer lang anhaltenden Skepsis gegenüber diplomatischen Lösungen. Das Trauma Vietnam hat mehr als eine Generation von Politikern und Militärs geprägt.

Es sollen hier einige Besonderheiten der militärischen Führung der US Army anhand der Biografie des Generals H. Norman Schwarzkopf (geb. 1934) herausgeschält werden.[219] Wie ein Grossteil des Offizierskorps und schon sein Vater wurde Schwarzkopf in der United States Military Academy in West Point ausgebildet. Diese Ausbildung war psychisch und physisch anspruchsvoll und führte zu einem erbarmungslosen Ausleseprozess. Beim Exerzieren und Marschieren wurden die Kadetten bei jedem Schritt angeschrien. «Die meisten von uns zu befolgenden Regeln waren im Grunde sinnlos.»[220] Er habe gemerkt, dass man die Schinderei am besten mit Humor ertrage. In West Point wurde ihm beigebracht, dass ein «Offizier es vermeiden müsse, seine Gefühle öffentlich zur Schau zu stellen».[221] Er habe aber in Vietnam gelernt, dass es nicht falsch sei, «Gefühle zu haben und zu zeigen».[222] Der Wahlspruch von West Point, «Pflicht, Ehre, Vaterland», wurde zu seinem Glaubensbekenntnis. Ehrenhaftigkeit bedeute: «Ein Kadett lügt nicht, ein Kadett betrügt nicht, stiehlt nicht und lässt auch nicht zu, dass ein anderer es tut.»[223] West Point bot aber nicht nur militärischen Drill, sondern war auch «eine technische Hochschule, an der viel verlangt wurde. Die Hauptfächer waren Physik, Maschinenbau, Mathematik, Geschichte und Sozialwissenschaften.»[224] Schwarzkopf berichtet von begeisternden Lehrern, die ihm auch etwas über Lyrik beigebracht hätten. Ganz besonders beeindruckt hat ihn ein

2. Führung in der Armee

Hauptmann, der im Koreakrieg auf die Ehrenbezeugung seiner Truppe verzichtet hat, was ihm Pedanten als grobe Disziplinlosigkeit angelastet haben. «Aber Hauptmann Martin machte uns klar, dass die Disziplin in keiner Weise darunter gelitten hatte ... diese Männer [waren] stolz auf ihre Kompanie» und hatten eine hervorragende Moral.[225]

Als Truppenführer spürte Schwarzkopf, dass es schwierig war, die Ideale von West Point auf die Praxis zu übertragen. Er hatte Mühe mit einem Loyalitätsbegriff, der jeden Versuch, die Autorität eines (noch so schlechten) Vorgesetzten zu untergraben, als schwerwiegenden Verstoss gegen die Ehre ansah. Das führte dazu, dass Schwächen tabuisiert wurden. «Eine Schwäche einzugestehen, wurde als Zeichen dafür gewertet, dass es der betreffende Offizier an der von ihm erwarteten kämpferischen Haltung fehlen liess. Für mich war das ... unvereinbar mit der Ehrlichkeit.»[226] Er hatte Mühe mit einer Kultur, die es als Schwäche auslegte, wenn man nicht an allgemeinen Besäufnissen teilnahm, und ärgerte sich über «trinkfreudige Nichtkönner»[227], kam aber immerhin zum Schluss, «dass man von einem schlechten Vorgesetzten ebensoviel lernen kann wie von einem guten ...»[228]. Er lernte, dass es «keine allgemeingültige Methode gab, sich bei seinen Soldaten Respekt zu verschaffen».[229] Entscheidend sei: «Man musste mit jedem so sprechen, dass er einen verstand. Die Collegeabsolventen liessen sich durch logische Erklärungen überzeugen, bei den Farmersöhnen musste man den gesunden Menschenverstand ansprechen ...»[230]

In Vietnam übernahm Major Schwarzkopf sein erstes Bataillon, das in der Vergangenheit exemplarisch schlecht geführt wurde (the Worst of the Six). Als Erstes ging er an die Front. Dort musste er erfahren, dass die Soldaten erstmals mit ihrem Kommandanten sprechen konnten. Das Gespräch suchte er überall, und deshalb stellte er sich mit den Soldaten im strömenden Regen in die Schlange zur Essensabgabe und verzichtete auf das Privileg der separaten Offiziersverpflegung. Die Unordnung im Verband war so gross, dass er mit äusserster Strenge vorgehen musste, um Disziplinlosigkeit und schlechte Gewohnheiten auszumerzen.[231] Den Offizieren musste er mühsam beibringen, dass sie die Verantwortung für das Leben ihrer Soldaten trugen. Die Duldung schlechter Führung hatte offenbar System, wie ein Bericht des Army War College 1970 aufzeigte. In vielen Fällen seien die falschen Leute belobigt worden, weil das System eigennütziges Verhalten belohnt habe. Der Bericht kritisierte, dass grosser Wert auf bedeutungslose Statistiken (zum Beispiel das berüchtigte «Leichenzählen»[232]) gelegt wurde, die offensichtlich in vielen Fällen gefälscht waren.[233] «Moralisch und ethisch befand sich die Armee in einem … schlechten Zustand.»[234] In Vietnam sah sich die Armee der Weltmacht USA mit einem Gegner konfrontiert, der «seinen Feind besser [verstand], als wir uns selbst verstanden».[235] Der schwindende Rückhalt in der amerikanischen Öffentlichkeit untergrub die Moral der Truppe. Die Niederlage in Vietnam war traumatisch. Aber wie Jena und Auerstedt für Preussen war die schmerzhafte Erfahrung in Vietnam für die US Army der Beginn einer grundlegenden Erneuerung. Auch Schwarzkopf hatte die Lektion von Vietnam nie vergessen. «Denk daran zurück, was damals die amerikanische Öffentlichkeit gegen Vietnam aufbrachte. Sie fühlte sich durch falsche Verlustziffern und optimistische Prognosen … hintergangen.»[236] Deshalb war sein oberster Grundsatz als Kommandant der amerikanischen Truppen im Irak: «Lüge niemals das amerikanische Volk an.»[237]

1975 wurde Schwarzkopf stellvertretender Brigadekommandant in Alaska. Die Einheit war von Offizieren befehligt, die kaum mehr Karrierechancen hatten und es sich gemütlich eingerichtet hatten. Der strategische Auftrag war alles andere als klar. Die neue Führung klärte als Erstes die Strategiefrage. Das ideale strategische Ziel für einen Angreifer war die Alaska-Ölpipeline. Die Verteidigung der Pumpstationen dieser Pipeline wurde zum Kampfauftrag für die Brigade «Snowhawk». Die Soldaten begriffen, dass es sich lohnte, die Ölleitung zu verteidigen. Nun kamen die neuen Ausbildungsprogramme zum Zug, die davon ausgingen, dass «das Schlachtfeld sich ausweiten und komplexer werden würde. Um unter solchen Voraussetzungen siegen zu können, mussten sich die Verbände der Armee darauf vorbereiten, mit mehr Intelligenz, Flexibilität und Initiative vorzugehen.»[238] Ziel war eine Armee, «die *denken* konnte».[239]

Als Divisionskommandant formulierte Schwarzkopf fünf Ziele: erstens Gefechtsbereitschaft, zweitens das Wohlbefinden der Soldaten («…jeder Kommandeur, der etwas taugt, weiss, dass er es seinen Soldaten zu verdanken hat, wenn seine Leistungen anerkannt werden.»[240]), drittens die Sorge für die Familien der Soldaten, viertens den Zusammenhang der Truppe fördern und fünftens ein guter Lehrer für die Soldaten sein.[241] Als eine der ersten Massnahmen schaffte er die unnötigen Felddienstübungen an Wochenenden ab. Sein Stabschef warnte ihn, dass darunter die Gefechtsbereitschaft leiden würde. «Nein», sagte Schwarzkopf, «sie wird besser werden.»[242]

1988 wurde Schwarzkopf als Kommandant des Central Command im Rang eines Viersternegenerals ernannt.[243] Er trug die militärische Verantwortung für alle Operationen in Südwestasien, in Teilen des Nahen Ostens und am Horn von Afrika. Unmittelbar nach seiner Ernennung absolvierte er einen Intensivkurs über den Nahen Osten und besuchte anschliessend die Länder. Er war fasziniert von der Kultur und «ging mit besonderem Vergnügen auf die Art ein, mit der die Araber ihre Gespräche führten».[244] Zur grossen Freude seiner Gastgeber trug er an einem Empfang in Kuwait ein arabisches Gewand.

Die Lage im Nahen Osten war durch die militärische Stärke des Iraks mit einer Armee von einer Million Soldaten geprägt. Mitte 1990 besetzte die irakische Armee Kuwait. Die Sorge der USA galt den saudi-arabischen Ölfeldern, und zu deren Schutz wurde wenige Tage später die Aktion «Desert Shield» ausgelöst. Ihr Kommandant H. Norman Schwarzkopf: «Uns stand die nötige Streitmacht zur Verfügung ... Daran war nur ein kleiner Haken: Sie befand sich in den Vereinigten Staaten.»[245] Mit einer gewaltigen logistischen Übung wurden Unmengen von Menschen und Material nach Saudi-Arabien verschoben. «Man könnte es auch damit vergleichen, dass man alle Männer, Frauen und Kinder von Jefferson City, Missouri, nach Saudi-Arabien verfrachtet hätte – samt ihren Autos, Lastwagen, Wohnzimmereinrichtungen, Essens- und Wasservorräten. Die Aufgabe war so riesig, dass die Lotsen des Luftwaffentransportkommandos bis zu achtzig Flugzeuge gleichzeitig über den Atlantik schickten.»[246] Kaum in Saudi-Arabien, wurden die Planungsfälle «Instant Thunder» (ein gross angelegter Bombenangriff gegen die irakische Armee) und «Desert Storm» (ein Angriff gegen die irakische Armee in Kuwait) vorbereitet. Im Gegensatz zu Vietnam basierten die militärischen Entscheide auf Entscheidungen des UN-Sicherheitsrates. Schwarzkopf wusste, dass die Wirksamkeit einer Koalition mit den Streitkräften aus Europa (England und Frankreich) und des arabischen Raums (Saudi-Arabien, Syrien,

Ägypten) entscheidend vom Umgang mit den kulturellen Eigenarten der Region abhing. Einer seiner ersten Entscheide war denn auch ein Alkohol- und Pornografieverbot. Das Weihnachtsfest wurde mit grösster Zurückhaltung gefeiert. Der Gottesdienst mit dem Präsidenten der Vereinigten Staaten fand auf einem Schiff auf hoher See statt. Obwohl das Gesetz der einheitlichen Kommandostruktur verletzt wurde, war Schwarzkopf überzeugt, dass man die Koalition einer gemeinsamen Führung unterstellen musste. Wenn der Bruch der Koalition auch einige Male nahe war, konnte Schwarzkopf die Risse doch immer wieder kitten. Das war nur möglich, weil er von der Notwendigkeit der Koalition überzeugt war, grossen Respekt vor jedem seiner Partner hatte und sich jederzeit in die Position seiner Partner versetzen konnte. Die Situation war für alle Beteiligten extrem komplex. Dazu trug auch der Umstand bei, dass die Medien eine bisher noch nie gekannte Rolle in einem bewaffneten Konflikt spielten. Nicht weniger als 13 000 Reporter berichteten aus dem Kriegsgebiet. CNN verbreitete die Nachrichten aus dem Kampfgebiet in *Realtime* auf der ganzen Welt. *Newsweek* veröffentlichte gar den Angriffsplan. Die unabdingbare Geheimhaltung von geplanten Operationen wurde so zu einer schwierigen Aufgabe.

Am 24. Februar 1991 wurde «Desert Storm» ausgelöst, nach nicht einmal hundert Stunden zogen sich die Iraker vernichtend geschlagen zurück.

2.4 Besonderheiten der Führung in der Armee

Gehorsam, Loyalität, Disziplin sind die drei zentralen Begriffe aus dem militärischen Führungsvokabular. Durchgesetzt wurden sie in den frühen Zeiten mit drastischen Strafen und unbarmherzigem Drill. Erst zu Beginn des 19. Jahrhunderts wurde der Soldat auch zum Menschen mit einer Individualität und eigenem Willen. Die Moral der Truppe wurde zu einem wichtigen Erfolgsfaktor in einer kriegerischen Auseinandersetzung, und man begann, sich mit den Bestimmungsgründen dieser Moral auseinanderzusetzen. Die Soldaten der revolutionären französischen Armee waren von einer gemeinsamen Überzeugung getrieben. Die Sinnfrage spielte

2. Führung in der Armee

fortan eine wichtige Rolle für die Motivation von Soldaten. Der Patriotismus wurde zum zentralen Sinnstifter. Mit der *Légion d'honneur* schuf Napoleon ein Instrument, das patriotische Elemente mit einer Belohnung ausserordentlicher Leistungen verknüpfte und weit herum kopiert wurde. Interessant ist bezüglich der Sinnfrage die Geschichte von General Schwarzkopf in Alaska, wo ein konkretes strategisches Ziel die Neupositionierung einer bis anhin orientierungslosen und schlecht geführten Truppe möglich machte.

Beeindruckend ist, wie die grossen Heerführer der Geschichte an vorderster Front marschierten und kämpften. Sie waren, um den sprechenden Begriff *soldiers soldier* des Napoleon-Biografen Johannes Willms zu benutzen, Soldaten unter Soldaten. Insbesondere Napoleon setzte sein Charisma zur Beeinflussung der Moral seiner Mannschaft ein. Dank ihrer Nähe waren diese Truppenführer immer über den Zustand von Mensch und Material im Bild, und sie wussten den Rhythmus von Anspannung und Entspannung geschickt einzusetzen.

Wie bei den Jesuiten wurde der Offiziersnachwuchs in eigenen Einrichtungen ausgebildet. Aber im Gegensatz zu den Jesuiten verzichtete man in Preussen lange Zeit auf die Auslese der Besten, dauerte es doch bis ins 19. Jahrhundert, bis diese Schulen auch Nichtadligen offenstanden. Was auffällt, ist das grosse Gewicht, das in diesen Schulen der klassischen Bildung beigemessen wurde. Noch immer sind wir beeindruckt vom Intellekt und der Bildung Friedrichs des Grossen oder Napoleons. Wenig Änderungen gab es offenbar bei den zentralen Werten, die dem Offizierskorps in diesen Schulen mitgegeben wurden. Pflicht, Ehre, Vaterland, das waren die Werte, die H. Norman Schwarzkopf in West Point beigebracht wurden, typisch preussisch könnte man sagen. Auf diesen Werten gründet der Schlüsselbegriff der Loyalität. Wie facettenreich dieser Terminus ist, zeigt die Synonymliste des Duden: Treue, Ehre, Vertrauen, Gehorsam, Ergebenheit, Gefolgschaft, Demut, Unterwürfigkeit.

Von besonderem Interesse und im Zeitablauf grossen Veränderungen unterworfen sind die Entscheidungsverfahren im Rahmen der militärischen Führung. Selten sind die Kommandostrukturen so einfach und klar wie bei Friedrich dem Grossen und Napoleon. In diesen Fällen liegen die politische und militärische Führung in einer Hand. Um mit Clausewitz zu sprechen, waren sowohl Friedrich der Grosse als auch Napoleon mit dem *coup d'œuil* gesegnet – auf dem Schlachtfeld jedenfalls. Der Entscheidungsprozess war kurz und effektiv, aber alles hing vom Willen und den Launen eines Einzelnen ab. Napoleon hatte die Tendenz, seine Befehle bis ins Detail auszuarbeiten. «Seine Unterstellten waren gewohnt, straff geführt zu werden und klare, präzise Befehle zu erhalten. Napoleon war ihr *sergent de bataille*, der seine Unterstellten wie Marionetten führte.»[247] Je komplexer die Situation, desto problematischer dieses Vorgehen. «Wer Befehle gibt und Gehorsam erwartet, darf im Gegenzug nicht plötzlich Mitarbeiter erwarten, die das Ganze vor Augen haben und initiativ zupacken ...»[248] Das, was in übersichtlichen Situationen klar und schnell ist, wird mit steigender Komplexität durch lange Dienstwege ineffizient. Seine zentralistische Führung und die dadurch bewirkte eingeschränkte Autonomie seiner Generäle haben schliesslich zur entscheidenden letzten Niederlage Napoleons bei Waterloo geführt.

In den letzten Jahrhunderten hat sich bezüglich Entscheidungsfindung in den Armeen ein Standard entwickelt, den General Schwarzkopf zusammenfasst: «So tat ich, was alle grossen Befehlshaber tun. Ich fragte, was empfiehlt mein Stab?»[249]

Verschiedene Entwicklungen haben die Entscheidungsverfahren verändert: Die Schlachtfelder wurden immer komplexer, oft waren Koalitionen von Truppen beteiligt, und in modernen Staaten gilt das Prinzip des Primats der Politik. Eine grossartige Beschreibung eines schwierigen Entscheidungsprozesses einer Koalition findet sich in *Krieg und Frieden* von Lew Tolstoi.[250] Franz von Weyrother war der verantwortliche Kommandant der Österreicher vor Austerlitz. Weyrother war von seinem Schlachtplan ebenso überzeugt wie von der Schwäche des Gegners. In einer über eine Stunde dauernden Vorlesung präsentierte er seinen Plan. «Die Disposition war sehr kompliziert und schwierig.» Die russischen Koalitionspartner waren skeptisch, ihr Oberkommandierender Kutusow glaubte, dass die Schlacht verloren werde. «Weyrother ... bildete durch seine Lebhaftigkeit und seinen Eifer einen scharfen Kontrast zu dem unzufriedenen und schläfrigen Kutusow ... Er war wie ein angeschirrtes Pferd, dass voller Schwung mitsamt der Fuhre den Berg hinunter will. Ob er führte oder getrieben wurde, wusste er nicht; aber er jagte in grösstmöglicher Geschwindigkeit dahin, ohne noch Zeit zu haben, zu diskutieren, wozu diese Bewegung führen würde.» Er war so selbstsicher, «als hätte er Schuljungen vor sich». Er «reagierte auf alle Einwände unerschütterlich mit einem verächtlichen Lächeln, das er offenbar vorsorglich für jeden Einwand bereithielt, unabhängig davon, was man ihm sagen würde.» Tatsächlich führten die Überschätzung der eigenen Position und die Unterschätzung des Gegners zu einer monumentalen Niederlage.

Ganz anders die Sensibilität, mit der General Schwarzkopf mit seinen Koalitionspartnern umging. Er wusste, dass er ohne sie diesen Krieg nicht gewinnen konnte, und behandelte sie mit grösstem Respekt. Er hatte sich intensiv in die Kultur seiner Partner eingelebt und war sich immer bewusst, in welch heikler politischen Situation seine Partner sich befanden. Er legte grössten Wert auf ein hervorragendes persönliches Einvernehmen mit dem Kommandanten des wichtigsten Koalitionspartners Saudi-Arabien, General Chalid. Auf dieser Basis konnten selbst die grössten Krisen («Vierundzwanzig Stunden lang wechselten wir kein Wort miteinander.»[251]) überwunden werden.

In einer Koalition wird eine hierarchische Struktur durch eine Heterarchie, das Nebeneinander gleichberechtigter Organisationen, ersetzt. Gerade für Generäle, die in betont ausgeprägten Hierarchien leben, ist dies ein herausfordernder Schritt. Hier kann nicht mehr einfach befohlen, sondern muss ein Konsens gefunden werden.

Noch schwieriger wird es, wenn in demokratischen Staaten die Politik über die Grundsätze des militärischen Einsatzes entscheidet. Der frühere amerikanische Verteidigungsminister Robert S. McNamara beschreibt detailreich und anschaulich, wie die politisch-militärische Konstellation während des Vietnamkriegs einen Dauerkonflikt auslöste, der letztlich zur schmachvollen Niederlage führte.[252] Die wesentlichen Entscheide traf der Präsident, ohne den Kongress zu begrüssen. Die Zahl seiner Berater, Entscheidungsvorbereiter und Beeinflusser war riesig: mehrere Minister, persönliche Berater, die vereinigten Stabschefs, der Generalstabschef, der CIA, Parlamentarier, Falken und Tauben. Es liegt in der Natur der Sache, dass deren Meinungen stets heterogen waren, selbst innerhalb der Army. So gingen beispielsweise die Ansichten über die Wirksamkeit von Bombenangriffen diametral auseinander. Schliesslich setzten sich die Militärs durch. «Die Operation ‹Rolling Thunder› ... dauerte drei Jahre, und es wurden dabei mehr Bomben auf Vietnam abgeworfen als während des gesamten Weltkrieges auf Europa.»[253] McNamara «kam zu dem Schluss, dass der Krieg auch durch noch so heftige Bombenangriffe gegen den Norden nicht zu beenden war. ... Die Stabschefs waren anderer Meinung und drängten im Frühjahr 1966 auf eine Ausweitung des Bombenkriegs.»[254] Sie setzten sich durch. Gleichzeitig trugen sie entscheidend dazu bei, dass Verhandeln gar nie eine ernsthafte Option war. Ihre Lagebeurteilungen waren permanent geschönt, und sie verbreiteten unbegründeten Optimismus. General Westmoreland erklärte: «... wir gewinnen langsam, aber kontinuierlich, und wir könnten das Tempo beschleunigen, wenn wir Verstärkung bekämen.»[255] Er bekam Verstärkung. McNamara kam zum ernüchternden Schluss, «dass es schlichtweg unmöglich ist, mit militärischer Gewalt – vor allem wenn sie von aussen kommt – Ordnung in ein Land zu bringen, das sich nicht selber regieren kann».[256]

Die Aufzeichnungen General Schwarzkopfs zeigen, dass die USA ganz offensichtlich die Lehren aus dem Vietnam-Debakel gezogen hatten. Dabei hatte sich die Grundkonstellation nicht geändert. Präsident George H. W. Bush war dem gleichen Umfeld ausgesetzt wie seine Vorgänger, und das Silodenken der einzelnen Truppengattungen hatte sich nicht grundlegend verändert. Aber die Rollen waren nun klar definiert: «Der Präsident hatte sich auf seine politische Führungsrolle beschränkt; der Verteidigungsminister hatte die Militärpolitik festgelegt; der Vorsitzende der Joint Chiefs hatte als Vermittler zwischen ziviler und militärischer Führung fungiert; und als Oberkommandierender vor Ort hatte ich die uneingeschränkte Autorität, meinen Auftrag zu erfüllen.»[257] Der Vorsitzende der Joint Chiefs of Staff, Colin Powell, brachte die Arbeitsteilung mit General Schwarzkopf auf einen knappen Nenner: «Sie kümmern sich um Ihren Kriegsschauplatz und überlassen mir die Sorge um Washington.»[258] Die Effizienz dieser Arbeitsteilung kommentiert Schwarzkopf anerkennend: «Powell konnte in Stunden Entscheidungen erlangen, für die ein anderer Mann Tage oder Wochen gebraucht hatte.»[259] Auch was die Einschätzungen der Lage anbelangte, hatte man die Lektion gelernt. «Wir neigten nicht mehr dazu, solche Probleme zu verschleiern, wie wir es in Vietnam getan hatten.»[260]

In Konstellationen mit derart vielen Interessenvertretern spielt die Diskussionskultur eine wesentliche Rolle, insbesondere die Frage, wie mit offenem Widerspruch umgegangen wird. Zwygart beschreibt in einer Fallstudie die Grundsatzdiskussion über den Ausbau der US-Streitkräfte 1938. Obschon sich Präsident Roosevelt klar für eine Option äusserte, wagte ihm General George C. Marshall offen zu widersprechen. Er war sich bewusst, dass ihm das seine Karriere kosten könnte. Schliesslich setzte sich seine Meinung durch, und der Präsident ernannte ihn entgegen allen Erwartungen zum Chief of Staff. «Marshall fragte ihn, ob er stets offen seine Meinung sagen dürfe, was Roosevelt sofort bejahte.»[261]

Wenn man die Führungssituation im Militär mit jener in der Kirche vergleicht, so unterscheiden sich die beiden insbesondere durch den Inhalt und die Messbarkeit des Erfolgs. In militärischen Auseinandersetzungen sind Sieg und Niederlage sowie der Preis, der dafür aufgewendet werden musste, meistens klar. Das Ziel ist ein Sieg, und ohne Sieg gewinnt der Feldherr keine Reputation. Aber auch Niederlagen spielen eine wichtige Rolle. Die Niederlagen von Jena, Auerstedt und Vietnam haben zu grossen Fortschritten geführt.

Wenn man die Entwicklung der militärischen Führung im Zeitablauf beurteilt, dann betrifft die augenfälligste Veränderung das Menschenbild, das sich die militärische Führung vom Soldaten gemacht hat. In der alten Welt war der Soldat ein willenloser, aber (vor allem mit Drill) formbarer Teil einer Maschine. In der neuen, immer komplexeren Welt wurde er zunehmend zu einem Individuum mit einer gewissen Autonomie, die im Sinne des Ganzen eine immer grössere Rolle spielt.

Ein kleines, aber nicht unwesentliches Detail hat General Schwarzkopf am Rande erwähnt: Humor macht vieles einfacher.

3. Führung an den Höfen

3.1 Machiavelli

Niccolò Machiavelli (1469–1527) hat sich in umfangreichen Schriften, namentlich im *Il Principe*, mit Fragen der Führung und der Macht auseinandergesetzt. Seine Ansichten haben sich so weit verbreitet, dass die Begriffe *Machiavelli* und *machiavellistisch* noch heute zum allgemeinen Sprachgebrauch auf der ganzen Welt gehören und mit Skrupellosigkeit und amoralischem Verhalten assoziiert werden. Im deutschen Sprachraum hat Machiavelli mit dem *Kleinen Machiavelli* von Peter Noll[262] und der *Führungslehre von Niccolò Machiavelli* von Alois Riklin[263] vor einiger Zeit ein Revival erlebt. Noll mokiert sich über machiavellistische Attitüden der Managerkaste. Riklin stellt zuerst sämtliche Klischees über Machiavelli in den Raum: Schutzpatron der Gauner, Synonym für den Teufel, Lehrer der Amoral, geistiger Ahnherr von Krieg, Terror und Tyrannei. Dann aber stellt er die Frage: «Ist in Machiavellis Werk vielleicht doch, trotz oder abseits seiner amoralischen Staatslehre, für die Führung Erhellendes zu finden?»[264] Der *Principe* von Machiavelli dürfte nach der *Benediktus-Regel* das zweite eigentliche Führungshandbuch der Geschichte sein.

Machiavellis Weltbild ist geprägt durch seine Erfahrungen mit italienischen Fürstenhäusern. Darüber hinaus hat er aber auch die römische Geschichte und Philosophie studiert, und auch diese Erkenntnisse prägen sein Werk. Ausgangspunkt für seine Lehre ist sein Bild von den Menschen, die «alle böse und schlecht sind»[265]. «Denn die Menschen sind so einfältig und so gewöhnt, den herrschenden Verhältnissen nachzugeben,

3. Führung an den Höfen

dass der, welcher betrügen will, immer Leute findet, welche sich betrügen lassen.»[266]

Aus dieser Optik wirkt der Schritt zur zentralen Aussage Machiavellis logisch: «Es ist daher unvermeidlich, dass ein Mann, der überall rein moralisch handeln will, unter so vielen anderen, die nicht so handeln, früher oder später zugrunde gehen muss.»[267] Er meint zwar, «alle Fürsten sollten wünschen, für huldreich und gnädig und nicht für grausam zu gelten».[268] Indessen würde zu grosse Nachsicht zu Unordnungen führen, deshalb sei es «unmöglich, dass ein neuer Fürst sich nicht grausam benehme …».[269] Und er kommt zum Schluss, dass es für den Fürsten von Vorteil sei, gefürchtet zu sein. Die Menschen wagten «weniger, jene zu beleidigen, welche sie fürchten, als jene, welche sie lieben».[270] Insbesondere sei an der Spitze einer grossen Armee ohne Grausamkeit keine Ordnung zu erreichen und zu erhalten. Allerdings müsse man stets Sorge tragen, dass die Furcht nicht in Hass umschlage.[271] Neben dem Hass müsse er sich vor der Verachtung hüten.[272] Weil der Mensch schlecht ist, dürfe ein kluger Fürst «sein Versprechen nie halten, wenn es ihm schädlich ist, oder die Umstände, unter denen er es gegeben hat, sich geändert haben».[273] Am erfolgreichsten seien die Fürsten, die «am geschicktesten die Rolle des Fuchses zu spielen verstanden».[274] Am besten sei es aber, die «Grausamkeit und Wildheit eines Löwen und die List des Fuchses»[275] zu vereinigen. Es sei wichtig, sich stets gemäss der fünf Tugenden der Güte, Redlichkeit, Treue, Höflichkeit und Frömmigkeit zu äussern. Diese Tugenden müsse er aber nicht wirklich besitzen, «sondern es ist schon hinlänglich, wenn er sie nur zu besitzen scheint».[276] In die heutige Welt übersetzt heisst das, dass der Fürst sein Image sorgfältig zu pflegen hat und dass dieses mit der Realität wenig zu tun haben muss. Nun folgt *die* zentrale Passage des Buches: «Man beurteilt die Handlungen aller Menschen, besonders aber die Handlungen der Fürsten … bloss nach dem Erfolge. Es muss also des Fürsten einziger Zweck sein, sein Leben und seine Herrschaft zu erhalten. Man wird alle Mittel, deren er sich hierzu bedient, rechtfertigen, und jeder wird ihn loben …»[277] Wir sind der Maxime «Der Zweck heiligt die Mittel» bei den Jesuiten und Calvin schon begegnet. Niemand hat aber die Essenz dieser problematischen Devise so klar und unzweideutig formuliert wie Machiavelli.

Ein Mann von hoher Stellung müsse sich «so würdevoll und glänzend zeigen, als er kann», denn es gebe kein «kräftigeres und notwendigeres Mittel..., eine empörte Menge im Zaume zu halten, als das Auftreten eines Mannes, der durch sein Äusseres Ehrfurcht erweckt».[278] Zu gewissen Zeiten seien öffentliche Vergnügungen und Schauspiele zur Unterhaltung des Volkes anzuordnen. Der Fürst solle den Zunftversammlungen beiwohnen und da seine Güte und Pracht wirken lassen.[279]

Von «nicht geringer Wichtigkeit» sei die Wahl der Minister, denn «man beurteilt die Einsicht und Klugheit des Fürsten nach den Männern, welche ihn umgeben. Sind diese geschickt und getreu, dann hält man ihn selbst für klug.»[280] Ein Problem sei die an den Höfen herrschende Schmeichelei, die man fliehen müsse.[281] Der Fürst solle sich «Rat erteilen lassen, aber nur, wenn er es will, und nicht, wenn andere es wollen. ... Doch muss er unaufhörlich Erkundigungen einziehen, alle Mitteilungen gelassen anhören, ja denjenigen seine Ungnade zeigen, von denen er merkt, dass sie hinter dem Berge halten. Jene irren sehr, welche glauben, ein Fürst, der sich Rat erteilen lasse, sei nicht selbständig ... Die guten Ratschläge, sie mögen kommen, woher auch immer, müssen ihren Ursprung in der Klugheit der Fürsten haben und nicht die Klugheit der Fürsten in den guten Ratschlägen.»[282]

Ein zentrales Thema ist für Machiavelli der Einfluss des Glücks. Täglich geschehe viel entgegen der Erwartung. Er meint, die eine Hälfte der Handlungen hänge vom Schicksal ab, die andere sei mit dem freien Willen zu beeinflussen.[283] Riklin verwendet dafür die Begriffe *fortuna 1* und *fortuna 2*. Im Bereich der *fortuna 1* gelte der Grundsatz *Gouverner c'est prévoir*, das heisst, dass man sich für alle Eventualitäten wappnen sollte. Im Bereich der *fortuna 2* solle sich der Führer durch Glück oder Pech nicht aus der Fassung bringen lassen.[284] Machiavelli spinnt den Gedanken weiter und fragt, wie es denn komme, «dass ein Fürst, den heute das Glück anlächelt, morgen stürzt ...».[285] Er meint, dass der glücklich sei, welcher «sein Benehmen den Verhältnissen der Zeit anpasst ... Kommen dem Sanften und Bedächtigen die Verhältnisse der Zeit so entgegen, dass sein Benehmen ihnen entspricht, dann ist er glücklich; ändern sich aber Zeit und Umstände, dann wird er, weil er sein Benehmen nicht auch geändert hat, zugrunde gehen. Niemand aber besitzt Verstand genug, um sein Betragen immer den Zeitverhältnissen anzupassen.»[286] Schliesslich sei es besser, «ungestüm als vorsichtig» zu sein, weil sich das Glück eher von «hitzigen als phlegmatischen Menschen zwingen lässt».[287] «Schicksalsschläge machen den echten Führer nicht schwächer, sondern stärker. Schwierigkeiten weicht er nicht aus, sondern pariert sie mit der Parole: ‹Enfin, les difficultés commencent!›.»[288]

3.2 Ludwig XIV.

In seinem 1969 veröffentlichten Werk *Die höfische Gesellschaft* erläutert der Soziologe Norbert Elias seinen Forschungsgegenstand: «In welcher Weise und warum Menschen aneinander gebunden sind und derart miteinander spezifische dynamische Figurationen bilden, ist eine der zentralen und vielleicht sogar *die* zentrale Frage der Soziologie.»[289]
Ihre stärkste Ausprägung erreichte die höfische Gesellschaft mit Ludwig XIV. (1638–1715), dem Sonnenkönig und Inbegriff des Absolutismus, der als «Musterbeispiel des alles entscheidenden, des absolut und unumschränkt regierenden Herrschers» gilt.[290] Im Vergleich mit seinen Vorgängern hatte sich das «Kräftegleichgewicht zwischen König und der Adelsgesellschaft... völlig verschoben. Zwischen ihm und dem Adel lag nun eine gewaltige Distanz.»[291] Aber auch er war in ein «ganz spezifisches Netzwerk von Interdependenzen verflochten» und «konnte seinen Machtspielraum nur mit Hilfe einer sehr genau ausgewogenen Strategie bewahren...».[292]

Überall, wo in einer einzigen Person eine derartige Machtfülle vereint war, «bildete der Hof des Monarchen und die Gesellschaft der höfischen Menschen eine mächtige und prestigereiche Eliteformation».[293] Der «Hof» war damit nicht nur das Symbol dieser Macht, sondern auch das reale Zentrum des Lebens in der Gesellschaft des Ancien Régime. Er war das «erweiterte Haus und die Haushaltung der französischen Könige und ihrer Angehörigen mit allen Menschen, die im engeren oder weiteren Sinne dazugehören».[294] Charakteristisch war, dass der grosse Teil der «höfischen Menschen» ein Logis im Hause des Königs hatten.[295] Der Hof wurde damit zum «primären und unmittelbaren Wirkungsraum» des Königs.[296] In Versailles, dem Hof des Sonnenkönigs, lebten ungefähr 10 000 Personen.[297] Wer im Palais verkehrte, gehörte zur *monde*.

Die räumliche Gestaltung des Hofs folgte einem vorgegebenen Muster. Die komplexe Architektur dieser Häuser steht im Dienste des Aufbaus und der Pflege von Beziehungsnetzen. Dafür stehen das *appartement de société*, der *salle de compagnie* und das *appartement de parade* zur Verfügung. Der «Palais» war dem König vorbehalten. Die Stadthäuser des Adels waren «Hôtels». Grösse und Pracht eines Hauses sind Ausdruck von Rang und Stand. Die Räume für häusliche Verrichtungen und die riesige Zahl von Bediensteten sind von den Wohn- und Gesellschaftsräumen abgesondert. Charakteristisch für die Wohn- und Gesellschaftsräume sind die «Antichambres», wo die Besucher von livrierten Lakaien erwartet werden.[298] In beträchtlicher räumlicher Distanz dazu sind die *appartements privés* für den Herrn und die Dame des Hauses angeordnet. Beide haben neben dem Schlafzimmer ihr eigenes Kabinett, ein Antichambre und eine Garderobe. «Man kann die Stellung von Mann und Frau in dieser Gesellschaft kurz und knapp kaum deutlicher charakterisieren als durch den Hinweis auf diese gleichmässige, aber völlig getrennte Anlage ihrer privaten Appartements.»[299] Der Begriff «Familie» beschränkte sich in diesen Zeiten auf das Bürgertum. Der entsprechende Ausdruck für die legitimierte Beziehung zwischen Mann und Frau in der grandseigneuralen Gesellschaft war das «Haus». «… im übrigen mochten sie sich lieben oder nicht, sich die Treue halten oder nicht, ihre Beziehungen so kontaktarm sein, wie es nur immer ihre Verpflichtung zu gemeinsamer Repräsentation zulässt. In dieser Hinsicht ist die gesellschaftliche Kontrolle lässig und schwach.»[300] (Man möchte beifügen, dass sich dieser Zustand in Frankreich bis in die heutigen Tage gehalten hat. *Der Spiegel* führt die in Frankreich herrschende Nachsicht im Hinblick auf sexuelle Eskapaden jedenfalls auf «eine lange höfische und intellektuelle Tradition» zurück.[301])

Die beiden zentralen Instrumente des höfischen Lebens waren die Zeremonie und die Etikette. Die aus heutiger Sicht eigentümlichsten Zeremonien spielten sich im Schlafzimmer Ludwigs XIV. ab.[302] Gewöhnlich wurde er um 8 Uhr von seinem ersten Kammerdiener, der zu seinen Füssen geschlafen hat, geweckt. Nun kamen mehrere Kammerpagen zum Zug, die

3. Führung an den Höfen

definierte Aufgaben wie zum Beispiel die Benachrichtigung der Hofküche wahrnahmen. Einer dieser Kammerpagen steuerte ein ausgeklügeltes, nach einer genau definierten Rangfolge ablaufendes Besuchsprogramm. Die Besucher des Königs wurden in sechs verschiedene Gruppen, die *entrées*, eingeteilt. Nach der *entrée familière* folgten die *grande entrée*, die *première entrée* sowie die *entrée de la chambre*. Die Zusammensetzung der fünften *entrée* hing von der Gunst des Königs und des ersten Kammerdieners ab. Die sechste *entrée* war am begehrtesten. Ihre Mitglieder hatten das Vorrecht, nicht durch die Haupttüre des Schlafzimmers einzutreten, sondern durch eine Hintertüre. Die Zugehörigkeit zu dieser Gruppe zeugte von einem besonderen Gunstbeweis des Königs. Während der ersten beiden Gruppen befand sich der König noch im Bett, später wurde er nach einer festgelegten Zeremonie angekleidet und empfing dabei seine Besucher. Diese «peinliche Genauigkeit der Organisation» teilte jedem Akt einen «Prestigecharakter» zu.[303] «Er diente als Anzeiger für die Position des Einzelnen innerhalb der Machtbalance zwischen den vielen Höflingen, die vom König gesteuert und äusserst labil war.»[304] So nutzte der König «seine privaten Verrichtungen, um Rangunterschiede herzustellen und Auszeichnungen, Gnadenbeweise oder entsprechend auch Missfallensbeweise zu erteilen».[305] Elias spricht von einem «gespenstigen Perpetuum mobile», einem Kampf «um ständig bedrohte Macht-, Status- und Prestigechancen».[306] Dem höfischen Adel war es verboten, sich kommerziell zu betätigen. Seine Belohnung waren Ruhm und Ehre, und die waren ausschliesslich von der Gunst des Königs abhängig. Auf diese Weise «[brachte] der König seine Untertanen dazu, ... zu denken *comme il veut*».[307] Er «benutzte die zahlreichen Feste, Spaziergänge und Ausflüge als Mittel der Belohnung und Strafe, je nach dem er dazu einlud oder nicht».[308] Wenn jemand beim König in Ungnade fiel, so verlor er nicht nur seinen Rang, seine gesamte soziale und ökonomische Existenz wurde vernichtet.[309]

Das höfische Leben «war kein friedliches Leben ... Die Affären, Intrigen, Rang- und Gunststreitigkeiten brachen nicht ab. Jeder hing vom anderen ab, alle vom König.»[310] Es brauchte besondere Eigenschaften, um in dieser Konstellation zu überleben: Die Kunst der Menschenbeobachtung, die Kunst der Menschenbehandlung und die höfische Rationalität (die Bändigung seiner Affekte).[311]

Bei der Beschreibung der Tätigkeit des Herrschens definiert Elias Führung auf denkbar knappste Weise als Menschensteuerung.[312] Es ist eine komplexe Tätigkeit, «die Spannungen sorgfältig zu steuern, Eifersüchteleien zu züchten, die Zersplitterung innerhalb der Gruppen ... sorgfältig aufrechtzuerhalten; er muss Druck und Gegendruck bis zu einem gewissen Grade sich absättigen lassen und derart, auf Spannungen spielend, sie steuernd balancieren und dazu gehört immerhin ein grosses Mass von Berechnung».[313] Diese Herrschaftstechnik ist seit Jahrhunderten bekannt: «Auf diese Weise ‹teilte und herrschte› der König.»[314] Auch Zeremoniell und Etikette wurden gezielt zur Beherrschung der Untertanen eingesetzt.[315] Durch sie wurde «inmitten des Ansturms der [den König] umgebenden Menschen die Distanz genau festgelegt, welche er gegenüber ihnen und sie gegenüber ihm zu wahren haben».[316] Diese Distanz, heute als Machtdistanz bezeichnet, ist ein zentrales Element in einem Beziehungsgefüge geblieben. Ein unentbehrliches Herrschaftsinstrument war die systematische Beobachtung und Überwachung der Menschen am Hofe. Zu diesem Zweck nahm Ludwig XIV. Schweizer in seinen Dienst, mit dem «Auftrag, Tag und Nacht, abends und morgens überall durch die Gänge und Passagen, Höfe und Gärten herumzustreifen, sich zu verstecken, die Leute zu beobachten, zu verfolgen, zu sehen, wohin sie gingen und wann sie zurückkamen, ihre Gespräche zu belauschen und von allem genauen Bericht zu geben».[317] Deshalb auch die Konzentration aller Beteiligten am Hof. «In Versailles ... befanden sich alle Menschen von Rang unmittelbar in seinem Beobachtungsfeld.»[318]

Für Elias ist Ludwig XIV. der Typ des «erhaltenden und bewahrenden Herrschers».[319] «In seiner Art gehört Ludwig XIV. gewiss zu den ‹grossen Männern› der abendländischen Geschichte ... Aber sein persönlicher Fonds, seine individuelle Begabung war ganz und gar nicht überragend. Sie war eher mittelmässig als gross.»[320] Es gebe Situationen, meint Elias, in denen nicht Schöpfungskraft erforderlich sei, sondern «Menschen des ruhigen und gleichmässigen Mittelmasses».[321] Die Herrschaftsaufgabe Ludwigs XIV. sei die Sicherung und Konsolidierung, allenfalls der Ausbau des bestehenden Herrschaftsgefüges gewesen. «Ein genialer Neuerer wäre vielleicht an dieser Aufgabe zerbrochen.»[322] Ein bewahrender Herrscher müsse hauptsächlich seinen *bon sens* spielen lassen.[323]

Der Hof war ein Disziplinierungsinstrument des Königs, um den Adel im Griff zu halten. Eine grundlegend andere Form, um dieses Ziel zu erreichen, entwickelte sich in Preussen, wo aus «dem Adel ein fleissiges Regiment von nützlichen Funktionären»[324] gemacht wurde. Es liesse sich vortrefflich darüber räsonieren, inwieweit die protestantische Kultur (s. 1, 1.4) dazu geführt hat, dass sich in Preussen diese doch sehr viel effizientere Form durchgesetzt hat.

3.3 Haile Selassie: der König der Könige

Ryszard Kapuscinski nennt sein 1978 erschienenes Buch im Untertitel *eine Parabel der Macht*.[325] Das keinem literarischen Genre zuordenbare Buch beschreibt den Zustand und den Zerfall der Herrschaft des letzten Kaisers von Äthiopien, Haile Selassie (1892–1975).

Äthiopien war das einzige afrikanische Land, das die Epoche des Kolonialismus überstanden hatte. 1896 wurde eine italienische Invasionsarmee geschlagen. 1935 überfallen Mussolinis Truppen Äthiopien, Kaiser Haile Selassie floh nach England ins Exil. Mithilfe englischer, sudanesischer, indischer und französischer Truppen kehrte er 1941 als Sieger zurück nach Addis Abeba. Haile Selassie wurde zu einer Symbolfigur für ganz Afrika und war in der Welt hochgeachtet. Über Interna dieses Regimes war kaum etwas bekannt, «man kann sagen, dass die Geheimhaltung immer schon zur Herrschaftstechnik dieser Monarchie gehörte, ja sogar ihren Kern ausmachte».[326]

Kapuscinski beschreibt den Kaiser als Person, die «nie auch nur das geringste Anzeichen von Unmut, Ärger, Zorn oder Frustration merken liess ... eingedenk des Grundsatzes, dass Nervosität in der Politik ein Zeichen der Schwäche ist, das die Gegner ermutigt ...».[327] Jeden Tag begann er mit der Anhörung der Berichte der Informanten: des Chefs des Geheimdienstes, der politischen Polizei und der Minister. «Allein schon das Aussehen dieser Menschen liess ahnen, in welcher Furcht sie lebten. Unausgeschlafen und erschöpft, waren sie in ständiger Spannung, wie im Fieber, immer auf der Suche nach Opfern, auf Schritt und Tritt umgeben von

Angst und Hass. Ihr einziger Schild war der Kaiser, aber dieser konnte sie mit einer Handbewegung vernichten. O nein, der mildherzige Herr macht ihnen das Leben nicht leicht.»[328] Der Kaiser hörte zu, fragte nichts, kommentierte nichts, denn «hätte er ... gefragt und Meinungen geäussert, dann hätte der Informant die Berichte beflissen gefärbt und den Vorstellungen des Kaisers angepasst ...».[329] Im Palast gab es drei Fraktionen: die Aristokraten, die Bürokraten und die sogenannten persönlichen Leute, alle untereinander in heftige Rivalitäten verstrickt. Sämtliche Positionen in der Hierarchie besetzte der Kaiser persönlich. Bei diesen Ernennungen liess er sich «nie vom Prinzip der Begabung, sondern immer und ausschliesslich vom Prinzip der Loyalität leiten».[330] Deshalb hatte unser «gütige[r] Herr ... lieber schlechte Minister. Und er zog sie deshalb vor, weil er sich vorteilhaft abheben wollte.»[331] Besondere Bedeutung hatte die Gruppe der persönlichen Leute, die der Kaiser aus dem Volk auswählte. Kaum im Palast, «gewannen [sie] bald Geschmack an den Freuden des Palastlebens und am Charme der Macht, und sie dienten dem Kaiser mit geradezu unbeschreiblichem Eifer und Hingabe, weil sie sehr gut wussten, dass sie einzig und allein durch den Willen des ehrwürdigen Herrn in diese Positionen gelangt waren ...».[332] Loyalität war erste und unbedingte Voraussetzung, um in der Palasthierarchie hinaufzuklimmen. Dazu musste man sich negatives Wissen aneignen, «das heisst, in Erfahrung bringen, was er und seine Untergebenen nicht dürfen ...».[333] Man konnte korrupt sein, offensichtlich seiner Aufgabe nicht gewachsen sein, kein Problem, solange man loyal war.[334]

Als in der Welt geachteter Staatsmann war der Kaiser ein gerne geladener Staatsgast, so auch in der Schweiz, wo er 1955 im Schloss Jegenstorf logierte. Für jede Reise entbrannte ein «gnadenloser Kampf um die Teilnahme im kaiserlichen Gefolge».[335] Es entstand «eine, wenn auch kurzlebige, Gefolgshierarchie, die neben der Audienz-Hierarchie und der Hierarchie der Titel existierte».[336]

In dieser dumpfen Welt des gnadenlosen Konkurrenzkampfes, der Überwachung und Bespitzelung, der Durchsuchungen, der Angst, in der Fragen nur «von oben nach unten» gestellt werden durften,[337] war Denken eine «lästige Unannehmlichkeit».[338] Es gab gerade einmal 25 000 Zeitungen für eine Bevölkerung von mehr als 30 Millionen. «Unsere Zeitungen aber ... waren loyal, ich möchte fast sagen, vorbildlich loyal ... aber unser Herr ging von der Annahme aus, dass man den Menschen selbst die loyalste Presse nicht im Übermass geben sollte, denn wie leicht könnte sich daraus die Gewohnheit des Lesens entwickeln, und von da wäre es dann nur mehr ein Schritt zum gewohnheitsmässigen Denken ... Nehmen wir nur einmal an, etwas wird loyal geschrieben, aber illoyal gelesen ...»[339]

Geradezu gespenstisch verlief der Zerfall der Herrschaft des Kaisers. Stoisch und scheinbar unberührt ertrug er die Revolution und hielt konsequent am feudalen und byzantinischen Hofzeremoniell fest. Seine letzten Tage verbrachte er allein im Palast, wo er, 82-jährig, an Kreislaufversagen starb.

«Mein Buch über Haile Selassie handelt vom universellen Code der Machtpolitik ... Ich wollte zeigen, wie dieses Medium der Politik die Menschen, die in der Zone der Macht leben, von Grund auf verändert: ihre Mentalität, ihre Kultur, ihr Verhalten. Das geht bis in die Körpersprache, den Gang dieser Leute, ihre Sprache, ihre Gestik.»[340] Zum Hunger nach Macht gesellte sich die Habgier. «Macht gebiert Geld, so war das seit Anfang der Welt.»[341] Haile Selassie raffte zusammen, was er konnte. «De[n] grösste[n] Reichtum hatte aber der Kaiser zusammengetragen; je älter er wurde, desto grösser wurde auch seine Raffgier, seine traurige greisenhafte Habsucht. Man könnte mit Bedauern und Nachsicht darüber sprechen, hätte H. S. ... nicht Millionen aus dem Staatsschatz genommen, umgeben von Friedhöfen voll verhungerter Menschen, Friedhöfen, die direkt vor den Fenstern des Palastes lagen.»[342]

3.4 Höfisches in der heutigen Zeit

Norbert Elias hat in seinem Werk über die höfische Gesellschaft darauf hingewiesen, dass seine Untersuchungen den «Blick für Entsprechungen in industriellen Nationalgesellschaften»[343] schärfe und Feststellungen über Strukturverwandtschaften und -unterschiede ermögliche. Auch in gehobenen Industriegesellschaften liesse sich ein «gesellschaftlicher Druck zur sozialen Abhebung durch unterscheidenden Prestigeverbrauch und Konkurrenzkämpfe um Status- und Prestigechancen» beobachten.³⁴⁴ Es gebe aber einen grundlegenden Unterschied. In der modernen Gesellschaft würden «selbst die Reichsten einen Teil ihrer Einkünfte sparen und investieren, so dass sie, falls sie nicht fehlinvestieren, immer noch reicher werden ... Die Reichen und Mächtigen höfischer Gesellschaften verwandten gewöhnlich ihre ganzen Einkünfte auf repräsentativen Konsum ... In vorindustriellen Gesellschaften war der angesehenste Reichtum der, den man sich nicht erarbeitet hatte ...»³⁴⁵

In seinem Buch über die letzten Tage des Dritten Reichs setzt sich der britische Historiker Ian Kershaw mit der Frage auseinander, warum selbst eigenständige Charaktere wie Albert Speer bis am Schluss zu Hitler hielten.³⁴⁶ Daraus erkenne man die enorme emotionale Abhängigkeit der Entourage von Hitler. Das «Intrigenspiel im Hofstaat» sei ein Grund für die Stärke des Systems. «Das gegenseitige Misstrauen unter den Führungsleuten verhinderte, dass sich im Machtapparat Fraktionen bilden konnten, die Hitler hätten gefährlich werden können.»³⁴⁷

In amerikanischen Rezensionen wurde der von Kapuscinski beschriebene Hof in Äthiopien mit den Chefetagen von Grosskonzernen verglichen. «Ich will damit nur sagen, dass sich die Mechanismen, die ich beschreiben wollte, im Mikrokosmos jeder, auch der kleinsten Institution wiederfinden ...»³⁴⁸ Lee Iacocca beschreibt dies in seiner Biografie sehr anschaulich. Ein Aufgebot ins Büro von Henry Ford II war «wie die Einladung zu einer Audienz beim lieben Gott».³⁴⁹ Henry sei der King gewesen. «Alle Mitglieder des Topmanagements im Glashaus hatten Teil am Wohlleben des königlichen Hofes.»³⁵⁰ Henry Ford II habe seine Macht willkürlich ausgeübt und dabei seine Leute stets «in Angst und Unsicherheit»³⁵¹ gehalten. Autoritäre Strukturen enthalten auch heute noch Elemente höfischen Verhaltens. Die Aufnahme- und Eignungsprüfung für den Eintritt in die chinesische Bürokratie wird mit den Prüfungen zum Eintritt an den kaiserlichen chinesischen Hof verglichen. «Wer beim Staat arbeitet, gehört einem Kreis an, in dem Leistung weniger zählt als Loyalität und Gehorsam.»³⁵²

«Das Leben von Präsidenten, von Sport- und Filmstars löst sich ab von den Niederungen alltäglicher Sorgen. Wer es bis ganz nach oben schafft, kommt in einer Welt an, in der einem stets jemand die Tasche hinterher-

3. Führung an den Höfen

trägt, den Kalender führt, die Telefonate entgegennimmt, die Krawatte richtet, das Redemanuskript schreibt, den Wagen fährt, die Schuhe putzt, die Opernkarten besorgt und womöglich auch gleich die Weihnachtsgeschenke für die Familien, deren banales Leben man ohnehin nur noch stundenweise teilt.»[353] In dieser Welt existieren sie immer noch, die Antichambres, die Lakaien, die Einflüsterer und die im Vergleich zu früher etwas subtileren Formen von Zeremoniell und Etikette. Das «Protokoll» legt die Regeln fest über Abläufe von Begegnungen, Rangordnungen, Kleiderordnungen, Tischordnungen, Reihenfolge der Reden, Fahrt im Konvoi usw. Die Staaten verfügen auch heute noch über organisatorische Einheiten, die sich ausschliesslich um protokollarische Fragen kümmern. Aber nicht nur die Staaten. Selbst die Deutsche Bahn kann es sich offenbar leisten, einen grosszügig bemessenen protokollarischen Dienst zu halten.

Mit einiger Boshaftigkeit schildern Peter Noll und Hans Rudolf Bachmann im *Kleinen Machiavelli* das Verhalten der «grauen Mäuse», das unwillkürlich Analogien zu den geschilderten Mechanismen an den Höfen wachruft. «Die grauen Mäuse sind der festen, fast religiösen, letztlich wohl puritanischen Überzeugung, dass sie ihre ganze Arbeitskraft, ihr ganzes Denken und Fühlen dem Unternehmen gewidmet haben und dafür als Belohnung ein hohes Gehalt beziehen.»[354] Einiges wirkt zwar überholt, so zum Beispiel, dass ein Manager höchstens eine Million pro Jahr verdient. Präsident der Generaldirektion tönt antiquiert. Auch ist offensichtlich, dass aus vielen grauen Mäusen inzwischen bunte Vögel, die sich CEO nennen, geworden sind. Die Schilderungen des Powerplay in den Unternehmungen sind aber immer noch aktuell. Besonders nah bei Machiavelli sind die Autoren, wenn sie die Dirty Tricks beschreiben, die «wohldosiert und nur auf eine Weise angewendet werden [müssen], dass man sie nicht als solche erkennt. ... Ein bewährter Trick ist das Gerücht.»[355] Und wer würde daran zweifeln, dass das World Economic Forum in Davos Elemente aufweist, die durchaus als höfisch gelten können.

Wenn man eine Institution bezeichnen müsste, die das Höfische bis in die heutigen Tage fast original zelebriert, dann fällt die Wahl auf die Fifa. Das beginnt mit dem Hof, dem 200 Millionen Franken schweren Hauptsitz auf dem Zürichberg. «Wer sich länger bei der Fifa halten kann, steht im Ruf, ein harmloser Ja-Sager zu sein … Wie geschickt die Herrschaft aufgebaut ist, zeigt sich darin, dass auch die Intelligenten schweigen, wenn sie entlassen werden. Dafür sorgen auch Abfindungen im siebenstelligen Frankenbereich.»[356]

3.5 Besonderheiten der Führung am Hof

Dem Soziologen Elias verdanken wir nicht nur eine akribische Analyse des höfischen Lebens, sondern auch die knappstmögliche Definition von Führung als «Menschensteuerung». Das Menschenbild, das dem Modell des Königs oder Fürsten mit seinem Hof zugrunde liegt, variiert von «von Grund auf böse» (Machiavelli) bis zu indifferent (Ludwig XIV. und Haile Selassie). Dieser Unterschied ist historisch erklärbar, basieren doch die Erfahrungen und Erkenntnisse von Machiavelli auch auf republikanischen Elementen, die es im alten Rom wie im mittelalterlichen Italien gegeben hat. Das Volk war also nicht bloss Quantité négligeable, sondern musste bei Laune gehalten werden. Die Sonnenkönige hingegen beschäftigten sich nur mit ihrer riesigen Entourage und mit sich selber. So oder so, ein Individuum mit eigenen Gedanken und Willen existierte jedenfalls nicht.

Führen am Hof bedingt eine grosse Distanz zwischen dem Herrscher und seinem Gefolge. Dieses Gefolge ist eine amorphe Masse mit verschiedensten Interessen und Spannungen. Das oberste Ziel ist Machterhaltung, und zu diesem Zweck werden die Spannungen im Sinne einer labilen Machtbalance gezielt bewirtschaftet. Teile und herrsche ist die Devise, entsprechend verteilt der Herrscher seine Gunstbeweise und den Gunstentzug. Am Hof herrschten Angst, Kriechertum, Intrigen und Denunziation, mit den Worten von Elias ein «gespenstiges Perpetuum mobile». Rang und Stand war die entscheidende Kategorie, jederzeit sichtbar durch Machtsymbole, Zeremoniell und Etikette. Kapuscinski stellt fest, dass die so ausgeübte Macht den Menschen von Grund auf verändert.

Zum ersten Mal begegnen uns hier die Begriffe Moral (in einem anderen Sinne als die Moral der Truppe) und Tugend. Neu ist auch der Gedanke von Machiavelli, dass nicht das Sein entscheidend sei, sondern der

Schein. Seine Handlungsanweisung ist klar: In dieser schlechten Welt kann man nicht tugendhaft sein, sonst ist man verloren. Aber sein Image als tugendhafter Mensch soll man wohl pflegen.

Eine enorme Bedeutung hat die Loyalität. Sie gilt einseitig nur dem Herrscher gegenüber und betrifft nie die Sache, stets nur die Person. Die Loyalität sichert die Zugehörigkeit zur *monde*, nur schon der Anschein von Illoyalität ist selbstzerstörerisch.

Die Geschichte des Kriegsschiffes «Vasa» ist ein Gleichnis der Folgen höfischer Kommunikationsstrukturen. Während des Dreissigjährigen Kriegs gab der schwedische König Gustav II. Adolf den Auftrag, ein Kriegsschiff zu bauen. Der Bau des Schiffes war im Gang, als der König erfuhr, der Feind baue ein ähnlich grosses Schiff. Er erteilte Order, auf dem Oberdeck die gleichen grosskalibrigen Kanonen einzubauen wie auf dem Unterdeck. Der Schiffsbaumeister wusste, dass damit die Statik des Schiffes ausser Kontrolle geriet, wagte aber nicht, das dem König zu sagen. Der Befehl wurde ausgeführt, und am 10. August 1628 fand die Jungfernfahrt statt. Etwa 1300 Meter nach dem Start kenterte das Schiff und sank. 1956 wurde die «Vasa» gefunden, 1961 geborgen, und heute ist das Schiff im Vasa-Museum in Stockholm zu besichtigen.

Norbert Elias hat Ludwig XIV. als bewahrenden Herrscher bezeichnet. Ein solcher sei in «normalen Lagen» ideal, für Zeiten des Umbruchs aber wenig geeignet. Da brauche es den «erobernden Herrscher»[357] oder mit dem Begriff von Max Weber den charismatischen Herrscher[358]. Die Voraussetzung für eine solche Herrschaftsform sei eine «mehr oder weniger tief greifende Transformation».[359] Diese Transformation zerstört die bestehende Machtbalance und «gibt dem, welcher als Träger des Charisma erscheint, die entscheidende Chance; und sie gibt seinem Emporkommen zugleich jenen... Charakter der Ausseralltäglichkeit». Diese Herrschaft habe keine Beständigkeit, «es sei denn, dass Krise, Krieg und Aufruhr zu beständigen Normalerscheinungen... werden».[360] Der charismatische Herrscher habe um seinen Aufstieg zu kämpfen, und dazu müsse er die «Zielsetzung all der Menschen, welche schliesslich die Kerngruppe seiner Herrschaft bilden, *in eine Richtung* dirigieren».[361] Diese Zielsetzung erhält «leicht den Charakter des Glaubens».[362] Die bisherigen Regeln, Vorschriften und Verhaltensweisen werden durchbrochen. «...die Führung kann hier nicht mehr in erster Linie durch schon erprobte und relativ festgelegte Vermittlungswege vom Führer bis zu den niedriger Regierenden vollzogen werden, sondern durch den immer erneuerten persönlichen Einsatz des Führenden, ... d. h. durch die Herstellung einer mehr oder weniger persönlichen und möglichst unvermittelten Beziehung zwischen den Herrschenden und den Menschen der Kerngruppe.»[363]

Der Unterschied zum bewahrenden Herrscher ist gross. Nicht mehr die soziale Rangordnung, sondern «bestimmte individuelle Qualitäten Einzelner»[364] bestimmen die Stellung. Das hat zur Folge, dass «seine persönliche Macht, die individuelle Überlegenheit und deren Einsatz innerhalb der Kerngruppe ... eine unentbehrliche Bedingung [bleibt]».[365] Das persönliche Risiko ist erheblich. «Kommt er über das dünne Eis hin ans andere Ufer, dann schreibt ihm so mancher Historiker entsprechend der weitverbreiteten Neigung, Erfolg mit persönlicher Grösse gleichzusetzen, leicht eine aussergewöhnliche Begabung zu, in schwierigen Lagen immer das Richtige zu tun; bricht er ein und ertrinkt mit seinem Gefolge, dann geht er in die Geschichte vielleicht als erfolgloser Abenteurer ein. Das Vermögen eines solchen Menschen, die unerschütterliche Überzeugung von der eigenen Gabe, immer die richtigen und erfolgversprechenden Entscheidungen zu treffen, auf andere zu übertragen, gehört zu den Bindemitteln, die seine Kerngruppe über alle Rivalitäten und Interessenkonflikte hinaus Einheitlichkeit und Zusammenhalt geben. Dieses Vermögen und die Überzeugung ist die eigentliche Substanz des Glaubens an sein Charisma.»[366] Seine Legitimation erhalte der charismatische Herrscher durch seinen Erfolg in der Bewältigung von Krisensituationen. Sein Erfolg hänge aber davon ab, ob sich solche Situationen wieder anbieten. Im Unterschied zum bewahrenden Herrscher schütze ihn «keine Etikette, kein sozialer Nimbus, keine Apparatur», nur seine «individuelle Kraft und sein persönlicher Einfallsreichtum» liessen ihn überleben.[367]

Obwohl Elias keinen expliziten Bezug zu Napoleon macht, ist offensichtlich, dass ihm dieser als Modell für den charismatischen Herrscher dient. Napoleon war zum Siegen verdammt, sonst riskierte er das Verblassen seines «charismatischen Zaubers».[368] Mit der Krönung zum Kaiser Napoleon I. und der Restituierung des Gottesgnadentums versuchte sich Napoleon eine neue Legitimität zu geben und damit seinen Ruf als Emporkömmling zu tilgen. Dass er damit eine dynastische Erbfolge verband, war «in jeder Hinsicht absurd, unlogisch und politisch verderblich».[369] In den Augen der «guten Gesellschaft» in ganz Europa blieb er *le petit caporal*, obwohl er mit riesigem Aufwand auf dem Klavier der Zeremonien und der Etikette spielte.

4. Führung in Extremsituationen

4.1 Magellan

Aus historisch nicht mehr rekonstruierbaren Gründen war sich Magellan sicher, dass eine Durchfahrt vom Atlantischen zum Pazifischen Ozean existiert. Sein Vorschlag, auf diesem Weg die Molukken zu erreichen, fand bei seinem portugiesischen König keine Gnade. Er bürgerte sich aus, ging nach Sevilla, und es gelang ihm, den spanischen König Carlos I. von seinem Plan zu überzeugen. Am 10. August 1519 stachen fünf Schiffe mit 265 Mann unter seinem Kommando in See. Im Januar 1520 erreichten sie die Rio-Plata-Mündung und stellten nach wochenlangem Suchen fest, dass dort kein Durchkommen war. Sie segelten die immer unwirtlicher werdende südamerikanische Küste weiter nach Süden und beschlossen, in Port San Julian in Patagonien zu überwintern. Die zunehmende Unzufriedenheit der Kapitäne der einzelnen Schiffe und der Mannschaft führten zu einer offenen Meuterei, die Magellan entschlossen niederschlug. Erst im August segelte die Flotte, die inzwischen ein Schiff verloren hatte, weiter nach Süden. Am 21. Oktober 1520 erreichten sie den Eingang der Meeresstrasse, die heute den Namen Magellan trägt. Während der gefährlichen Durchfahrt desertierte die Mannschaft des grössten Schiffs. Am 28. November 1520 erreichte Magellan den Pazifik und am 24. Januar 1521 die erste Pazifikinsel. Auf der Insel Mactan im philippinischen Archipel wollten sie die Autorität der spanischen Krone mit Waffengewalt durchsetzen. Magellan war an vorderster Front und wurde getötet. Von den drei verbliebenen Schiffen wurde das am schlechtesten erhaltene verbrannt. Der Rest der Flotte erreichte die Molukken, das Ziel der Expedition, am

4. Führung in Extremsituationen

18. November 1521. Das vierte Schiff ging durch einen Unfall verloren. Schliesslich fuhr am 8. September 1522 noch ein Schiff mit 18 Männern in den Hafen von Sevilla ein.

Soweit die nüchterne Chronik eines unfassbaren Leidensweges. Der literarische Biograf Stefan Zweig, dem wir auch hier folgen, schildert eindrücklich, was das konkret bedeutet hat. «Versuche es dir vorzustellen, wie sie damals auf ihren winzigen Fischkuttern ausfuhren ins Unbekannte, unkund des Weges, ganz im Unendlichen verloren, ununterbrochen ausgesetzt der Gefahr, preisgegeben jeder Unbill des Wetters, jeder Qual der Entbehrung. Kein Licht des Nachts, kein Trank als das brackige und laue Wasser der Fässer und das aufgefangene des Regens, keine andere Speise als den verkrusteten Zwieback und den gepökelten ranzigen Speck und selbst dies Kärglichste der Nahrung oft durch Tage und Tage entbehrend. Kein Bett und kein Raum des Rastens, teuflische Hitze, erbarmungslos die Kälte und dazu das Bewusstsein allein zu sein, rettungslos allein, in dieser unbarmherzigen Wüste des Wassers. Niemand daheim wusste monatelang, jahrelang, wo sie waren, und sie selber nicht, wohin sie gingen. Not fuhr mit ihnen, Tod umstand sie in tausendfältigen Formen zu Wasser und zu Land, Gefahr erwartete sie von Mensch und Element, und monatelang, jahrelang, ewig umrundeten sie auf ihren armen, erbärmlichen Schiffen die entsetzliche Einsamkeit. Niemand, sie wussten es, würde ihnen durch Monate und Monate begegnen in diesen unbefahrenen Gewässern, niemand sie erretten können aus Not und Gefahr, niemand Bericht geben über ihren Tod, ihren Untergang.»[370] Diese Worte beschreiben ein Umfeld, das für eine Führungsaufgabe schwieriger und extremer nicht vorstellbar ist.

Magellan hat sein Handwerk von der Pike auf gelernt, auf den Schiffen und im Kriegsdienst in Indien und Afrika. Mit der portugiesischen Flotte erlebte er sowohl einen grossen Sieg wie eine bittere Niederlage. Als Begleiter eines Gewürztransportes sah er sich mit einem Schiffbruch konfrontiert. Wenn Gefahr drohte, war er immer an vorderster Front. Dreimal wurde er im Nahkampf verwundet. Magellan war ein «Meister nautischer Kunst».[371] «Es gab keinen Mann auf der ganzen Erde, der mehr von der Wissenschaft der Karten und der Seefahrt verstand.»[372]

Durch seinen Wechsel nach Spanien war Magellan in eine delikate

Situation geraten. In Portugal tat man alles, um seinen Erfolg zu verhindern, und auch in Spanien wurde er argwöhnisch beobachtet. Von seinem (spanischen) Schwiegervater erfuhr er, dass es einen Geheimpakt seiner spanischen Kapitäne an Bord gebe, Magellan unterwegs den Gehorsam zu verweigern. Kein Wunder, dass er dadurch noch misstrauischer wurde, als er ohnehin schon war. Deshalb führte er die Flotte von Anfang an mit unerbittlicher Autorität. Die Kapitäne der anderen vier Schiffe hatten jeden Abend den Admiral Magellan vor dem Flaggschiff mit einer standardisierten Formel zu grüssen und seine Befehle entgegenzunehmen.

Zweig schildert Magellan als einen Mann, der sowohl ausserordentlich kühn und entschlossen als auch systematisch und vorsichtig war, «ebenso verwegen in der Gesamtkonzeption wie präzise und pedantisch in der Durchführung jedes Details».[373] Wenn immer möglich, überlässt er nichts dem Zufall. Immer wieder rechnet er jede Möglichkeit durch. «Nichts beweist nun besser die ausserordentlichen Fähigkeiten zur Zurückhaltung, sein besonderes Genie des Schweigenkönnens und Wartenkönnens, als dass Magellan diesen notwenigen Schritt nicht voreilig unternimmt. Niemals Phantast, niemals verschwommener Optimist oder eitler Selbstbelüger, sondern immer genauer Rechner, Psychologe und Realist ...»[374] In kritischen Situationen wird Magellan noch schweigsamer, als er ohnehin schon ist. «Völlig behält er sein Temperament in der Hand. ... Niemals in seinem Leben hat Magellan hitzig oder übereilt einen Schlag geführt, immer ballt ein langes, dumpfes, dunkles Schweigen wie eine Wolke sich zusammen, ehe der Blitz niederfährt.»[375] Selbst in den kritischsten Situationen kann er unendlich geduldig sein. Der grosse Schriftsteller Zweig fasst eine fundamentale Wahrheit in zwei Sätzen zusammen: «Den Charakter eines Menschen erkennt man niemals besser als an seinem Verhalten in entscheidenden Augenblicken. Immer treibt erst die Gefahr die verborgensten Kräfte und Fähigkeiten eines Menschen heraus.»[376] Der vielleicht entscheidendste Moment der ganzen Expedition spielte sich ab, nachdem klar wurde, dass die riesige Meeresbucht, von der Magellan überzeugt war, dass sie zur Meeresstrasse in den Pazifik führte, nichts anderes als die Mündung des Rio-Plata-Stroms war. Offensichtlich war die Karte, welche die Basis für Magellans Plan war, falsch. «Nun heisst es für Magellan eisern die Muskeln zu straffen. Niemand der Kapitäne, niemand der

4. Führung in Extremsituationen

Mannschaft darf merken, welchen mörderischen Schlag seine innere Sicherheit durch diese Enttäuschung erlitten.»[377]

Als Magellan entschied, in Port San Julian, einem «winterlichen Kerker», zu überwintern und die Lebensmittel zu rationieren, kippte die Stimmung seiner Kapitäne und der Mannschaft. Es kam zur offenen Meuterei. Die Meuterer kappten das grösste Schiff und legten alle Portugiesen in Ketten. In einer für ihn beinahe aussichtslosen Situation schlug Magellan mit Entschlossenheit und List zurück. Wieder war sein Plan minutiös vorbereitet, und er schlug dort zu, wo es niemand erwartete. Die meuterischen Kapitäne wurden in Ketten gelegt, und nun musste nach Seerecht umgehend die Sühnung erfolgen. Dem Admiral war vom König das unbeschränkte Recht über Leben und Tod zuerkannt. Der Kopf der Meuterei wurde zum Tod verurteilt, zwei Mitverschwörer wurden in der Wildnis ausgesetzt.

In keinem anderen Bereich wird Ungehorsam, Insubordination so hart bestraft wie in der Schifffahrt. Die Autorität des Kapitäns ist unantastbar, und es gibt einen Grund dafür: «Wer einen Sturm kommen sieht, weiss, dass nur eines Schiff und Mannschaft retten kann: wenn der Kapitän ehern das Steuer in der Hand hält, und vor allem, wenn er es allein in der Hand behält.»[378] Wie Zweig schreibt, «erkennt man das Fehlen des geborenen Führers an dem Sinken der Disziplin».[379] Nach dem Niederschlagen der Meuterei setzte Magellan diese Disziplin wieder eisern durch. Er wusste, «dass nichts Menschen unzufriedener macht als Müssiggang», und deshalb beschäftigte er die Matrosen auch im Winterquartier mit unablässiger, strenger Arbeit.[380]

Von all den grossen Entdeckungsreisen war jene von Magellan (1480–1521) «die vielleicht fürchterlichste und entbehrungsreichste Seefahrt, welche die ewige Chronik menschlichen Leidens und menschlicher Leidensfähigkeit, die wir Geschichte nennen, verzeichnet».[381]

4.2 Carl Weyprecht

Bereits Mitte des 16. Jahrhunderts begann die Erkundung eines nördlichen Seeweges nach Indien. Auf der Suche nach der Nordost- und der Nordwestpassage gingen ganze Flotten im Packeis verloren. Berühmt wurde John Franklin, der mehrere Versuche unternahm, die Nordwestpassage zu durchsegeln, und Mitte des 19. Jahrhunderts mit 129 Mann an Bord verscholl. Jahre später erst wurden Reste des Lagers und verstümmelte Leichen gefunden. Sten Nadolny hat Lord Franklin mit seinem Buch *Die Entdeckung der Langsamkeit* ein Denkmal gesetzt.[382]

Carl Weyprecht (1838–1881) war Kommandant der österreichisch-ungarischen Expedition, die am 14. Juli 1872 mit 24 Mann an Bord der «Admiral Tegetthoff» in Tromsö mit Ziel Nordostpassage ablegte. Am 25. Juli erblickten sie die ersten Eisschollen, am 30. Juli sass die «Tegetthoff» erstmals im Packeis fest. Am 22. August war das Schiff im Eis manövrierunfähig. Am 31. Oktober sahen sie die Sonne zum letzten Mal. Das Eis begann zu pressen und setzte dem Schiff mit ungeheurem Druck zu. Die Temperatur sank auf minus 50 Grad, und an Weihnachten war es so dunkel, dass man sich auf drei Schritte nicht mehr erkennen konnte. Krankheiten, vor allem Skorbut, machten ihnen zu schaffen. Im Juni 1873 begannen sie wieder mit ihren Versuchen, das Schiff aus dem Eis zu befreien. Vergeblich. Mit der Drift des Eises legte das Schiff trotzdem erhebliche Distanzen zurück. Am 30. August 1873 entdeckten sie unwirtliches Land, das sie Kaiser-Franz-Josef-Land tauften. Wieder feierten sie Weihnachten an Bord des vom Packeis gefangenen Schiffes. Am 24. Februar 1974 ging die Sonne nach 125 Tagen des zweiten Winters im Packeis wieder auf. Am 16. März 1874 starb der Maschinist. Am 20. Mai 1874 verliessen die Männer die «Tegetthoff» und zerrten ihre schwer beladenen Rettungsboote über die Eisblöcke. Nach zwei Monaten waren sie kaum 15 Kilometer vom Ausgangspunkt entfernt. Der arktische Sommer 1874 war aussergewöhnlich mild, es öffneten sich Risse und Kanäle, die ihnen erlaubten, Segel zu setzen und zu rudern. Am 24. August 1874 wurden sie von einem russischen Schiff gesichtet und aufgenommen.

«Warten. Tage. Wochen. Warten. Monate. Jahre.»[383] So fasst Christoph Ransmayr in seiner literarischen Aufarbeitung *Die Schrecken des Eises und*

4. Führung in Extremsituationen

der Finsternis diese mehr als zweijährige Odyssee zusammen. Carl Weyprecht war ein sehr erfahrener Linienschifffahrtsleutnant und Polarforscher. Er zeichnete sich 1866 in der Seeschlacht von Lissa durch besondere Umsicht und Kühnheit aus. Er veröffentlichte zahlreiche Werke auf dem Gebiet der Nautik, Meteorologie, des Erdmagnetismus und der Ozeanografie.[384] Weyprecht verfügte über ausgezeichnete Sprachkenntnisse. Die brauchte er auch, war doch die Mannschaft mit Tirolern, Norwegern, Ungarn und elf italienischen Matrosen international besetzt. «Die Kraft der südländischen Matrosen scheint allem gewachsen.... Er habe, wird Weyprecht später an eine Freundin schreiben, seine über alles geachteten Südländer mitgenommen, weil sie über das kostbarste verfügten, worüber Menschen inmitten der Drohungen des höchsten Nordens überhaupt verfügen können – über Heiterkeit.»[385] Vom Eis eingeschlossen, organisiert Weyprecht den Kampf gegen die Monotonie. «Mit Beilen und Hauen hacken sie auf die Scholle ein, versuchen mit langen Sägen Kanäle ins Eis zu schneiden, bohren Löcher, die sie mit Schwarzpulver füllen...»[386] All diese Mühen waren vergeblich. Später nähten sie, besohlten Schuhe, machten das Schiff winterfest. Um das Schiff herum bauten sie Eispaläste und Strassen. In der Zeit der Dunkelheit und der beängstigenden Eispressungen las der Kommandant aus dem Buch Hiob vor. Der «habe mit Gottes Hilfe schlimmere Prüfungen überstanden als das Eis».[387] Einmal löste der erfahrene norwegische Harpunier beim Laden seines Gewehrs einen Schuss aus. «Weyprecht verliert über Carlsens Unachtsamkeit kein Wort.»[388] Weyprecht insistierte auf Disziplin und sagte seiner Mannschaft, «dass es vor allem die Ordnung sei, die sie am Leben erhielte...».[389] Dazu gehörte der Rhythmus der täglichen Verrichtungen und die Routine der Wachen. Weyprecht liess aber auch Schule halten: Lesen, Schreiben, Mathematik, Physik. Carl Weyprecht «war *die* Autorität – Richter, wenn es unter den Matrosen zu Streitigkeiten, auch Schlägereien kam, Tröster und Prophet, wenn es um ihre brüchige Hoffnung auf die Heimkehr ging, letzte Instanz aller Fragen».[390]

Als Weyprecht entschied, die «Tegetthoff» zu verlassen und zu versuchen, Europa zu Fuss und mit den Rettungsbooten zu erreichen, war er sich bewusst, dass die Chance sehr gering war. Trotzdem strahlte er nichts als Zuversicht aus. Man muss sich vorstellen, was es hiess, das traute Schiff,

Zuflucht während zweier Jahre, ins Ungewisse zu verlassen. «Im Licht der Mitternachtssonnen zerren Mannschaft wie Offiziere die drei schwer beladenen Rettungsboote ... auf Schlittenkufen über Eishöcker und durch glasigen tiefen Schneemorast; nur ruckweise, Meter für Meter, kommen sie voran. ... An den Zugseilen werden ihnen Schultern und Hände wund, und schon in den ersten Stunden erbrechen sich manche vor Anstrengung ... So schinden sie sich durch die Nacht und schleifen Boot für Boot von der ‹Tegetthoff› weg. Aber nach zehn Stunden des Zerrens und Ziehens haben sie kaum einen Kilometer zwischen sich und das Schiff gebracht, und ihr schönes Schiff lockt sie nun wieder an.» Weyprecht blieb in diesem entscheidenden Moment unerbittlich. «Wir sind auf dem Weg nach Europa, sagt er, das Schiff haben wir verlassen.»[391] Auch als sie nach zwei Monaten kaum 15 Kilometer zurückgelegt haben, bleibt Weyprechts Zuversicht unerschütterlich. «Unsere Hoffnung, sagt er, liegt allein in diesem Marsch durch das Eis, es gibt keine andere Rettung ...»[392] Wer von den Matrosen gemurrt hat, «der murrt nach einer solchen Rede Weyprechts nicht mehr, für ein paar Tage nicht mehr».[393] Wie es ihm wirklich zumute war, hat Weyprecht in sein Tagebuch notiert: «Jeder verlorene Tag ist nicht ein Nagel, sondern ein ganzes Brett an unserem Sarge. ... Das Schlittenziehen über die Eisfelder ist nur zum Augenwischen; denn die paar Meilen, die wir dadurch gewinnen, sind ganz ohne Wichtigkeit für unseren Zweck. ... Ich mache zu allem ein gleichgültiges Gesicht, aber ich sehe sehr wohl ein, dass wir verloren sind, wenn sich die Umstände nicht gänzlich ändern ... Ich staune oft über mich selbst, mit welcher Ruhe ich der Zukunft entgegensehe, es kommt mir manchmal vor, als ob ich gar nicht beteiligt wäre. ... Nur das Schicksal der Matrosen liegt mir am Herzen ...»[394]

Was schliesslich geschah, «ist jene *gänzliche Änderung der Umstände,* an die keiner mehr geglaubt hat, die schon als unwahrscheinliche, masslose Hoffnung galt, und sie erfüllt sich nur, weil der arktische Sommer 1874 mild ist, wie er Jahre nicht mehr war und Jahre nicht mehr sein wird».[395]

Wer diese Geschichte unter dem Aspekt der Führung liest, ist vor allem durch die Diskrepanz zwischen dem «äusseren» und dem «inneren» Weyprecht beeindruckt. Gegen aussen setzte er sich eine Maske der unerschütterlichen Ruhe und der Zuversicht auf, obwohl er innerlich die Hoffnung praktisch aufgegeben hatte. Einzig die Verantwortung seinen Männern gegenüber trieb ihn noch an. Er hat bis zum Letzten gekämpft – und gewonnen.

4.3 Das Rennen um den Südpol

Die britische Antarktisexpedition unter dem Kommando von Robert Falcon Scott (1868–1912) legte am 1. Juni 1910 mit der «Terra Nova» in London ab, um für das British Empire die Ehre der Eroberung des Südpols zu erringen. Der Norweger Roald Amundsen (1872–1928) bereitete zur gleichen Zeit eine Expedition zum Nordpol vor. Als er erfuhr, dass sowohl Frederick Cook als auch Robert Edwin Peary beanspruchten, den Nordpol erreicht zu haben, änderte er seine Absicht. Er nahm sich ebenfalls den Südpol vor, behielt seinen Plan aber geheim. Mit der legendären «Fram», mit der schon Fridtjof Nansen spektakuläre Erfolge erzielt hatte, stach er am 3. Juni 1010 in See. Erst am 9. September orientierte er seine Mannschaft über sein neues Ziel und informierte Scott mit einem Telegramm, das dieser am 28. Oktober 1910 in Neuseeland empfangen konnte. Damit war der Wettkampf eröffnet. Die «Terra Nova» erreichte den antarktischen Kontinent Anfang Januar 1911 und baute beim Kap Evans das Basislager. Ungefähr zur gleichen Zeit erreichte Amundsen mit seiner Mannschaft die Bucht der Wale. Das dort errichtete Zeltdorf und eine vorfabrizierte Hütte nannten sie «Framheim».

Die Konzeption der beiden rivalisierenden Gruppen war grundverschieden. Scott baute auf zwei Motorschlitten, Ponys und Hunde. Amundsen hielt sich an die traditionelle norwegische Schule mit Schlittenhunden und Skiern. Beide Teams nutzten den antarktischen Winter, um Depots anzulegen. Die eigentlichen Expeditionen zum Südpol – eine Strecke von gegen 3000 Kilometern – begannen im Oktober 1911. Am 13. Dezember erreichte Amundsen mit seinen vier Begleitern den Südpol als Erster. Er pflanzte einen Wimpel der «Fram» auf ein Zelt und deponierte dort einen Brief an den norwegischen König, für den Fall, dass er die Rückkehr nicht schaffen sollte. Scott brauchte wesentlich länger. Erst am 16. Januar 1912 sichtete seine Gruppe die Fahne der Norweger. Sie erreichten am nächsten Tag als Geschlagene den Pol. Zu diesem Zeitpunkt war Amundsen bereits in der Nähe von «Framheim», das sie am 26. Januar 1912 wohlbehalten erreichten. Als sich Scott auf den Rückweg machte, neigte sich der antarktische Sommer seinem Ende zu. Die Bedingungen wurden extrem schwierig. Ein erster Mann starb am 17. Februar. Exakt einen Monat später verliess Oates das Zelt mit den Worten «I am just going outside and I may be some time» und wurde nicht mehr gesehen. Am 20. März waren die drei verbleibenden Männer noch 18 Kilometer von einem Depot entfernt, als ein Blizzard aufkam und sie im Zelt blockierte. Scotts letzter Tagebucheintrag stammt vom 29. März 1912. Am 12. November 1912 fand eine Suchgruppe die drei erfrorenen Körper.

Soweit die trockenen Fakten zu einem Drama. Im Nachhinein gleicht die Geschichte einem Labortest. Das gleiche Ziel, die gleichen Bedingungen und zwei Protagonisten, die in ihrem Charakter und ihrer Führungskultur nicht verschiedener sein könnten. Der eine hat sein Ziel erreicht, der andere hat mit seinem Leben bezahlt. In England wurde der Heldenmythos von Scott über Jahrzehnte gepflegt. Erst die 1979 publizierte akribische Aufarbeitung der Ereignisse durch Roland Huntford zerstörte diese Legende.[396]

Scott wurde im Alter von 13 Jahren Kadett in der Königlichen Marineschule. Das war ein «System blinden Gehorsams und starrer Führung von oben. ... Sogar unbedeutende Dinge wurden bis ins Kleinste von oben geregelt. So wurden Offiziere, sogar Kapitäne, zu Automaten, die erst durch Befehle eines Vorgesetzten lebendig wurden ... die Atmosphäre des Zwangs beeinträchtigte jede Initiative und das Selbstvertrauen ...»[397] Zur Polarforschung kam er aus Karrieregründen. Er bewarb sich um die Leitung einer Polarexpedition, obwohl ihn die Polarforschung kaum interessierte und er noch nie Schnee gesehen hatte.[398] Scott erhielt sein Kommando und legte mit der «Discovery» Richtung Antarktis und dem Ziel Südpol ab. Er erreichte mit seiner Expedition 82 Grad 17 Minuten und blieb damit 745 Meilen von seinem Ziel entfernt.

Amundsen las als Jugendlicher mit Begeisterung die Werke von Lord Franklin. Ebenso fasziniert war er von der ersten Durchquerung von

Grönland durch den Landsmann (und späteren Friedensnobelpreisträger) Fridtjof Nansen. Er beschloss, Polarforscher zu werden, und bereitete sich systematisch vor. Unter extremen Bedingungen kämpfte er sich tagelang durch die einsamen winterlichen Hügellandschaften Norwegens, lernte zu überleben und perfektionierte seine Technik auf Skiern. Um sich die notwendige Erfahrung in der Schiffsführung und Navigation zu erwerben, musste er Kapitän werden. Seine Laufbahn auf See begann er als Matrose auf einem Robbenfänger. Mit der «Belgica», wo er als zweiter Steuermann diente, kam er erstmals in die Antarktis. Mit seinem väterlichen Erbe kaufte er ein seefähiges Holzschiff, die «Gjoa». «Es hatte lächerliche 47 Tonnen und war angeblich bei weitem zu klein, um gegen das Packeis anzutreten.»[399] Mit diesem winzigen Schiff und einer Kleinstmannschaft von sechs Mann durchfuhr er erstmals die Nordwestpassage, wo vorher John Franklin und viele andere Expeditionen gescheitert waren. Auf dieser Fahrt kam er mit Eskimos in Berührung und liess sich von ihnen ins harte Leben der Arktis einführen. Er lernte sich wie die Eskimos zu kleiden und zu bewegen und wurde ein hervorragender Iglubauer.

Bereits aus dieser gerafften Gegenüberstellung werden die fundamentalen Unterschiede deutlich. Hier der Offizier Scott, gross geworden in einer Institution, in der galt: «Es gibt nichts, was die Marine nicht kann.»[400] Seine Lernbereitschaft war minimal. «Wie die meisten seiner Offizierskameraden verschmähte er sorgfältige Vorbereitung, weil er im Grunde nur an gesunden Menschenverstand und zu gegebener Zeit an Improvisation glaubte.»[401] Seine Motivation waren Karriereaussichten und überkommene britische Vorstellungen von Ruhm, Ehre und Heldentum, das «Unerfahrenheit als Tugend erklärt».[402] «Fast alle Details seiner Ausrüstung zeugten von mangelndem Sachverstand. Scott hatte nichts gelernt...»[403] Dazu teilte Scott die alten Vorurteile der britischen Polarforscher, die den Einsatz von Hunden und Skiern ablehnten.

Dort der Tüftler Amundsen, der sich in andere Kulturen versetzen konnte und von ihnen lernte. Der an jedem Detail herumlaborierte, bis er dem Optimum nahe war. Der in allen Belangen über immensen Sachverstand und Erfahrung verfügte. Amundsen war ein minutiöser Planer. «Er überliess kein einziges Detail dem Zufall.»[404] Seinem Ziel ordnete er alles unter. «Wenn wir gewinnen wollen... darf nicht ein Hosenknopf fehlen.»[405] Sein Antizipationsvermögen war phänomenal. Er markierte die Strecke im Eis auf jeder Meile mit drei mannshohen Schneepyramiden. In ihrem Inneren deponierte er Angaben über die Position. Besondere Sorgfalt verwendete er auf die Markierung der Depots. Er steckte auf jeder Seite des Depots zehn schwarze Fahnen im Abstand von einer halben Meile von Ost nach West, damit das Depot auch bei Abweichungen vom Kurs gefunden werden konnte.

«Es war mehr als ein Wettlauf zwischen zwei Menschen, es war der Zusammenprall zweier Lebensanschauungen. Auf der einen Seite standen die aussterbenden britischen Tugenden Notbehelf und Improvisation, auf der anderen Seite die fremden Tugenden Sorgfalt und Vorbereitung.»[406] Entsprechend waren die Konzeptionen für die Eroberung des Pols grundverschieden. Auf der «Fram» waren 19 Mann, auf der «Terra Nova» 65. Amundsen setzte auf Professionalität und Geschwindigkeit, Scott auf Masse. Amundsens Durchschnittsgeschwindigkeit betrug 3,5 Meilen pro Stunde, Scott schaffte nur 2 Meilen. Sowohl die Motorschlitten wie die Ponys erwiesen sich als ungeeignet, und es blieb Scott und seinen Männern nichts anderes übrig, als die schweren Schlitten von Hand zu ziehen. Scott war nicht nur schlecht vorbereitet, auch seine Dispositionen unterwegs waren desaströs. Es war vorgesehen, dass er die letzte Etappe zum Pol mit vier Mann angehen wollte. Im letzten Moment änderte er diesen Plan und nahm einen fünften dazu, was seinen Verpflegungs- und Unterkunftsplan aus dem Gleichgewicht brachte und eine der zentralen Ursachen für sein Scheitern war.

So verschieden Herkunft und Charaktere, so unterschiedlich haben die beiden Männer ihre Mannschaften geführt. Bei Amundsen gab es *eine* Mannschaft, bei Scott Offiziere und Gemeine.[407] «In Framheim lebten alle zusammen in einer Atmosphäre von Gebirgshütte und Segelschiff. Kap Evens hingegen war ein Zwittergebilde zwischen einem Kriegsschiff und einem akademischen Gemeinschaftsraum.»[408] Scotts Autorität hing von seinem Rang ab.[409] Huntford beschreibt ihn als defensiv, ungeduldig, hitzig und voller Selbstmitleid.[410] Seine Männer hatten «Achtung vor seiner Stellung, setzten jedoch kein Vertrauen in seine Person.»[411] «In der Krise erscheint Scott dem einfachsten seiner Gefolgsleute als ein leidendes Wesen, das Hilfe braucht.»[412]

4. Führung in Extremsituationen

Amundsens Autorität beruhte einzig auf seinen persönlichen Qualitäten.[413] «Seinen Männern vermittelte er den Eindruck von unerschütterlicher Gelassenheit» (auch wenn es in seinem Innern anders aussah).[414] Er paarte seinen Gleichmut «mit einem Hauch Humor».[415] Seine Führungsphilosophie hat er wie folgt beschrieben:

«Wir haben auf der ‹Gjoa› eine kleine Republik errichtet. ... [Ich] entschied mich dafür, an Bord so weit wie möglich in einem freiheitlichen System zu leben. Jeder soll das Gefühl haben, innerhalb seines eigenen Bereichs unabhängig zu sein. So entsteht unter sensiblen Menschen eine spontane und freiwillige Disziplin, die höher zu werten ist als Zwang. Dadurch gewinnt jeder das Bewusstsein, dass er ein Mensch ist; er wird als Vernunftwesen behandelt, nicht als Maschine. ... Der Wille, etwas zu leisten, ist um ein Vielfaches grösser und dadurch auch der Arbeitseinsatz. Wir arbeiten alle an einem gemeinsamen Ziel und teilen uns froh in die Arbeit.»[416]

«Amundsens Anweisungen sind nicht als Befehle von oben formuliert, sondern als Vereinbarungen unter Partnern.»[417] Scott hingegen basiert auf der Marinedisziplin, das heisst «absoluter, unkritischer, buchstäblicher Gehorsam gegenüber dem Befehl. ... Scotts Untergebene waren daher geistig wie gefesselt. Seinen Befehlen gehorchten sie sklavisch.»[418] Widerspruch war in diesem System nicht vorgesehen. «Kritik, wie berechtigt sie auch sein mochte, [betrachtete er] als einen an Meuterei grenzenden Vorgang...»[419] Amundsen setzte auf den mündigen Menschen und setzte sich mit Kritik auseinander. In Zweifelsfällen brachte er Vorschläge zur Abstimmung und akzeptierte das Ergebnis, auch wenn es seiner eigenen Meinung entgegenstand.[420]

Die vielleicht eindrücklichste Darstellung von Führungsverhalten im Buch von Huntford betrifft die Hundegespanne, ohne die Amundsen den Südpol nicht erreicht hätte. Innerhalb des Rudels gibt es Kämpfe um die Führungsrolle, sind sie entschieden, werden Rangordnungen akzeptiert. «Wie beim Menschen ist ein guter Führer unbezahlbar. Gegenüber seinem Herrn ist er kein unterwürfiges Tier, sondern ein Vertragspartner, der als Gegenleistung für Nahrung und Schutz gewisse Pflichten übernimmt. Das Geheimnis der Führung des Eskimohunds liegt im Verständnis für die Feinheiten des Vertrags.»[421]

Es war ein Wettkampf zwischen einem Professional mit hervorragenden Führungsqualitäten und einem «heroischen Stümper»[422], der seine Leute wie Marionetten führte.[423] Der Sieger stand von vornherein fest.

4.4 Ernest Shakleton

Ernest Shakleton (1874–1922) kam erstmals mit der «Discovery» unter der Leitung von Robert Falcon Scott in die Antarktis. 1907–1909 führte er eine Expedition mit der «Nimrod», mit dem Ziel, den Südpol zu erreichen. Mit 88 Grad und 23 Minuten erzielte er einen neuen Rekord, musste aber, nur noch 100 Meilen vom Pol entfernt, den Rückzug antreten. Nachdem der Südpol durch Amundsen erreicht worden war, setzte er sich ein neues Ziel und wollte als Erster die Antarktis zu Fuss durchqueren. Mit der «Endurance» verliess er mit 27 Männern am 5. Dezember 1914 South Georgia. Am 19. Januar 1915 wurde das Schiff vom Packeis umschlossen. Im September begann das Eis aufzubrechen, die sich auftürmenden Eismassen zerstörten die «Endurance». Am 27. Oktober gaben sie ihr Schiff auf und errichteten ein Quartier auf dem Eis. Am 21. November sank die «Endurance». Auf Eisschollen drifteten sie nach Norden. Am 9. April 1916 zerbrach ihre Eisscholle. Mit den drei mitgeführten Rettungsbooten versuchten sie Land anzusteuern. Fünf Tage später erreichten sie Elephant Island, eine öde Insel, fernab jeder Schiffsroute. Am 24. April 1916 verliess Shakleton mit fünf Männern in der 7 Meter langen «James Caird» die Insel. Sie steuerten das 1500 Kilometer entfernte South Georgia an. Die Fahrt durch den «gefährlichsten Ozean des Planeten»[424] war stürmisch und mit den damaligen Methoden ausserordentlich schwierig zu navigieren. Am 10. Mai 1916 erreichten sie South Georgia, aber auf der «falschen», nicht besiedelten Seite. Shakleton machte sich mit zwei Gefährten auf, um die gebirgige und vergletscherte Insel zu durchqueren. Am 20. Mai erreichten sie nach 36 Stunden ununterbrochenem Marsch die Wahlfangstation. Dort organisierten sie die Rettung der Männer auf Elephant Island. Am 30. August 2016, nach 625 Tagen, konnten alle wohlbehalten abgeholt werden.

4. Führung in Extremsituationen

Shakleton hat keines seiner Ziele erreicht. Seine Umkehr so knapp vor dem Südpol qualifiziert Roland Huntford als «einen der mutigsten Entschlüsse in der Erforschung der Polargebiete».[425] Seine Expedition mit der «Endurance» und die Rettung sämtlicher 28 Männer wurden legendär. Aber noch 1979 schreibt Huntford: «Es sieht nach Ironie aus, dass Shakleton ... heute halb vergessen ist.»[426]

Das Revival von Ernest Shakleton setzte 1998 mit einem prächtig bebilderten Fotoband von Caroline Alexander ein,[427] der eine Flut weiterer Publikationen auslöste, einen IMAX-Film und eine hervorragende, auch auf DVD erhältliche Verfilmung.[428]

2001 leiten zwei amerikanische Autorinnen ihr Buch *Shakletons Führungskunst* mit folgendem Satz ein: «Man nannte ihn den ‹grössten Führer, der je auf Gottes Erde gekommen ist›, und doch hatte er niemals eine Gruppe von mehr als 27 Männern geleitet, keines der Ziele erreicht, die er sich in seinem Leben gesteckt hatte, und bis vor kurzem erinnerte sich nach seinem Tode kaum jemand an ihn.»[429]

«Shakleton war ein Romantiker»[430] mit einem «hartnäckigen Optimismus» und einer «wilden, aber jederzeit anpassungsfähigen Zielstrebigkeit»[431]. Caroline Alexander zitiert aus einem Tagbuch eines Teilnehmers: «Er ist immer dazu fähig, seine Sorgen unter den Tisch zu kehren und ein zuversichtliches Gesicht aufzusetzen. Seine unerschütterliche Fröhlichkeit bedeutet für einen Haufen enttäuschter Entdecker, wie wir es sind, viel. Ungeachtet seiner eigenen Enttäuschung, und wir alle wissen, dass sie gross sein muss, erscheint er nie anders als ein Ausbund von guter Laune und Zuversicht. Er ist einer der grössten Optimisten der Welt ... Er betritt die Arena immer wieder mit demselben Geist, mit dem ein Preisboxer in den Ring steigt.»[432] Ohne Zweifel besass er ein ausgeprägtes Charisma.[433]

Als Ire, der mit zehn Jahren nach England kam und mit sechzehn den Dienst bei der Handelsmarine aufnahm, war er dem englischen Standesdünkel weniger ausgesetzt als Robert Falcon Scott. Von diesem unterschied er sich bei der Vorbereitung seiner Expedition durch «eine für britische Verhältnisse geradezu sensationelle Sorgfalt».[434] Ganz offensichtlich hat er verstanden, weshalb Amundsen erfolgreich war, und seine Lehren daraus gezogen.

Die «erfolgsreichste Stellenanzeige aller Zeiten» wird gerne Shakleton zugeschrieben, obwohl sie vermutlich gar nie erschienen ist:[435]

«Männer für gefährliche Reise gesucht. Geringer Lohn, bittere Kälte, monatelange völlige Dunkelheit, ständige Gefahr. Sichere Heimkehr zweifelhaft. Ehre und Ruhm im Erfolgsfalle.»

Es sollen sich 4000 Interessenten gemeldet haben. Jedenfalls verwendete Shakleton ausserordentliche Sorgfalt bei der Auswahl der Expeditionsteilnehmer. «Vor allem anderen beurteilte Shakleton einen Mann danach, welchen Grad an Optimismus der ausstrahlte.»[436] Einen der Wissenschaftler fragte er beim Anstellungsgespräch zu dessen Verwirrung, ob er singen könne. «Seine Frage sollte sich später als ungemein zweckmässig erweisen. Was er suchte, war eine ‹Haltung›, keine papierenen Zeugnisse.»[437] Seine «buntgemischte Mannschaft aus Offizieren, Wissenschaftlern und Seeleuten»[438] lebte ohne jegliche Separation. Jeder, auch Shakleton, erledigte jede anstehende Arbeit.

Für alle war Shakleton «the Boss». Und der Boss dachte immer zuerst an seine Männer. «Dies flösste jedem ein unerschütterliches Vertrauen in seine Entscheidungen ein und führte zu bedingungsloser Loyalität.»[439] Diese Eigenschaft umschreibt der Brite mit dem schwer übersetzbaren Begriff «to care». So gab er in Zeiten grösster Nahrungsmittelknappheit seine letzten Scheiben Zwieback weiter. Bei der Verlosung der 18 Fellschlafsäcke sorgte er dafür, dass er und seine Offiziere die minderen Wollschlafsäcke zogen. Als sie das Schiff schweren Herzens verlassen mussten und das erste Mal auf dem Eis nächtigten, bereitete er am anderen Morgen warme Milch zu und brachte sie in die Zelte.[440] «Shakletons oberstes Gebot war, die Einheit unter seinen Männern zu erhalten …»[441] Er achtete stets darauf, die labileren Charaktere in seiner Nähe zu wissen. Die Belegung der Zelte und Boote war das Ergebnis sorgfältiger Reflexion. Wenn Niedergeschlagenheit überhandzunehmen drohte, impfte er ihnen mit seinem «Feuer, das in ihm brannte»[442], neue Zuversicht ein.

Einer seiner Männer, der Zimmermann McNish, war zwar ein unentbehrlicher und hervorragender Handwerker, aber ein schwieriger Charakter. Auf einem der grausam harten Märsche über die Eisblöcke verkündete er, nicht mehr weiter gehen zu wollen. Das war eine offene Befehlsverweigerung. Shakleton liess die ganze Mannschaft antreten, las den Heuervertrag vor und machte unmissverständlich klar, dass die Männer an seine Befehle gebunden seien.[443]

Eine der kritischsten Phasen der Expedition war die Überfahrt von der Eisscholle nach Elephant Islands. Der Sturm tobte, die Männer mussten ununterbrochen schöpfen, und sie litten entsetzlichen Durst. Während der ganzen Überfahrt stand Shakleton ohne Pause aufgerichtet im Heck der «James Caird».[444] Auf Elephant Islands war es ausgerechnet McNish, der mit seinen Zimmermannskünsten das Boot für die Überfahrt tauglich machte. Ohne ihn wäre die Rettung nicht möglich gewesen. Obwohl Shakleton sonst nicht nachtragend war, hat er später dafür gesorgt, dass McNish als einziges Mitglied der Expedition nicht mit der Polarmedaille ausgezeichnete wurde. Der Boss zeigte also auch eine kleine Schwäche.

Caroline Alexander bringt die ausserordentlichen Führungsqualitäten Shakletons mit wenigen Worten auf den Punkt: «Im Kern von Shakletons Führungsqualitäten in einer Krise lag die unerschütterliche Überzeugung, dass ganz normale Individuen zu heroischen Taten fähig waren, wenn die Umstände es erforderten; die Schwachen und die Starken konnten und *mussten* zusammen überleben. Shakletons legendären Ruf als Menschenführer kann man zu einem guten Teil auf die Tatsache zurückführen, dass er in seinen Männern eine Stärke und Ausdauer weckte, die sie selber nie in sich vermutet hätten; er adelte sie.»[445]

4.5 Fussballtrainer

Der Fussball hat die Welt erobert. Das Spiel ist einfach, seine Regeln haben sich nie wesentlich verändert. Fussball ist zu einer Art universeller Sprache geworden, die rund um den Globus verstanden wird. Die Weltrangliste umfasst Mannschaften aus 203 Ländern. Kein Ereignis hat weltweit höhere Einschaltquoten als eine Fussball-Weltmeisterschaft. Kein wiederkehrender Anlass löst mehr Euphorie aus. Im Halbwochenrhythmus geht es nur um eines: Sieg oder Niederlage. In den Topligen sind die Fussballklubs zu Unternehmungen mit grossen Budgets geworden. In wohl kaum einem anderen Business sind die Investitionen so risikobehaftet wie im Fussball. Die spieltheoretische Ausgangslage ist klar: Jeder Sieg produziert einen Verlierer. Die Emotionen sind so gross, weil sich das Überraschungsmoment immer hat halten können. Oft ist Sieg oder Niederlage eine Sache von Glück oder Pech. Ohne riskante Investitionen hat man kaum eine Chance, aber der Erfolg lässt sich nicht kaufen. Der russische Oligarch Abramowitsch soll eine Milliarde Euro in seinen Verein Chelsea gesteckt haben. Die Champions League hat er aber nach jahrelangen Anläufen erst 2012 gewonnen.

In diesem Haifischbecken spielen die Trainer die entscheidende Rolle. «Der Trainer ist die zentrale Figur für den Erfolg in einem Klub ... Das Verhältnis zwischen Mannschaft und Trainer ist wie jenes zwischen Orchester und Dirigent.»[446] Jürgen Klopp, Trainer des deutschen Meisters Borussia Dortmund, beschreibt den extremen Rhythmus mit einer Aneinanderreihung von Pyramiden: Es spitzt sich jede halbe Woche zu «und am Ende knallts!» Deshalb sei im Trainergeschäft die Angst ein «allgegenwärtiges Gefühl, dieses Schwert im Nacken».[447] Daniel Jeandupeux, ehemaliger Schweizer Nationalcoach, schreibt von «Tagen in der Hölle». Der Horizont des Lebens habe nur noch ein Ziel: «den Sieg. Und das kurze Glück, das ihn begleitet. Leider sind wir der Niederlage und dem schlechten Gefühl, das sie begleitet, zu oft begegnet.»[448]

Kaum ein Beruf ist derart vielfältigem und permanentem Druck ausgesetzt. Da ist die Mannschaft, die es zum Sieg zu führen gilt: eine Ansammlung von jungen, hoch bezahlten Männern aus verschiedensten Kulturen, einige von ihnen von den Medien zu Stars erhoben. Um den unerbittlichen Rhythmus durchzustehen, braucht es einen grossen Bestand an Spielern. Jede Selektion vor dem Spiel und die Entscheidungen für Spielerwechsel während des Spiels führen unweigerlich zu Konflikten. Da sind der Präsident und sein Vorstand, die sich für eine riskante Investitionspolitik entschieden haben und dafür die Verantwortung tragen. Da sind die unduldsamen und fordernden Fans. Und schliesslich die Medien, die von Geschichten über Sieg und Niederlage leben. Jeder Fussballtrainer weiss: Wenn er dreimal nacheinander verliert, wird die Trainerfrage gestellt, manchmal nach zwei Niederlagen.

Wer die unzähligen Geschichten in diesem Business verfolgt, stellt fest, dass unterschiedlichste Persönlichkeitsstrukturen und Führungsstile zum Erfolg führen. Aber auch, dass kaum ein Trainer vom Misserfolg gefeit ist. Marco Bode meint, dass es zwei «Komponentenpaare in Sachen Führung» gebe: Distanz und Nähe einerseits, Dauer und Wandel anderseits.[449] Felix Magath sei der Typus, der auf Distanz geht und Wandel einfordere, ein Dominator. Jürgen Klinsmann habe Nähe mit Wandel gepaart, er sei ein Inspirator. Rudi Völler habe Nähe mit Dauer verbunden, ein «klassisch denkender Traditionalist». Fehlt noch der kumpelhafte Typ, der auf Wandel setzt: Thorsten Fink beispielsweise. Ein weiteres «Komponentenpaar» bezieht sich auf das Temperament. Der beherrschte, ruhige Typ auf der einen Seite, der Choleriker, der stets die Seitenlinie massakriert, anderseits. Für den Ersteren steht Louis van Gaal, der nie geflucht habe, auf der anderen der wohl aussergewöhnlichste Fussballtrainer, Sir Alex Ferguson. Seit 1986 ist er Trainer von Manchester United, einer absoluten Topadresse im Weltfussball, «der legendärste aller legendären Trainer».[450] Eine derartige Langlebigkeit ist in diesem Business ein Wunder. Auch nach einem Vierteljahrhundert übt er seinen Beruf immer noch mit «der gleichen Hingabe wie vor vielen, vielen Jahren» aus.[451] «Er wirkt wie ein vitaler Grossvater, der über eine Horde von Enkeln wacht.»[452] Allerdings ist er auch ein cholerischer Grossvater. Legendär für seine Ausbrüche war der Schuhwurf gegen David Beckham, den er nie bedauert hat. «Alex ist ein Konzentrat von Testosteron. Ein charismatischer Leader. Ein vulkanischer Sanguiniker...»[453]

Eine Gemeinsamkeit haben alle Trainer: Ohne ein ausgeprägtes Ego geht nichts. Jürgen Klopp bringt es auf den Punkt: «Du darfst als Trainer alles – nur keine Schwäche zeigen.»[454] Trainer geben den «Überblicksmenschen, die planende, kontrollierende, psychologisch kluge Führungsperson».[455] Zwei Begriffe sind für Alex Ferguson zentral: Macht und Kontrolle. «Sobald ich die Kontrolle über diese Multimillionäre in der Kabine verliere, bin ich tot. Aber ich verliere sie nie. Sobald sich ihr jemand entzieht, ist es sein Tod.»[456] Kein Wunder, dass in dieser Konstellation der Grat zwischen Selbstbewusstsein und Arroganz schmal ist. Louis van Gaal, einer der Grossen im Geschäft, sagt an seiner ersten Pressekonferenz als neuer Trainer von Bayern München: «Mia san mia. Selbstbewusst. Arrogant...»[457] Louis van Gaal hat eine Biografie geschrieben. Herausgekommen ist nicht ein Buch, sondern eine schon physisch beeindruckende

Box mit zwei Büchern, der Biografie und der Vision. Die *Neue Zürcher Zeitung* hat die Präsentation dieses Werks mit Sarkasmus kommentiert. Van Gaal sei angetreten, um sich zu einer wichtigen Sache zu äussern, zu sich selbst. «Er wirkte staatsmännisch. Er stand neben einem schildförmigen Wappen, auf dem seine Initialen (LvG) angebracht waren und ein auf den ersten Blick nicht einwandfrei identifizierbarer Umriss zu sehen war ... Es war das Profil des Maître selber ... Sein Selbstbewusstsein als dröhnend zu beschreiben wäre eine geradezu fahrlässige Untertreibung.»[458] Er ging so weit, in seinem Buch «in einem Anflug von Überheblichkeit»[459] die Führungsriege seines Klubs Bayern München, allesamt ehemalige Weltfussballer, vorzuführen. «Der Trainer hatte sich selber ins Abseits manövriert.»[460]

Ein weiteres Merkmal haben alle Trainer gemeinsam. Im Zentrum ihrer Tätigkeit steht ihr Team. Die Zusammensetzung der Mannschaft, ihre Leistungsbereitschaft und die Stimmung (die Moral der Truppe, würden die Militärs sagen) sind die entscheidenden Faktoren, die über Sieg und Niederlage entscheiden. Wer als Trainer sein Team nicht hinter sich hat, ist verloren. Und deshalb gibt es auch eine Verhaltensregel, die fast ausnahmslos eingehalten wird: In der Öffentlichkeit werden die Spieler nicht kritisiert. Selbst José Mourinho, einer der erfolgreichsten, aber auch kontroversesten Trainer, spart bei seinen «rhetorisch-paranoiden Feldzügen»[461] seine Fussballer aus. «Nur eine Gruppe von Menschen hatte Mourinho bei all seinen Stationen als Trainer immer auf seiner Seite: seine Spieler ... Mourinho beschützt sie oft wie ein Vater.»[462] Deshalb kreiert er bei jedem Klub «ein sicheres Umfeld, so dass die Spieler sich frei und ohne öffentlichen Druck bewegen können».[463] Für Ferguson ist Loyalität «eine der wertvollsten Qualitäten. ... Darum ist er immer zu seinen Spielern gestanden, auch wenn die für ein Fehlverhalten öffentlich kritisiert wurden.»[464]

Die Frage der Disziplin wird individueller gehandhabt. Trainer, die eine grössere Distanz zur Mannschaft haben, setzen eher eindeutige Regeln. Louis van Gaal, den sogar seine Töchter mit Sie ansprechen: «Ich lege grossen Wert darauf, dass für die gesamte Mannschaft die gleichen Normen und Werte gelten.»[465] Für ebenso wichtig hält er gutes Benehmen. «Ich erkläre den jungen Männern, warum das so ist, ich knote ihnen sogar die Krawatte.»[466] Disziplin ist für ihn ein entscheidender Faktor der Professionalität, und da gibt er nie nach. «Van Gaal hat mich Disziplin gelehrt. Drei Jahre lang: Disziplin, Disziplin, Disziplin.»[467] Thorsten Fink steht für die jüngere Generation von Trainern und lässt die Leine wesentlich lockerer. «Er lässt im Trainingslager in den Hotelzimmern nicht die Minibar ausräumen, wie sein Vorgänger Christian Gross, der damit vor allem Misstrauen signalisierte. Fink sagt: Als Trainer muss man auch einmal ein Auge zumachen können und nicht alles sehen wollen ... Ich behandle nicht alle gleich.»[468] Der Managementberater Reinhard K. Sprenger hat ein Buch über *Fussballstrategien für Manager* geschrieben. Spitzenleute, schreibt er, bekämpfen sich oft wie Hund und Katze. Die grosse Herausforderung des Trainers bzw. Managers sei, das Team vom Miteinander zum Füreinander zu entwickeln. «Sie müssen geschickter und einfühlsamer sein als durchschnittliche Führungskräfte. Sie müssen einen Sack Flöhe hüten. Sie müssen sich von Einheitslösungen verabschieden. ... Sie müssen egozentrische Gruppenmitglieder mithin auch nicht zu Wohlverhalten anhalten – das kann das Erreichen ihres Zieles eher gefährden.»[469]

Ein Fussball-Journalist fasst zusammen: «Der ideale Trainer ist der, der das nächste Spiel gewinnt. Oder dann gäbe es einen, der so charismatisch wie Mourinho, intellektuell wie Wenger, pragmatisch wie Hitzfeld, feinsinnig-verspielt wie Guardiola und feurig einschüchternd wie Ferguson ist.»[470]

4.6 Besonderheiten der Führung in Extremsituationen

Extremsituationen sind durch die Faktoren Raum, Zeit und Umfeld geprägt. Auf den Schiffen sind die Mannschaften und ihre Chefs aufs Engste zusammengepfercht. Etwas mehr Raum haben Fussballmannschaften, aber auch hier lebt man dicht aufeinander. Der Faktor Zeit ist bei den Expeditionen enorm gedehnt. Beim Fussball ist der Druck so gross, weil man kaum Zeit hat. Expeditionen sind ein Spielball einer lebensfeindlichen Natur. Fussballtrainer sind einer permanenten Beobachtung von sensationshungrigen Medien, dem Druck ihrer Vorstände und der Fans ausgesetzt.

Für den Beobachter von Führungsverhalten sind Extremsituationen wie Laborexperimente: Sie legen Stärken und Schwächen gnadenlos offen. All den geschilderten Fällen ist eine ausgeprägte Hierarchie gemeinsam. Die Autorität des Chefs ist eine fundamentale Voraussetzung für den Erfolg und das Überleben. Deshalb wurden die rechtlichen Voraussetzungen geschaffen, dass ein Kapitän eine Meuterei niederschlagen kann. Lange Zeit konnte er sogar Todesurteile vollstrecken. Wie entscheidend unbestrittene Hierarchien sind, zeigte sich auch beim Grubenunglück 2010 in Chile. 33 Kumpel waren während 69 Tagen in der Grube eingeschlossen. Während der ersten 17 Tage blieben sie ohne Kontakt mit der Aussenwelt. Eine klare Kommandoordnung existierte nicht, weil sich die Festangestellten und die Temporärarbeiter die Führung streitig machten. «Jeder kämpfte für sich. Die Anarchie brach aus.»[471] Als die Kommunikation mit der Aussenwelt wieder funktionierte, erhielten die Eingeschlossenen klare Instruktionen über die Befehlsgewalt. «Die Hierarchie war entscheidend für das Überleben der 33 Mineure.»[472]

Autorität ist in solchen Fällen überlebenswichtig und muss unter Umständen rücksichtslos durchgesetzt werden. Stellt sich die Frage, auf welcher Basis diese Autorität gründet. Der erste Faktor ist die formale Übertragung der Kommandogewalt an den Kapitän oder den Expeditionsleiter. Im Fussball ist die Terminologie weniger militärisch, aber der Vorgang ist der gleiche. Der zweite Faktor ist die Persönlichkeit der Führungsperson. In den geschilderten Geschichten fällt eine Person aus dem Rahmen. Robert Falcon Scott gründet seine Autorität praktisch ausschliesslich auf dem formalen Aspekt seines Kommandos. Das ist nur möglich in einer Kultur mit grosser Machtdistanz. Machtdistanz ist eine der fünf «Kulturdimensionen» des niederländischen Psychologen Geert Hofstede. «Hinter diesem Schlagwort verbirgt sich die Einstellung gegenüber Hierarchien, und insbesondere die Frage, welchen Wert eine bestimmte Kultur der Autorität beimisst.»[473] Diese Art von Autorität bedingt blinden Gehorsam. Es wird gehorcht, obwohl den Betroffenen bewusst ist, dass sie ins Verderben marschieren. Alle anderen hier beschriebenen Chefs gründeten ihre Autorität primär auf ihrer Persönlichkeit und auf grosser Erfahrung beruhender Professionalität. «The Boss» war für Shakletons Männer weit mehr als nur ein Vorgesetzter.

Der grosse Dirigent David Zinman spricht ein grundsätzliches Dilemma an. «Autorität auszuüben und gleichwohl die Individualität der einzelnen Musiker zu respektieren.»[474] Das kommt insbesondere im Umgang mit Kritik zum Ausdruck. Zwischen der Kritikfähigkeit und der Souveränität einer Führungspersönlichkeit gibt es einen direkten Zusammenhang. Roald Amundsen war ein Chef, der durch ebenso aussergewöhnliche Lernbereitschaft wie Professionalität überzeugt hat. Er hat seine Vorschläge nicht nur erläutert, sondern sogar darüber abstimmen lassen. Ablehnenden Abstimmungsergebnissen hat er sich klaglos unterzogen, ohne dass damit seine Autorität infrage gestellt wurde. Auch der gestrenge Louis van Gaal war offen für Debatten, verlangte aber Argumente. Einer seiner Führungsspieler meint: «Er war immer offen für Diskussionen. Er war sicher kein Trainer, der sagte: Ich bestimme!»[475] Für Robert Falcon Scott, auf der anderen Seite des Spektrums, grenzte Kritik schon an Meuterei. Damit tötete er jede Initiative.

Neben der klaren Hierarchie sind in Extremsituationen die Zusammensetzung eines Teams und die Stimmung innerhalb des Teams entscheidend. Shakleton hat seine Leute mit grösster Sorgfalt ausgewählt. Dabei hat er nicht nur auf die Qualifikationen, sondern mit ebenso hohem Gewicht auf psychische und soziale Komponenten geachtet (kannst du singen?). Wichtig schien ihm vor allem eine optimistische Grundhaltung. Louis van Gaal liess neue Spieler durch einen Psychologen auf Persönlichkeitsmerkmale testen.[476] Wer erfolgreich durch eine Extremsituation führen will, muss ein ausgeprägtes Sensorium für die Stimmungen innerhalb des Teams haben. Fragile Menschen und ‹Trouble Makers» müssen besonders im Auge behalten werden. Fussballtrainer müssen wachsam sein, um das Klima vergiftende Gruppenbildungen zu verhindern. Regeln, klare Strukturen und Disziplin sind unabdingbar. Die höchste Stufe der Führung ist erreicht, wenn diese Disziplin, wie es Amundsen angestrebt hat, freiwillig ist. «Wem mehr anvertraut ist, von dem wird mehr gefordert», diesem Satz aus der *Benediktus-Regel* (s. 1, 1.1) kommt in Extremsituationen besondere Bedeutung zu. Shakleton hat seinen letzten Zwieback verschenkt und dafür gesorgt, dass er und seine Führungsleute die schlechteren Schlafsäcke erhalten haben. Luis Urzua, der Schichtleiter der verschütteten Kumpel in der Grube in Chile, kam bei der Rettung als

Letzter aus dem Schacht. Die erfolgreiche Führungsperson in einer Extremsituation steht somit im Kontinuum der Verhaltensmöglichkeiten und Privilegien auf der entgegengesetzten Seite der Fürsten am Hofe.

In den Geschichten über Carl Weyprecht und Ernest Shakleton zeigt sich ein Verhaltensmuster, das in Krisenzeiten eine entscheidende Rolle spielt. Beide glaubten in ihrem Innern nicht mehr an eine Rettung. Ihren Leuten gegenüber traten sie trotzdem immer mit unerschütterlicher Ruhe und Zuversicht auf. Auch Magellan liess sich seine grenzenlose Enttäuschung nie anmerken. In der Sportpsychologie sind die beiden Zustände als «Real-Ich» und als «Wettkampf-Ich» bekannt.[477] «Erfolgreiche Athleten haben gelernt, Gefühle von Zuversicht, Energie, Gelassenheit, Freude und Herausforderung aufleben zu lassen – egal wie sie sich wirklich fühlen.» Deshalb sind gute Sportler gute Schauspieler. «Schlechte Schauspieler im Sport leben einfach die Emotionen aus, die sie im Moment verspüren...»[478] Das kommt selten gut: «Immer hingen die Schultern ein wenig herunter, der Körper sagte das Gegenteil von dem aus, was [sein Trainer] predigte: Und so verlor er Spiel um Spiel...»[479]

Dieser Exkurs in die Sportpsychologie ist in zweierlei Hinsicht anregend. Erstens, weil diese Fähigkeit, ein spezifischer Aspekt der mentalen Stärke, erlernbar ist. Und zweitens, weil es in der Führung nicht nur um das Modewort «Authentizität» geht, sondern in Krisenlagen auch um Schauspielerei.

Der kanadische First Nation Chief Tex G. Hall fasst die Anforderungen an einen Chef in schwierigen Lagen prägnant zusammen: «... als Führer musst du kreativ sein. Du musst Lösungen finden, wo es keine gibt. Du musst Dollars auftreiben, wo keine sind. Du musst die Leute mit einer Stimme sprechen lassen. Du musst ihnen Hoffnung geben. Wenn du ihnen keine Hoffnung gibst, werden sie dir nicht folgen.»[480]

5. Führung in der Revolution

5.1 Robespierre

Maximilien de Robespierre (1758–1794) legte bereits mit zwölf Jahren sein juristisches Examen ab. In seiner Heimatstadt Arras arbeitete er als Anwalt. Schon früh faszinierten und prägten ihn die Schriften von Jean-Jacques Rousseau. 1788 publizierte er in Arras drei Flugschriften, «... eine dritte, schon ganz robespierrisch im Titel, Die entlarvten Feinde des Vaterlandes».[481] 1789 wurde er als Vertreter des dritten Standes in die Versammlung der Generalstände nach Versailles delegiert. Die Geistlichkeit versuchte einen Zusammenschluss der Stände zu erreichen. «Die Deputierten des dritten Standes ... witterten eine Falle, wagten aber nicht offen einen Vorschlag zurückzuweisen.»[482] Darauf ergriff ein Deputierter, den niemand kannte, das Wort. «Dieser Rede, die so gut zu der Leidenschaftlichkeit des Augenblicks passte, folgte kein Beifall, der eher eine Herausforderung gewesen wäre, sondern ein verworrenes Gemurmel, das noch viel schmeichelhafter war. Jeder wollte wissen, wer der Redner sei; er war unbekannt und erst nach einigem Nachforschen machte im Saal und auf den Galerien ein Name die Runde, der drei Jahre später ganz Frankreich erzittern liess: Robespierre.»[483]

Am 10. August 1792 erstürmten die Massen die Tuilerien. Am 21. September 1792 wurde der Nationalkonvent mit 749 Abgeordneten eröffnet. Unter den 60 Jakobinern, der linken Fraktion, fand sich Robespierre, der «düstere Asket aus der finsteren Provinz»,[484] genannt der «Unbestechliche». «Schon die Sitzordnung deutet einen ersten Versuch zur Ordnung an. In dem amphitheatralischen Saal ... sitzen unten in der Tiefe die Ruhigen, die Geklärten, die Vorsichtigen, der ‹Marais›, der Sumpf, wie man die bei allen Entscheidungen Leidenschaftslosen höhnisch nennt. Die Stürmer, die Ungeduldigen, die Radikalen nehmen oben auf den höchsten Bänken Platz, am ‹Berge› ...»[485] Die oben sitzenden Revolutionäre «wollen die gewaltige revolutionäre Woge noch weitertreiben, bis sie alles mit sich reisst, was an Bestehendem, an Rückständigkeiten noch übrigblieb; sie wollen Marat, Danton, Robespierre als Führer des Proletariats, ‹la révolution intégrale›, die restlose, die radikale Revolution bis zum Atheismus und Kommunismus».[486] Wenige Tage später wurde König Ludwig XVI. des Landesverrates angeklagt. Robespierre fungierte als Ankläger und forderte den Tod des Königs. Der Prozess gegen den König bzw. gegen den Bürger Louis Capet fand im Januar 1773 statt. Die Rede des Anklägers Robespierre war von «unvergleichlicher Ausdruckskraft».[487] Er bestand darauf, dass jeder Abgeordnete inmitten der Versammlung sein Ja oder Nein auszusprechen hatte. Die Hinrichtung des Königs wurde mit einer Stimme Mehrheit beschlossen.

Mit der Enthauptung des Königs begann die eigentliche Machtentfaltung Robespierres. Sie dauerte 19 Monate. Am 6. April 1793 wurde der «Wohlfahrtsausschuss» gegründet, «die Exekutive der Jakobiner, die inzwischen die Oberhand im Konvent gewonnen haben».[488] Robespierre wurde der eigentliche Führer des Ausschusses. Die Periode, die jetzt folgt, ist als Schreckensherrschaft in die Geschichte eingegangen. Robespierre schlug all seine Gegner nieder, in einem «Prozess, der in der dauernden Vernichtung der radikalen Revolutionäre durch ihre noch radikaleren Gesinnungsgenossen»[489] bestand. Oder wie der Volksmund sagt: Die Revolution frisst ihre Kinder. Das Gesetz über die Verdächtigungen vom 17. September 1793 richtete sich denn auch nicht nur gegen jene, welche die Revolution gestört oder aufgehalten, sondern auch gegen jene, die sie nicht gefördert haben. «Auf dem Höhepunkt der Schreckensherrschaft gibt es in Frankreich ungefähr 21 000 Überwachungsausschüsse ...»[490] Jeder Bürger musste ständig einen Bürgerausweis auf sich tragen, «der dem Inhaber seine republikanische Gesinnung bescheinigt und der nur nach einem Gutachten der örtlichen Jakobinergesellschaft und nach bestandenem Examen vor dem Generalrat der Kommune ausgestellt wird».[491] Ohne diesen Ausweis war man «vollkommen rechtlos, und um ihn zu erhalten, muss

5. Führung in der Revolution

man von den Jakobinern empfohlen und den einzelnen Mitgliedern des Überwachungsausschusses genehm sein».[492] Damit wurde die politische Verdächtigung zur «tödlichen Waffe».[493] Angst war allgegenwärtig. «Wer zittert, ist schuldig! – Dieses Wort Robespierres erklärt die unaufhaltsame Gewalt des Terrors.»[494] In kurzer Zeit errang er die absolute Macht und beseitigte alle seine Nebenbuhler. Nun ist er alles in einer Person, «Pontifex maximus, Diktator und Triumphator».[495]

Aber bald richtete sich das Gesetz, dass die Revolution ihre eigenen Kinder frisst, auch gegen Robespierre. Sein Gegenspieler, Joseph Fouché, war «der einzige unter den zahlreichen Gaunern des Konvents, der ein Genie ist».[496] Er war nicht ein noch radikalerer Revolutionär, sondern einer, der als der wohl gnadenloseste Opportunist in die Geschichte eingegangen ist. Stefan Zweig packt seine blumigste Sprache aus, um Fouché zu beschreiben: «Geborener Verräter, armseliger Intrigant, glatte Reptiliennatur, gewerbsmässiger Überläufer, niedrige Polizeiseele, erbärmlicher Immoralist...»[497] Am 27. Juni (10. Thermidor) lässt der Konvent Robespierre verhaften, am folgenden Tag fällt sein Kopf in den Korb. Die Revolution ist beendet.

Der Blutzoll der «Grande Terreur» war schrecklich. Über 16 000 Todesurteile wurden gefällt, vollstreckt durch die Guillotine. Etwa 40 000 sind in der Gefangenschaft gestorben.

Sieburg zeichnet in seiner Biografie «das Brustbild eines nicht jungen, nicht alten, nicht schönen, nicht hässlichen, nicht sympathischen und nicht abstossenden Menschen mit fliehender Stirn und krampfhaft geschossenem Mund, altmodisch frisiert und gepudert, mit schneeweissem und vielfach gefälteltem Halstuch, das kokett aus dem Frack herausschaut...».[498] Er schildert ihn als einen Mann, an dem nichts liebenswert war. «Alles Sichtbare stand hart, kalt und schneidend klar da... Das ganze Leben dieses Mannes ist in Traurigkeit gehüllt, es ist, als ob jede Freude und jede Entspannung sorgfältig ferngeblieben seien, damit alle Lebenskraft in ihm sich der Idee widmen könne.»[499] In seinem ganzen Habitus und seiner Lustfeindlichkeit gleicht er Calvin (s. 1, 1.3). Seiner Idee ordnete er alles unter: «Diejenigen, die Revolutionen in der Welt machen und sie gut machen wollen, dürfen erst im Grab schlafen.»[500] Er war «in seine ‹Tugend› gehüllt wie in einen Panzer, unnahbar, undurchdringlich...».[501]

Wie jedes historische Bild hängt auch jenes von Robespierre von der Perspektive ab. Der marxistische Historiker Albert Soboul urteilt milde: «Als Mann von Scharfblick und Mut ..., Beredsamkeit und Uneigennützigkeit besass der *Unbestechliche* (er ist der einzige in unserer Geschichte, der je diesen Namen verdient hat) das Vertrauen der Sansculotten.»[502] Indes, Frankreich hat sich entschieden: Er ist eine Unperson, kein Denkmal, nicht einmal ein Hinweisschild an dem Haus, das er bewohnt hat, erinnert an ihn.

Wie ist es möglich, dass ein so unscheinbarer Mann ohne Hausmacht eine derart tödliche Macht erringen konnte? Basis seiner Überzeugungskraft war eine Idee, die er ins Zentrum seines ganzen Wirkens stellte. Es war die verführerische Idee vom Paradies auf Erden, der vollkommenen Gesellschaft. Von diesem «Idyll, eine[r] friedliche[n] Gesellschaft der Tugend, die auf Gleichheit aufgebaut ist»,[503] wich er nie ein Jota ab. Die Idee basierte auf der Philosophie von Jean-Jacques Rousseau, den er früh gelesen hatte. «Dass er Rechtsbrüche und selbst Verbrechen mit Grosstaten und Akten einer märtyrerhaften Hingabe an seine Lehre verbinden konnte, ja verbinden musste, war eine Folge dieser demokratischen Mystik [Rousseaus], die in der Vergötterung des Volkswillens bestand, die er allein zu kennen glaubte.»[504] Das Gedankengut Rousseaus hat Eingang in die französische Verfassung von 1791 gefunden: «Das Gesetz ist der Ausdruck des allgemeinen Willens.»[505] Dieser allgemeine Wille «ist nicht etwa der Wille der Mehrheit, sondern der Wille derjenigen, die tugendhaft und im Besitz der Wahrheit sind».[506] Mit dem Volk als Basis heutiger Demokratien hatte dieses Regime nichts gemein. «Das ‹Volk› ist nicht etwa die grösstmögliche Ansammlung von Individuen, sondern der zunächst nur kleine Kreis derjenigen, die den Allgemeinen Willen erkannt und sich ihm unterworfen haben. Wer diese Unterwerfung verweigert, gehört nicht zum Volk. Er ist also entweder ein Verbrecher oder ein Aristokrat, mit anderen Worten, ein Schädling.»[507] Der allgemeine Wille ist ein Dogma, und «Robespierre ist der Hohepriester des Dogmas».[508] Er erliess Sittengesetze, die auf die Tugend ausgerichtet waren, aber «[es] gibt keine Tugend ausserhalb der Revolution».[509] Was das konkret bedeutete, hatte Robespierre ohne Umschweife erklärt: «Wenn die Aufgabe der Volksregierung im Frieden die Tugend ist, so besteht die Aufgabe der Volksregierung während der Revolution zugleich in der Tugend und im Terror: ohne die Tugend ist der Terror verderblich, ohne den Terror ist die Tugend ohnmächtig.»[510] Damit strebte er in seinen eigenen Worten eine Ordnung an, «wo alle niedrigen und grausamen Leidenschaften gebändigt, alle wohltätigen und grossmütigen Eigenschaften durch das Gesetz geweckt sind ...».[511] Wie eng Glück und Blut verbunden sind, erläuterte er in einem Text: «Und möchten wir doch, wenn wir unser Werk mit unserem Blut heiligen, wenigstens die Morgendämmerung einer weltweiten Glückseligkeit schimmern sehen! ... Das ist unser Wunsch, das ist unser Ziel!»[512] Sein Adlat Saint-Just erläuterte die Konsequenzen: «Man macht keine Revolution mit Schonung, sondern mit wilder, unbeugsamer Härte gegen alle, die Verrat geübt haben.»[513] Und deshalb ist «in jeder Revolution ein Diktator notwendig, um den Staat durch Gewalt zu retten, oder Zensoren, um ihn durch Tugend zu retten».[514]

Der Biograf Robespierres teilt die Revolutionäre in zwei Gruppen ein. Da ist der «Danton-Mensch», «ein breitschultriger Typ mit kräftigem Bauch, runden Bewegungen und kräftiger Stimme ... Der Weintrinker, der fröhliche Esser, der Verliebte schüttelt seine Locken unordentlich durcheinander, trägt das Hemd offen und macht sich Flecken auf die Weste ...» Der «Robespierre-Mensch» hingegen ist mager, die Stimme scharf, ein Asket, der sich keine Lust gönnt. Die beiden Typen schliessen sich gegenseitig aus und bekämpfen sich.[515] Es ist der Robespierre-Typ, der sich durchsetzt.

Die erste Quelle der Macht Robespierres ist seine Idee. Die zweite seine Unerbittlichkeit, mit der er diese Idee umsetzt. Beides wäre nicht möglich gewesen, wenn er nicht ein überzeugender Redner gewesen wäre. «Sein Wort, so kalt und künstlich es auch klingt, ist fast schon die Tat, und diese enge Nachbarschaft zwischen Formulierung und Ausführung gibt ihm als Redner eine geradezu lähmende Autorität. ... Er spricht langsam und mit einer zuweilen durchdringenden, aber niemals verführerischen Stimme. Was er zu sagen hat, ist sorgfältig aufgeschrieben und mit einem zähen Fleiss aufgebaut.»[516] Einige seiner Reden sind «von unvergleichlicher Ausdruckskraft».[517] Robespierre «besitzt trotz der akademischen Steifheit seiner Rede das Geheimnis der unmittelbaren Wirkung».[518]

Robespierre war «so einzigartig, weil nie jemand vor ihm und nach ihm so konsequent versucht hat, eine Utopie religiösen Ursprungs vollständig in praktische Politik zu verwandeln».[519] Einzigartig ist jedenfalls, dass eine einzelne Person ohne Gefolgschaft (sieht man von Saint-Just ab) mit einer schwachen legalen Basis und ohne augenscheinliches Charisma eine so absolute Machtfülle erringen konnte.

5.2 Lenin

Wladimir Iljitsch Uljanow, genannt Lenin (1870–1924), wurde als Sohn eines in den Adelsstand erhobenen Beamten in einem von sozialen Unruhen geprägten Russland geboren. Er verlor seinen älteren Bruder, der wegen Verschwörung gegen den Zaren hingerichtet wurde. Der junge Lenin wurde Berufsrevolutionär. Er vertiefte sich in die marxistische Lehre und war Mitglied des Petersburger «Kampfbundes zur Befreiung der Arbeiterklasse», aus dem 1898 die Sozialdemokratische Arbeiterpartei Russlands hervorging. Wiederholt wurde er verhaftet und verbannt. Während seiner Emigration lebte er meist in der Schweiz. Er war unermüdlich konspirativ tätig und befasste sich intensiv mit der Theorie der Revolution. Sein Werkverzeichnis ist eindrücklich. Er besass die Gabe der klaren Sprache. *Was tun?*, ist der Titel seiner ersten programmatischen Schrift.

Im Zentrum seiner theoretischen Schriften steht, «wie eine revolutionäre Bewegung, deren Klassen-Unterbau vorläufig nur ein sehr schmaler war, dennoch erfolgreich wirken» kann.[520] Kern der Lehre Lenins ist die These von der revolutionären Partei als einer Elite-Organisation der Arbeiterklasse. Dafür braucht es einen «Generalstab der Revolution».[521] Diese politischen Kader leiten den Arbeiterkampf. Dafür muss eine straff organisierte Partei geschaffen werden, «deren Aufgabe es ist, nicht nur einzelne Zugeständnisse zu erkämpfen, sondern die Zwingburg der Selbstherrschaft zu erobern».[522] Das Instrument für die Umwälzung ist die «Diktatur des Proletariats». 1903 spaltete sich die Sozialdemokratische Partei Russlands in zwei Gruppen auf. Lenin stand an der Spitze der radikalen Fraktion, der Bolschewiken.

Aus der Emigration heraus initiierte er zwei internationale Konferenzen, die, als touristische Anlässe getarnt, in den beiden Schweizer Dörfern

5. Führung in der Revolution

Zimmerwald und Kiental (1915, 1916) stattfanden. Dort wurde erbittert um Positionen gerungen. Lenin fand mit seinen linken Thesen keine Mehrheit. Am 11. März 1917 brach in Russland die Revolution aus. Der Zar wurde abgesetzt. Lenin befand sich immer noch in der Emigration in Zürich. Mit Unterstützung von Schweizer Sozialdemokraten gelang ihm die Reise im «plombierten Zug» durch Deutschland via Helsinki nach Petersburg.

Lenin riss «mit eisernen Hand die politische Führung des zusammengebrochenen Riesenreiches an sich».[523] Lenin und Trotzki setzten sich an die Spitze des gewaltsamen Aufstandes, der als Oktoberrevolution in die Geschichte eingegangen ist. Ein Rat der Volkskommissare unter Führung von Lenin leitete die neu entstandene Sowjetrepublik. Diese Regierung bestand ausschliesslich aus Bolschewiken. Am 11. November 1917 wurde die verfassunggebende Versammlung gewählt. Die Bolschewiken erlitten eine schwere Niederlage und mussten sich mit 175 von 707 Sitzen begnügen. Als die Versammlung nach vielen Verzögerungen endlich zusammentrat, löste sie Lenin mit Waffengewalt auf. «Lenin wusste genau, was er getan hatte. In einem Gespräch mit Trotzki stellte er fest: ‹Die Auflösung der Konstituante durch die Sowjetregierung bedeutet die vollständige und offene Liquidation der Idee der Demokratie zugunsten des Gedankens der Diktatur.› »[524]

Es folgte ein langer, grausamer Bürgerkrieg. Die wirtschaftliche Lage verschlechterte sich zusehends. In Petrograd, der grössten Industriestadt, kam es zu Streiks, die brutal niedergeschlagen wurden. Am 1. März 1921 brach in Kronstadt (einer befestigten Insel vor Petrograd) ein Aufstand aus. Die Matrosen von Kronstadt hatten während der Revolution und des Bürgerkriegs noch aufseiten der Bolschewiken gekämpft. Nun forderten sie «Alle Macht den Sowjets – keine Macht der Partei». Am 5. März 1921 stellte Trotzki den Aufständischen ein Ultimatum. «Dann folgte ein Erlass, der den Satz enthielt: ‹Ich werde euch abknallen wie die Fasanen!›.»[525] Die Festung wurde mit Artillerie beschossen und am 17. März 1921 eingenommen. «Lenin gedachte der blutigen Tragödie in dürren Worten: ‹Am kennzeichnendsten für die Kronstädter Ereignisse sind gerade die Schwankungen des kleinbürgerlichen Elements.› »[526]

1922 erlitt Lenin einen Schlaganfall. Seine Leiche wurde einbalsamiert und in einem Mausoleum an der Kremlmauer ausgestellt. Bis 1989 brach der Strom der Wallfahrer zu dieser Kultstätte nie ab.

Lenins programmatische Vorstellungen gründeten auf den Konzeptionen von Marx und Engels. In *Was tun?* geht es um die Frage, «welche praktischen Schritte wir auf dem erkannten Wege tun sollen und auf welche Art wir sie tun sollen».[527] Scharf wendete er sich gegen «Handwerkerlei» und stellt ihr eine straff geführte Organisation von Berufsrevolutionären gegenüber. «Besteht eine solche Organisation, die eine feste theoretische Grundlage hat ... so wird man nicht zu befürchten haben, dass die zahlreichen ‹aussenstehenden› Elemente die Bewegung vom rechten Weg abbringen könnten.»[528] Es brauche eine Spezialisierung und die führe notwendigerweise zu einer Zentralisierung.[529] Diese Organisation von Berufsrevolutionären habe konspirativ zu arbeiten. Eine seiner frühen Aussagen mutet prophetisch an: «Gebt uns eine Organisation von Revolutionären und wir werden Russland aus den Angeln heben!»[530] Was Lenin von einem Berufsrevolutionär verlangte, machte er unmissverständlich klar: «Das einzige, was die Partei bei Aufkommen von Differenzen von jeder Organisation und von jedem Mitglied fordern muss, ist *unbedingte Disziplin*, unweigerliche Unterordnung der Minderheit unter die Mehrheit ...»[531]

Die Nähe dieser Konzeptionen des «Demokratischen Zentralismus» und der «Diktatur des Proletariats» zur Schreckensherrschaft während der Französischen Revolution ist offensichtlich. Rosa Luxemburg «warnte vor der Diktatur einer Handvoll Politiker, die eine ‹Diktatur im ... Sinne der Jakobiner-Herrschaft› sei und nicht die Diktatur des Proletariats».[532] Lenin selber hat sich über die Mittel im revolutionären Kampf schon in *Was tun?* ohne Umschweife geäussert: «Grundsätzlich haben wir den Terror nie abgelehnt und können ihn nicht ablehnen. Er ist eine Kampfhandlung, die in einem bestimmten Zeitpunkt der Schlacht, bei einem bestimmten Zustand der Truppe und unter bestimmten Bedingungen durchaus angebracht und sogar notwendig sein kann.»[533]

Die Diktatur des Proletariats ist in der Konzeption Lenins der «Wesensinhalt der proletarischen Revolution».[534] Sein Nachfolger Stalin lässt keinen Zweifel: «Kann man eine so radikale Umgestaltung der alten, der bürgerlichen Verhältnisse ohne eine gewaltsame Revolution, ohne die

Diktatur des Proletariats bewerkstelligen? Es ist klar, dass man das nicht kann. Zu glauben, dass man eine solche Revolution friedlich, im Rahmen der bürgerlichen Demokratie ... durchführen kann, bedeutet, entweder den Verstand verloren und die normalen menschlichen Begriffe eingebüsst zu haben oder sich in grober Weise und offen von der proletarischen Revolution loszusagen.»[535] Und er präzisiert: «... der Führer des Staates, der Führer im System der Diktatur des Proletariats [ist] *eine* Partei, die Partei des Proletariats, die Partei der Kommunisten, die die Führung mit anderen Parteien *nicht teilt und nicht teilen kann*.»[536]

Die Stärke von Lenin war die Verbindung von Theorie und Praxis, vor allem aber seine absolute Überzeugung, auf dem richtigen Weg zu sein. John Reed beschreibt ihn in seinem Klassiker *Zehn Tage, die die Welt erschütterten*: «Eine untersetzte Gestalt mit grossem, auf stämmigem Hals sitzenden Kopf, ziemlich kahl. Kleine bewegliche Augen, grosser sympathischer Mund und kräftiges Kinn; jetzt rasiert, der bekannte Bart jedoch, den er fortan wieder tragen würde, schon wieder sprossend. In abgetragenem Anzug, mit Hosen, viel zu lang für ihn. Zu unauffällig, um das Idol eines Mobs zu sein, aber doch geliebt und verehrt wie selten ein Führer in der Geschichte. Ein Volksführer eigener Art – Führer nur dank der Überlegenheit seines Intellekts; nüchtern, kompromisslos über den Dingen stehend, ohne Effekthascherei – aber mit der Fähigkeit, tiefe Gedanken in einfachste Worte zu kleiden und konkrete Situationen zu analysieren. Sein Scharfsinn ist verbunden mit der grössten Kühnheit des Denkens.»[537] Selbst Alexander Solschenizyn zollt ihm Respekt: «So schnell und zielsicher wie ein Pfeil, so fest und straff wie eine gespannte Saite. Er konnte mit Blitzesschnelle eine Situation überblicken und den sichersten, einzig richtigen Weg zum klaren Ziel einschlagen.»[538]

Der Schweizer Arbeiter-Arzt Fritz Brupbacher beschreibt die Arbeitsweise Lenins während seiner Zürcher Emigration: «Lenin gewann zäh arbeitend Hirn für Hirn, Schüler für Schüler, Anhänger für Anhänger, bildete um sich herum eine kleine unterirdische Gruppe, suchte eine Art Führungsorganisation zu formen mit einem festen, auf unmittelbare Aktion gehenden Programm.»[539]

Reed hatte recht. Lenin hat die Welt erschüttert. Er hat die Geopolitik verändert wie nie ein Revolutionär vor ihm oder nachher. Er und seine

Nachfolger haben die Devise «Der Zweck heiligt die Mittel» mit aller Konsequenz durchgesetzt. Die Konsequenz war auch in Russland eine Schreckensherrschaft, in einer noch ganz anderen Dimension als seinerzeit in Frankreich.

5.3 Buenaventura Durruti

Buenaventura Durruti (1896–1936) war ein legendärer spanischer Anarchist, Syndikalist und Revolutionär, gewählter Führer einer republikanischen «Elitekolonne» und eine der zentralen Figuren im Spanischen Bürgerkrieg. Durruti wurde in der spanischen Provinz als Sohn eines Eisenbahners geboren. Mit 14 Jahren arbeitete er als Tagelöhner, dann bekam er bei der Eisenbahn einen Posten als Mechaniker. Er trat in die von den Sozialdemokraten beherrschte Eisenbahnergewerkschaft ein und schloss sich dem anarchistischen Flügel an. Aufgrund seiner rebellischen Gesinnung wurde er von den Sozialdemokraten ausgeschlossen. Während des Generalstreiks von 1917 wirkte er bei Sabotageakten mit. Nach dem Streik von 1917 wurde er entlassen. Nun Mitglied der Gewerkschaft der Anarchisten, der CNT, kam er auf eine schwarze Liste und musste nach Paris flüchten. Dort ging er bei den Anarcho-Syndikalisten in die Schule.

Das Programm der Anarchisten war: Abschaffung des Privateigentums, Enteignung der Bourgeoisie, Abschaffung des Staates, Emanzipation der Arbeiterklasse. Hierarchie, Autorität und Macht lehnten sie grundsätzlich ab: Ihre Vision war der «Communismo libertario»,[540] der vom Grundsatz ausging: «Kein Mensch hat das Recht, einen anderen zu regieren.»[541] Die Diktatur einer Partei bekämpften sie. Die neue Gesellschaft müsse «von unten nach oben hin aufgebaut sein und nicht von oben her dekretiert werden dürfen».[542] Für Bakunin, den Stammvater des Anarchismus, hat «die vollkommene Gesellschaft ... keine Regierung, sondern nur eine Verwaltung, keine Gesetze, sondern Verpflichtungen, keine Strafen, sondern Mittel zur Besserung».[543] Die revolutionären Mittel waren der bewaffnete Aufstand, Terror und Sabotage, die «Propaganda durch die

5. Führung in der Revolution

Tat».[544] «... in Ländern wie Spanien, wo der Arbeiterklasse offene politische Betätigung kaum möglich war, hatte die unmittelbare Gewaltanwendung der Anarchisten noch grosse Anziehungskraft.»[545]

Durruti kam über die grüne Grenze nach Spanien zurück und schloss sich den anarchistischen Kampftruppen an, welche Aktionen gegen die Monarchie vorbereiteten. 1920 ging er nach Barcelona. Dort war der grösste Teil der Arbeiter dem Anarchismus zugewandt. Mit engen Freunden gründete er die Gruppe «Los Solidarios». Sie kämpften mit ihren Pistolen gegen den «weissen Terror» der Unternehmer und verübten mehrere Attentate. Das Geld für den Waffenkauf beschafften sie durch Banküberfälle. «Der permanente Krieg im Dickicht von Barcelona brachte mit Schiessereien, Sabotageakten, Provokationen, mit Aussperrungen, Massenverhaftungen, mit der Blüte des Spitzelwesens, mit Mord, Folter und Erpressung die Stadt an den Rand des Chaos.»[546]

1923 wurde Spanien unter Führung von Primo de Rivera zur Diktatur. Die CNT wurde verboten. Durruti ging wieder ins Exil nach Paris. Die Anarchisten planten aus dem Exil einen Aufstand gegen die Diktatur. Der Angriff scheiterte kläglich. 1924 reiste Durruti mit Gefährten nach Kuba. Erstmals trat er als öffentlicher Redner auf und «wirkte wie ein Volkstribun».[547] Aber Spanien hatte den Steckbrief Durrutis an alle Spanisch sprechenden Länder Lateinamerikas verschickt. Durruti musste Kuba verlassen. Obwohl sein Foto überall ausgehängt war, reiste er durch Lateinamerika. Wieder zurück in Paris, bereiteten die Solidarios ein Attentat gegen den spanischen König Alfons XIII. vor, der als Staatsgast in Frankreich erwartet wurde. Spitzel verrieten den Plan an die Polizei. Durruti sass über ein Jahr im Gefängnis, bis er nach Belgien abgeschoben wurde. Unter falschem Namen kehrte er nach Frankreich zurück, wurde von der Polizei entdeckt und wieder verurteilt. 1931 wurde in Spanien die Republik ausgerufen. Zwei Jahre später siegte die Rechte bei den Wahlen, nicht zuletzt wegen der Stimmenthaltung der Anarchisten. Die darauf eingesetzte Regierung von Gil Robles machte die ohnehin schon bescheidenen Reformen wieder rückgängig. In Asturien vereinigten sich die Sozialdemokraten, Anarchisten und Kommunisten erstmals in Spanien. Die von dieser Volksfront organisierte «asturische Oktoberrevolution» wurde von maurischen Regimentern unter dem Kommando von General Francisco Franco niedergeschlagen. «Die Repression war fürchterlich. Ende 1935 sassen in den spanischen Gefängnissen über dreissigtausend Gefangene.»[548]

Bei den Wahlen im Februar 1936 erzielte die Volksfront einen überwältigenden Sieg. Die rechten Parteien sicherten sich die Unterstützung von Mussolini und Hitler, und am 17. Juli stellte sich Franco an die Spitze einer Militärrevolte. «Drei Tage später war ein Drittel Spaniens in der Hand der Generäle.»[549] Der Spanische Bürgerkrieg dauerte bis zum April 1939. Er widerspiegelte die ideologischen Frontlinien in Europa mit den faschistischen Mächten Italien und Deutschland, den liberalen Demokratien und dem kommunistischen Russland. Eine Besonderheit dieses grausamen Kriegs war die Unterstützung der republikanischen Truppen durch ausländische Freiwillige, darunter viele Intellektuelle und Schriftsteller wie André Malraux, George Orwell und Arthur Koestler. Ernest Hemingway war Kriegsberichterstatter und hat dem Spanischen Bürgerkrieg mit *Wem die Stunde schlägt* ein Denkmal gesetzt. Picasso hat die Welt nach der Bombardierung von Guernica mit einem Bild von unerhörter Suggestivkraft aufgerüttelt. So grausam der Krieg war, er hatte auch eine romantische Note, wozu nicht zuletzt die Anarchisten beigetragen haben. Der britische Filmregisseur Ken Loach hat diesen Aspekt in seinem Film *Land and Freedom*, basierend auf dem Buch *Hommage to Catalonia* von George Orwell, eingefangen.

Durruti war mit seinen Gefährten bereits nach der Einführung der Republik nach Barcelona zurückgekehrt. Er setzte sich wiederholt an die Spitze von regionalen Aufständen, wurde immer wieder verhaftet und verbrachte Monate im Gefängnis. Nach Francos Militärputsch formierten die Anarchisten in jedem Stadtteil von Barcelona ein Verteidigungskomitee. Sie erwarteten eine Übernahme der Macht in der Stadt durch das in der lokalen Kaserne stationierte Militär. Die Anarchisten bereiteten sich intensiv auf diesen Moment vor. Als die Truppen am 20. Juli die Kaserne verliessen, schlugen die Anarchisten los. Es gelang ihnen sofort, die Initiative zu ergreifen. Viele Soldaten wechselten die Seite, und nach kurzer Zeit ergab sich das Wehrmachtskommando. Nach ihrem Sieg wurden alle Kirchen Barcelonas niedergebrannt, mit Ausnahme der Kathedrale. Priester, Mönche, Nonnen, Aristokraten, reiche Bürger wurden reihen-

5. Führung in der Revolution

weise erschlagen. «Man schätzt die Zahl der Getöteten in Katalonien auf 25 000.»[550]

In Barcelona wurde ein Komitee antifaschistischer Milizen gegründet. Das Spektrum der beteiligten Gruppen war breit. Ein Vertreter einer linksliberalen Partei beschreibt den Auftritt der Anarchisten: «...unrasiert in ihren Kampfanzügen... mit Revolvern, Maschinenpistolen und Gurten, in denen sie ihre Dynamitbomben trugen. Ihr Anführer war ein Mann, der in seiner Erscheinung, in seiner Rede und in seinem Auftreten wie ein Riese wirkte: Buenaventura Durruti.»[551] Die Anarchisten waren die Sieger, die Macht lag zu ihren Füssen, aber ihre grundsätzliche Ablehnung jeder Hierarchie liess sie über das weitere Vorgehen zweifeln. «In den zwei Monaten, die mit solchen Diskussionen dahingingen, erschöpfte sich der Elan der Revolution.»[552] In dieser Zeit des Zögerns nahmen andere Parteien das Heft in die Hand. Die Anarchisten «liessen es zu, dass die Revolution, welche die CNT angeführt und durchgesetzt hatte und nur sie allein weiterführen konnte, durch neue Institutionen verwaltet wurde, in denen sie in der Minderheit waren».[553] Die Anarchisten waren in ihrer Ideologie gefangen: «Wir haben die Macht nicht ergriffen, nicht weil wir nicht gekonnt hätten, sondern weil wir gegen jede Art von Diktatur sind.»[554] Das war ihre Haltung, obwohl sie wussten, «was die Bolschewiken mit den russischen Anarchisten gemacht haben».[555] Der Bolschewik Trotzki kommt denn auch zu einem unmissverständlichen Schluss. «Eine solche Argumentation ist schon Beweis genug, dass der Anarchismus eine konterrevolutionäre Lehre ist.»[556]

Durruti stellte eine eigene Division auf, die Kolonne Durruti, und zog mit ihr an die Front. «Ich war dabei, als sie durch die Strassen von Barcelona hinausmarschierten. Es sah ungeheuer aus: ein Wirrwarr von Uniformen, Freiwillige aus allen Erdteilen, die Kleider bunt gewürfelt und zusammengeflickt. Sie hatten etwas hippieartiges, aber es waren Hippies mit Handgranaten und MG's, und sie waren entschlossen, bis zum Tod zu kämpfen.»[557] In Eilmärschen rückte die Kolonne bis 20 Kilometer vor Zaragoza vor. Zaragoza war, obwohl eine Hochburg der Anarchisten, in die Hände der Faschisten gefallen. Vor Zaragoza erstarren die Fronten. Der Mangel an Waffen und Munition verhinderte einen Angriff auf die Stadt. Am 27. September 1936 wurde die katalanische Regierung umgebildet und das Zentralkomitee der antifaschistischen Milizen aufgelöst. Damit brach auf der republikanischen Seite ein interner Konflikt auf. Auf der einen Seite die Anarchisten, die in Barcelona gesiegt hatten, auf der anderen der alte bürgerliche Staat. Die Kommunisten, die bis anhin in Spanien kaum eine Rolle gespielt hatten, schlugen sich auf die bürgerliche Seite. Sie wurden durch Waffenlieferungen aus der Sowjetunion gestärkt und gewannen laufend an Einfluss. Derweil wurde Durruti beauftragt, sich mit einem Freiwilligenkorps an der Befreiung von Madrid zu beteiligen. Am 13. November rückte seine Kolonne in Madrid ein. Bis am 19. November waren 60 Prozent von Durrutis Kolonne gefallen. Am 20. November wurde Durruti bei einem Frontbesuch von einer Kugel tödlich getroffen. «Die Beerdigung fand in Barcelona statt. ... Die Menschen knieten auf der Strasse nieder ... Sie weinten. Eine halbe Million Menschen war auf den Strassen versammelt.»[558] Wenn wir Louis XIV. auf der einen Seite des Spektrums einordnen, so war Durruti sein Gegenteil. «Durruti wusste nicht, was Eitelkeit ist. Er nahm jeden Ernst, den er traf. Die Leute von Barcelona haben sich in ihm wiedererkannt. Deshalb haben sie ihn auch begraben wie einen König.»[559]

Nach dem Tod Durrutis verstärkten sich die Konflikte zwischen den Anarchisten und den Kommunisten. Die Folge davon war ein Bürgerkrieg innerhalb des Bürgerkriegs. Am 3. Mai 1937 begannen blutige Strassenkämpfe in Barcelona zwischen den beiden Parteien. Nach einer Woche hatten sich die Kommunisten durchgesetzt. «Damit war dem spanischen Anarchismus das Rückgrat gebrochen.»[560]

Durruti war ein Mann, der Macht aus Prinzip ablehnte. Und trotzdem, das ist das Paradox, war er eine unbestrittene Autorität. Weder Robespierre noch Lenin waren sympathische Menschen, ganz anders Durruti. «Er war riesig, athletisch gebaut, mit einem mächtigen Kopf, eine Art Danton. Seine Stimme war gewaltig. Freilich, wenn er wollte, konnte er auch gutmütig sein, ja fast zärtlich.»[561] Wir erinnern uns, der Biograf Robespierres hat die Revolutionäre in zwei Typen aufgeteilt: die Danton- und die Robespierre-Menschen (s. 1, 5.1). Hier begegnet uns ein Mensch, der näher am Leben steht als die blutleeren Asketen. Durruti wird wiederholt als ein mittelmässiger Redner geschildert, und doch hat er mit seinen Auftritten bis zu hunderttausend Zuhörer begeistert. «Seine Macht rührte vor allem

5. Führung in der Revolution

daher, dass er die Einbildungskraft der Massen fesselte...»[562] Durruti war ohne Zweifel intelligent, aber in keiner Weise intellektuell. Deshalb wurde sein Wort auch verstanden. Er war ein Proletarier, trat aber mit «grosser Würde und Selbstsicherheit auf. ... Er war überwältigend anspruchslos.»[563] Vor allem strömte er Zuversicht aus. «Zehn Minuten in Durrutis Nähe genügten, um die Leute mit seinem Optimismus anzustecken. Dieser Optimismus war es, der die Massen anzog. Er verband sich mit einem seltenen Mut, einer vollkommenen Aufrichtigkeit, einer grossen Solidarität und einem guten Sinn für Strategie.»[564]

Simone Weil ist während des Bürgerkriegs nach Spanien gefahren, zu diesem Volk, «dem schwer zu widerstehen ist... In der anarchistischen Bewegung hatte ich den natürlichen Ausdruck seiner Grösse und seiner Fehler, seiner legitimen Bedürfnisse und seiner illegitimen Wünsche gesehen.»[565] Auf engstem Raum kam alles zusammen, «Zynismus, moralische Verkommenheit, Fanatismus und Grausamkeit, anderseits Brüderlichkeit, Menschenliebe und ein elementares Verlangen nach Würde, wie es einfachen Menschen eigen ist».[566]

Im anarchistischen «antistaatlichen Antizentralismus»[567] liegen sowohl Stärke wie Ohnmacht. «Ihre unbedingte Zuversicht, die Unmittelbarkeit, mit der sie den Sprung in das Reich der Freiheit versprechen, macht sie stark... Sie erweist sich als politische Schwäche, sobald die Revolution ihre ersten Siege errungen hat und den endlosen Schwierigkeiten des Aufbaus begegnet.»[568] Sie waren durch und durch im Widerspruch gefangen. «Das Schlimme war, dass sie zwar den Dogmatismus geisselten, dabei aber selber waschechte Dogmatiker waren.»[569] Hierarchie, die Unterordnung einer Person unter eine andere, lehnten sie aus Prinzip ab. Sowohl an der militärischen Front wie in Auseinandersetzung mit den streng hierarchisch geführten Kommunisten erwies sich der Mangel an Autorität als fatal und letztlich als selbstzerstörerisch. «An der Front entsteht über jeden Befehl ein langes Palaver. Niemand will gehorchen.»[570] Der Widerspruch zwischen Prinzip und Notwendigkeit wirkt sich insbesondere bei der Frage der Disziplin aus. Bei der Kolonne Durruti galt das Prinzip der «Organisierten Indisziplin».[571] Durruti ist sich dieses Widerspruchs bewusst: «Ich bin mein ganzes Leben lang Anarchist gewesen, und jetzt soll ich meine Leute mit dem Knüppel zur Disziplin zwingen? Das werde ich nicht tun. Ich weiss, dass Disziplin im Krieg notwendig ist, aber es muss eine innere Disziplin sein, die aus dem Ziel hervorgeht, für das man kämpft.»[572] Mit dem Fortgang des Kriegs zeigte sich aber, dass «die Freiwilligkeit zur Fiktion geworden»[573] ist.

Deshalb kommt Hans Magnus Enzensberger, der die Biografie Durrutis collageartig zusammengetragen hat, zum Schluss, dass die Dramaturgie dieser Geschichte im Wesentlichen vorgegeben war.

5.4 Besonderheiten der Führung in der Revolution

Im Zentrum des Gedankengebäudes des Revolutionärs steht die Idee. Diese Idee entwickelt sich zur Ideologie, die Ideologie zum Dogma. Wer das Dogma nicht anerkennt, wird bekämpft. Die Stärke des Revolutionärs ist sein unerschütterlicher Glaube. Man pflegt das heute eine Vision zu nennen. Eine Vision ist im ursprünglichen Sinne des Wortes eine religiöse Erscheinung. Deshalb *glauben* die Revolutionäre, und tatsächlich hat ihre Welt eine verblüffende Ähnlichkeit mit jener der Kirchen. Robespierre und Calvin sind wesensverwandte Puritaner. Beide haben als Einzelpersonen, ohne eine Entourage, aber mit einem fanatischen Glauben an ihre Idee, eine enorme Macht ausgeübt. Die Parallele zwischen den in Eliteschulen ausgebildeten Jesuiten und der revolutionären Avantgarde Lenins ist ebenso unverkennbar. Sowohl die Jesuiten wie die Bolschewiken arbeiteten konspirativ. Lenin ist in seinem Selbstverständnis nicht weniger unfehlbar als der Papst. Aber auch in der Kirche hat es immer wieder Bewegungen gegeben, die Autoritäten grundsätzlich ablehnten, zum Beispiel die Wiedertäufer.[574] Deshalb ist der Anarchismus einerseits ein Produkt der Aufklärung, hat anderseits aber auch einen «ausgesprochen religiösen Charakter».[575]

Seinem Glauben ordnet der Berufsrevolutionär alles unter. Seine Ziele verfolgt er mit obsessiver Energie. Zweifel kennt er nicht. Damit ist er das Gegenteil des «schwachen Intellektuellen». Wer zweifelt, Fragen stellt oder kritisiert, wird der Häresie beschuldigt und im besseren Falle ausgeschlossen, im schlechteren liquidiert. Vor allem ist der Revolutionär kon-

5. Führung in der Revolution

sequent. Er ist von einer «Walhalla der Kompromisslosigkeit» umgeben.[576] «Die Konsequenz der Konsequenz heisst meistens: Schule, Gruppe, Kirche, Kaserne oder Partei. ... Nichts ist schematischer als der Amoklauf der Unbeirrbaren.»[577] Der Zweck heiligt die Mittel, und die Mittel der Revolutionäre sind zu einem guten Teil grausame Gewalt, selbst wenn es um die Schaffung einer tugendhaften Gesellschaft geht. «Opfer, Blut und Leiden sind unvermeidlich. Was zählt, ist allein das Resultat!»[578]

Dieses Schema war für die Anarchisten mit ihrer Vision einer Gesellschaft freier Menschen ohne jede Hierarchie nur bedingt gültig. Konsequent waren aber auch sie. So lehnten sie die unbedingte Disziplin im Sinne Lenins kategorisch ab. Sie zogen mit einer Truppe mit minimalsten hierarchischen Strukturen in den Krieg. Es erwies sich bald, dass «freiwillige Disziplin» in einem Massenheer eine Fiktion ist. Gerade weil sie Autorität grundsätzlich ablehnten, sind die spanischen Anarchisten als die stärkste Kraft von den ungleich schwächeren, aber straff zentralistisch organisierten Bolschewiken ausgelöscht worden. Wie im vorgehenden Kapitel über Führung in Extremsituationen zeigt sich auch hier, dass Organisationen mit schwachen oder gar ohne Hierarchien ineffizient und in ihrer Existenz bedroht sind.

Im Lichte dieser Erfahrungen ist es erstaunlich, dass nicht nur der Begriff Vision Eingang ins heutige Managementvokabular gefunden hat. Besonders kreative Managementgurus fordern nämlich auch den «revolutionären Imperativ».[579] Sie streichen die Kraft von Prinzipien heraus, fordern «einen unerschütterlichen Glauben an ihre Grundsätze»[580] und plädieren für «Keine Hierarchie, sondern ein Netz»[581]. Also eigentlich für eine «Durrutisierung» von Unternehmungen.

Eine Gabe muss ein wirkungsvoller Revolutionär unbedingt besitzen: überzeugend reden können. Es ist erstaunlich, dass die Biografen sowohl Robespierre wie Durruti ein besonderes Rednertalent absprechen. Trotzdem hatten ihre Reden eine grosse suggestive Wirkung. Robespierre überzeugte durch seine Formulierungen, die der Umsetzung seiner Ideen in die Tat sehr nahekamen. Durruti steckte die Massen mit seinem unerschütterlichen Optimismus an. Und Lenin, ein begabter Redner, fesselte die Menschen, weil er tiefste Gedanken in einfache Worte kleiden konnte.

Die Grundvoraussetzung für eine erfolgreiche Revolution ist eine weitverbreitete Malaise. Das ist der Humus, auf dem die Idee entsteht. Zur Idee gesellen sich Menschen, welche die Idee mit aller Konsequenz umsetzen und die imstande sind, die Massen dafür zu begeistern. Das Faszinosum der Revolution ist die ungeheure Energie, die sie auslöst. Ihre Tragik ist die dadurch ausgelöste «Spiralbewegung», die dazu führt, dass die Revolution ihre Kinder frisst.

Diese Kraft der revolutionären Idee hat auch das Menschenbild des Soldaten verändert. Erstmals wurden in der Französischen Revolution Volksheere geschaffen, die trotz schlechter Ausrüstung und Ausbildung weit höher kotierte Armeen besiegten. Vorher eher als Marionetten betrachtet, wurden die Soldaten nun «Waffenträger eines ... verständlichen und einleuchtenden Prinzips ..., um leiden, kämpfen und siegen zu können ...».[582] Dadurch wurden ungeahnte Kräfte frei, verstärkt noch durch das Absingen des Revolutionschorals. «Ohne die Marseillaise kämpfe ich noch, wenn ich zwei zu eins unterlegen bin; mit der Marseillaise nehme ich meine Chancen auch bei vier zu eins wahr.»[583]

Alfred Andersch lässt im Roman *Efraim* eine seiner Figuren ein Fazit der Revolutionsgeschichte ziehen: «... er teile die Meinung der Sozialisten, dass die Welt schlecht eingerichtet sei, aber es sei ihm unmöglich zu glauben, man könne sie gut einrichten. Alles was man tun könne, wäre, die Macht einsehen zu lehren, dass sie von Natur aus böse sei. Dazu seien lange Traditionen nötig, jahrhundertealte Gesetze und Institutionen, alle kreisend um einen geheimen Kern: Das Bewusstsein vom schlechten Gewissen der Macht, die man als solche jedoch nicht abschaffen dürfe, weil an ihre Stelle nur andere Mächte treten würden, die keine Tradition des Gewissens besässen, sondern sich für gut hielten, und diese entfesselten Pädagogen wären das Schlimmste; der Terror der Weltverbesserer sei grässlicher als die Schreckensherrschaft einzelner Grosser, die, gequält vom Kerker des Gewissens, in dem sie lebten, aus ihm auszubrechen versuchten.»[584]

Wir in unserer Zeit müssen uns überlegen, ob Helmut Schmidt nicht doch recht hatte, als er meinte, «wer Visionen hat, muss zum Arzt». Und auch heute gilt noch, dass man sich vor allzu asketischen Menschen hüten sollte.

6. Führung in der Wirtschaft

6.1 Frederick W. Taylor

Die Welt, in die Frederick W. Taylor (1856–1915) in Germantown bei Philadelphia USA geboren wurde, war von grossen technischen Umwälzungen und Erfindungen geprägt: Schreibmaschine, Telefon, Verbrennungsmotor, Grammofon, elektrische Beleuchtung, Radio. Taylor machte zwei Berufslehren, als Modellschreiner und als Mechaniker. Von 1878 bis 1890 arbeitete er bei der Midvale Steel Company. Er begann als Handlanger, wurde aber bald Werkstattschreiber. In dieser Funktion musste er die Arbeit überwachen und Arbeitszeiten registrieren. Die Arbeiter von Midvale wurden im Stücklohnsystem bezahlt. Taylor stellte fest, dass die Arbeiter systematisch bummelten und den Ausstoss bewusst tief hielten. Ihr Verhalten beruhte auf der Erfahrung, dass die Arbeitgeber bei erhöhter Leistung den Stücklohn kürzten. Taylor begann Überlegungen anzustellen, wie dieser grundlegende Konflikt zwischen Unternehmern und Arbeitern im Interesse beider Parteien gelöst werden könnte. Er kam zur Überzeugung, dass man den Stücklohn niemals kürzen dürfe, und entwickelte die Idee des «Differenziellen Stücklohns». Er begann, die Arbeitsabläufe systematisch zu analysieren und zu messen. Die Stoppuhr wurde Symbol für das, was noch heute «Taylorismus» heisst.

Parallel zu seiner Arbeit bewältigte Taylor ein Fernstudium als Maschineningenieur. Seine Diplomarbeit behandelte die Effizienzsteigerung bei der Bearbeitung von Lokomotiv-Radreifen. Wie alle grossen amerikanischen Unternehmungen war die Midvale Steel Company straff militärisch organisiert. Die Befehle gelangten über den Dienstweg zu den Meistern und Vorarbeitern. Taylor stellte fest, dass viele dieser Vorgesetzten überfordert waren. Um sie zu entlasten, schuf Taylor Planungsbüros. Dort wurden die Aufträge bearbeitet und die Arbeitsabläufe normiert. Die Arbeiter waren gehalten, exakt nach den schriftlichen Vorgaben des Planungsbüros vorzugehen. Die Ausführung wurde von fünf Disponenten überwacht. Der «Geschwindigkeits-Boss» sorgte für den Ablauf, der «Reparatur-Boss» für die Reparaturen, der «Gang Boss» für die richtigen Arbeitsmethoden, der «Inspector» für die Qualitätssicherung und der «Disciplinarian» für die Schlichtung von Konflikten und die Personalbetreuung. Die Meister und Vorarbeiter wurden damit von allen Planungsarbeiten und Schreibereien entlastet und konnten sich ausschliesslich der Betreuung der Arbeiter widmen. Taylor nannte diese neue Organisationsform «funktionale Betriebsführung». «Mit seinen Ideen betreffend Zeitstudien, Differentiellem Stücklohn, Detaillierten Arbeitsaufträgen und Funktionaler Organisation hatte Taylor während seiner Zeit bei Midvale ... alle Grundlagen für seine später publizierten Grundsätze der wissenschaftlichen Betriebsführung zusammengetragen.»[585]

Nach einer wenig befriedigenden Anstellung als General Manager in der Papierindustrie wurde Taylor Unternehmungsberater. In der Bauindustrie befasste er sich mit den Abläufen beim Füllen einer Schubkarre. In einem Werk für Elektromotoren untersuchte er die Büroarbeit. In einer Unternehmung, die Kugeln für Kugellager produzierte, beschäftigte er sich mit der Qualitätsprüfung. Dort machte er die Erfahrung, dass gleichzeitig die Arbeitszeit reduziert, der Ausstoss erhöht und die Qualität verbessert werden konnten. 1898 bis 1901 war er Berater bei der Bethlehem Steel Company. Sein Auftrag war, das Differentielle Stücklohnsystem einzuführen. Wie bei praktisch all seinen Beratungsmandaten hatte er gegen erheblichen Widerstand zu kämpfen. Seine akribischen Methoden benötigten sehr viel Zeit, was die Geduld der Unternehmungsleitung strapazierte. Vielleicht war es diese Akribie, die zu der unverhofften Entdeckung des sogenannten Schnellstahls führte. Dadurch konnte die Produktivität erheblich gesteigert werden. (Und Taylor führte nun ein von Geldsorgen freies Leben.) Bei Bethlehem Steel befasste sich Taylor intensiv mit dem Umladen von 42 Kilogramm schweren Eisenbarren. Die Umladeleistung betrug 12,5 Tonnen pro Tag. Aufgrund seiner Arbeitsstudien errechnete

Taylor eine mögliche Arbeitsleistung von 47 Tonnen, ein Pensum, das «ein erstklassiger Arbeiter billigerweise ohne Überanstrengung täglich zu leisten vermag».[586] Seine Experimente, die er mit einem Muster des «erstklassigen Mannes», den er Schmidt nannte, durchführte, waren ebenso bekannt wie umstritten. Schliesslich wurde der Widerstand bei Bethlehem Steel so gross, dass auf die Dienste Taylors verzichtet wurde.

Von nun an war Taylor «Lehrer und Missionar». Er hielt viel beachtete Vorträge und wurde Präsident der American Society of Mechanical Engineers. Auch dort wandte er umgehend seine Methoden an. Die Geschäftsabläufe wurden normiert und die obersten Verantwortlichen «von aller Routinearbeit, von aller Plackerei und von allen belanglosen Entscheidungen» entlastet.[587] 1911 publizierte er seine über die Jahre gewonnenen Erkenntnisse in *The Principles of Scientific Management*. Das Buch fand rasch internationale Verbreitung und wird noch heute immer wieder neu aufgelegt.

Taylor war sich gewohnt, gegen Widerstand anzukämpfen. Nach der Publikation seines Hauptwerkes nahm die Kritik nochmals zu. Die Gewerkschaften polemisierten gegen den «menschenverachtenden» Ansatz. Die Kritik nahm solche Formen an, dass ein Sonderausschuss des Repräsentantenhauses «zur Überprüfung des Taylor-Systems und anderer Führungssysteme» eingesetzt wurde. Taylor stand dem Ausschuss während vier Tagen Red und Antwort. Der Schlussbericht des Ausschusses war allerdings «zahnlos und ein Beispiel eines nutzlosen Kompromisses».[588]

Letztlich hat sich die Kritik durchgesetzt. Taylorismus ist ein Begriff, der einen negativen Beigeschmack hat. Das Bild, das wir heute mit dem Taylorismus verbinden, ist der von der Stoppuhr überwachte Arbeiter. Seine Arbeit ist rein ausführend, monoton und sinnentleert. Als reiner Befehlsempfänger wird er durch hohe Leistungsvorgaben und Verdienstanreize ausgebeutet. Schon vor hundert Jahren hat man befürchtet, dass die Zerlegung der Arbeit den Arbeiter zum Roboter macht. Taylor hat vor allem einfache Arbeitsgänge wie das Beladen von Schubkarren, das Kohleschaufeln oder das Umladen von Eisenbarren analysiert. Tatsächlich sind solche Arbeiten heute automatisiert.

Zu dieser negativen Beurteilung hat Taylor durch seine Ungeduld und Sturheit, aber auch durch missverständliche Formulierungen, beigetragen.

«In the past the man has been first; in the future the system must be first.» Man wundert sich nicht, dass eine solche Aussage als menschenverachtend qualifiziert wird, auch wenn sein Biograf meint, dass die Kritiker diesen Satz aus dem Zusammenhang gerissen hätten.[589]

Tatsächlich hat Taylor die Führung von Unternehmungen grundlegend und dauerhaft beeinflusst. Man muss sich in Taylors Zeit versetzen. Der Antagonismus zwischen Unternehmern und Arbeiterschaft war fundamental. Die Industriewelt war durch Klassenkampf und tiefes gegenseitiges Misstrauen geprägt. In dieser polaren Situation war die Grundidee Taylors, die Produktivität im Interesse aller Beteiligten zu erhöhen, revolutionär. Mit seinem Grundsatz, niemals den Stücklohn zu kürzen, verbesserte er das Los der Arbeiter und provozierte die Unternehmer. Eine der hervorragendsten Eigenschaften Taylors war seine Beobachtungsgabe. Er stellte fest, wie und warum die Arbeiter systematisch bummelten. Er beobachtete, wie die Arbeiter individuelle Faustregeln im Fertigungsprozess als Geheimnis hüteten. Die bewusste Tiefhaltung des Ausstosses und mangelhafte Arbeitsmethoden führten zu grosser Ineffizienz und Verschwendung. Die Resistenz gegen irgendwelche Veränderungen war enorm.

Mit dem Differentiellen Stücklohn glaubte er, eine Methode gefunden zu haben, um diese Barrieren zu durchbrechen. Er erläuterte das System anhand der Produktion von Achsen für Eisenbahnwagen. Im herkömmlichen System fertigte ein Arbeiter vier bis fünf Achsen pro Tag. Der Tagesverdienst betrug 2 bis 2,5 Dollar, was als korrekter Lohn galt. Aufgrund seiner sorgfältigen Analyse des Arbeitsablaufs kam er zum Schluss, dass es mit adäquaten Arbeitsmethoden möglich wäre, zehn Achsen zu produzieren. Basis des Differentiellen Stücklohnsystems war die exakte Anwendung der vorgegebenen Arbeitsmethode. Bei einem Ausstoss von zehn oder mehr Achsen pro Tag sollten 35 Cents bezahlt werden (statt 50 Cents), aber nur 25 Cents bei einer Produktion von weniger als zehn Stück. Nach seinen Berechnungen würde ein Mann, der zehn Stück fertigte, im Tag 3,50 Dollar verdienen, also 40 Prozent mehr. Die Stückkosten könnten damit von 1,17 auf 0,69 Dollar abgesenkt werden.[590] In der Praxis erwies sich das System allerdings als zu kompliziert und wurde kaum je in reiner Form umgesetzt. Einer seiner Assistenten entwickelte ein einfacheres System, «the task work with a bonus». Einem Arbeiter, der seine Arbeit exakt so ausführte, wie auf der Instruktionskarte vorgegeben, wurde pro Tag ein Bonus ausgerichtet. Er hatte damit ein garantiertes Einkommen und einen Anreiz, die Arbeit exakt auszuführen.[591]

Seine Vorgehensweise nannte Taylor wissenschaftlich, weil sie die Prinzipien des englischen Philosophen Francis Bacon befolgte: «...die genaue und vollständige Beobachtung der Fakten, die intelligente und unvoreingenommene Analyse dieser Fakten und die Formulierung von Gesetzen».[592] Mit dieser Vorgehensweise untersuchte er als Erster die Zusammenhänge zwischen Arbeit und Erholung. Er teilte den Arbeitstag so ein, dass entweder wirklich gearbeitet oder wirklich geruht wurde.[593]

Sein Ziel war, hohe Verdienste mit niedrigen Arbeitskosten zu kombinieren. Das sollte mit der Anwendung folgender Prinzipien erreicht werden:[594]

1. ein grosses tägliches Pensum, das durch eine klar definierte Aufgabe vorgegeben wurde;
2. standardisierte Bedingungen;
3. hohe Bezahlung für den Erfolg;
4. Verlust im Falle eines Misserfolgs.

Die Prinzipien der wissenschaftlichen Betriebsführung fasste er in ebenfalls vier Grundsätzen zusammen:

«Erstens: Sie entwickeln ein System, eine Wissenschaft für jedes einzelne Arbeitselement, die an die Stelle der alten Faustregel-Methode tritt.

Zweitens: Aufgrund einer wissenschaftlichen Untersuchung wählen Sie die geeigneten Leute aus, schulen sie, lehren sie und bilden sie weiter...

Drittens: Sie arbeiten in herzlichem Einvernehmen mit den Leuten zusammen, um auf diese Weise sicherzustellen, dass alle Arbeiten in Übereinstimmung mit der Wissenschaft ausgeführt werden, welche hiefür entwickelt wurde.

Viertens: Es herrscht eine fast gleiche Aufteilung der Arbeit und der Verantwortung zwischen der Leitung und den Leuten. Die Leitung übernimmt alle Tätigkeiten, für die sie besser geeignet ist als die Leute, während in der Vergangenheit fast alle Arbeit und der grössere Teil der Verantwortung auf die Leute überwälzt wurde.»[595]

Taylor legte Wert darauf, dass seine Methode der Betriebsführung eine «mental revolution» bedinge. Heute würde man von einem fundamentalen Kulturwandel sprechen. In der Vergangenheit hätte man sich auf die Verteilung des Überschusses konzentriert, was zu den grossen Arbeitskämpfen geführt habe. Nun solle man sich der gemeinsamen Vermehrung des Überschusses zuwenden und aufhören, sich gegenseitig zu bekämpfen. Beide Seiten müssten sich darüber einigen, dass wissenschaftliche Methoden anstelle der herkömmlichen Faustregeln träten.[596]

Peter F. Drucker, der grosse Managementlehrer, sprach im Zusammenhang mit Taylor noch 1946 vom «rücksichtslosen Einsatz des menschlichen Wesens, das behandelt wird, als ob es eine... Werkzeugmaschine wäre».[597] Später revidierte er sein Urteil: «Sein Ziel war nicht die Effektivität. Es war nicht die Gewinnsteigerung für den Eigentümer. Bis zu seinem Tod sagte er, der wichtigste Nutzniesser der Früchte der Produktivität müsse der Arbeiter – nicht der Eigner – sein. Sein wichtigstes Ziel war die Schaffung einer Gesellschaft, in der die Eigentümer und die Arbeiter, die Kapitalisten wie die Proletarier, ein gemeinsames Interesse an der Produktivität entwickeln und durch die Anwendung des Wissens auf die Arbeit eine harmonische Beziehung aufbauen konnten... Wenige Personen in der Geistesgeschichte bewegten mehr als Taylor.»[598]

Was immer man von Taylor hält: Taylor lebt. Ob Kontinuierlicher Verbesserungsprozess (KVP), Kaizen (jap., Veränderung zum Besseren) oder Total Quality Management (TQM), all diese Ansätze gehen letztlich auf ihn zurück. Was ist Process Engineering anderes als ein modernerer Name für die detaillierte Analyse der Arbeitsabläufe, wie sie Taylor propagiert hat? Auch Process Engineering ist von diesem «mystische[n] Glaube[n], der die Welt der Techniker durchdringt»[599], geprägt. Vom Glauben, dass soziale Systeme wie Maschinen optimiert werden können. In diesem Sinne war Taylor der Urvater der «engineering culture», «... personified by engineers... They are stimulated by puzzles and problems, and by the design challenge of creating an ideal world of elegant machines that operate in harmony. The only thing they're impatient with is the other people.»[600]

6.2 Henry Ford

«Der grösste Industrielle, den die Welt je gesehen hat»,[601] so führt der deutsche Herausgeber Henry Fords (1863–1947) Buch *Mein Leben und Werk* ein. Henry Ford wuchs in einer Kleinstadt in der Nähe von Detroit auf einer Farm auf. Seine Eltern waren aus Irland eingewandert. Er besuchte die Dorfschule und machte eine Lehre in einer mechanischen Werkstatt. Als Zwölfjähriger begegnete er das erste Mal einem selbstfahrenden Fahrzeug, einer «Lokomobile». Das war ein Schlüsselerlebnis für ihn, «jene Lokomobile war daran schuld, dass ich in die Automobiltechnik hineingeriet».[602] Seine Freizeit verbrachte er in einer Werkstatt im Bauernhof. «Meine Spielzeuge waren Werkzeuge – wie auch heute noch. Jeder Bruchteil einer Maschine war für mich ein Schatz.»[603] Mit 15 Jahren konnte er fast jede Uhr reparieren. Er baute einen Wagen mit Dampfantrieb, kam aber zum Schluss, dass Dampf als Antrieb für leichte Fahrzeuge ungeeignet war. Er verfolgte in englischen und amerikanischen Zeitschriften die Entwicklung des Gasmotors. «Man brachte ihm mehr Interesse als Begeisterung entgegen und ich kann mich keines einzigen Menschen entsinnen, der glaubte, dass ein Explosionsmotor weitere Verbreitung finden würde. Alle klugen Leute bewiesen einwandfrei, dass ein derartiges Modell nicht mit der Dampfmaschine konkurrieren könnte.»[604] 1887 konstruierte er einen Verbrennungsmotor, und 1889 begann er an einem Doppelzylinder zu arbeiten. 1892 baute er erstmals ein Automobil. «Mein Gasolinwägelchen war das erste und für lange Zeit auch das einzige Automobil in Detroit.»[605]

Er war damals bei einer Elektrizitätsgesellschaft angestellt. Seine Experimente mit Gasmotoren wurden nicht gerne gesehen, weil man die Zukunft in der Elektrizität sah. 1899 verzichtete er auf seine Stellung, um sich ganz dem Automobilbau zu widmen. Dieser Schritt war kühn. Er besass keinerlei Ersparnisse, und die Nachfrage nach Automobilen war nirgends absehbar. Er fand Geschäftsleute, die mit ihm die «Detroit-Automobil-Gesellschaft» gründeten. Ford war in bescheidenem Umfang beteiligt und wurde deren leitender Ingenieur. Insgesamt wurden dort 19 Fahrzeuge gebaut. Nach kurzer Zeit verliess er die Gesellschaft, «fest entschlossen, niemals wieder in eine abhängige Stellung zu gehen».[606] Er war frustriert, weil seine Gesellschafter nur Geld verdienen wollten, er selber aber primär an der Entwicklung der Fahrzeuge interessiert war. Er mietete eine Werkstatt, um seine Experimente fortzusetzen, und baute weitere sechs Wagen.

Mittlerweile hatte sich das Automobil weiter verbreitet, und Automobilrennen wurden populär. Ford hielt zwar wenig von solchen Rennen, sah aber ein, dass Rennerfolge beste Werbung waren. Er baute in zwei Rennwagen «vier riesengrosse Zylinder mit 80 PS ein – was für damalige Zeiten unerhört war. Der Lärm, den sie machten, genügte schon, um einen Menschen umzubringen ... Eine Fahrt auf den Niagarafällen wäre daneben eine Vergnügungstour gewesen.»[607] Der Wagen «999» (was für eine Typenbezeichnung!) gewann das Rennen über drei Meilen mit einer halben Meile Vorsprung.

«Eine Woche nach dem Rennen wurde die Ford-Automobil-Gesellschaft gegründet. Ich war stellvertretender Vorsitzender, Zeichner, Oberingenieur, Aufseher und Direktor. Das Kapital betrug 100 000 Dollar, und ich war mit 25,5 % beteiligt.»[608] Bereits im ersten Jahr wurden 1708 Wagen verkauft. Auf die Saison 1908/09 brachte die Gesellschaft das Modell T auf den Markt. Im Geschäftsjahr 1909/10 betrug der Absatz 18 664 Wagen, 1920/21 waren es 1 250 000 Wagen: eine jährliche Wachstumsrate von 45 Prozent.

Am 1. Januar 1919 übergab Henry Ford den Vorsitz der Ford Motor Company an seinen Sohn Edsel. Er behielt aber viel Einfluss in der Unternehmung. Edsel und sein Vater kauften Aktien zurück und mussten sich dafür stark verschulden. Ab Mitte der 1920er-Jahre sanken die Verkaufszahlen des Ford T. 1927 präsentierten sie das neue Modell A, das wieder zum Grosserfolg wurde. 1943 starb Edsel Ford, und Henry Ford übernahm als alter Mann nochmals die Geschäftsleitung. 1945 zog er sich endgültig aus der Firma zurück.

Bereits zu Beginn seiner Erinnerungen macht Ford klar, dass er eine klare «Geschäftstheorie» hat: Er wolle dazu beitragen, dass die Welt ein «erfreulicher Tummelplatz des Lebens» werde. Glück und Wohlstand lasse sich nur durch ehrliche Arbeit gewinnen.[609] Energisch wendet er sich gegen jede Form der Spekulation, das sei eine «angesehenere Form von Diebstahl».[610] Nur Arbeit vermöge Güter zu schaffen. «Das moralische Grundprinzip ist das Recht des Menschen auf Arbeit.»[611] Ein Geschäfts-

6. Führung in der Wirtschaft

leiter müsse für den Konsum, nicht aber für den Profit oder die Spekulation arbeiten.[612] «Der wahre Leitgedanke heisst nicht Geldverdienen. Der industrielle Gedanke fordert Schaffung einer nützlichen Idee und deren Vervielfältigung ins Abertausendfache, bis sie allen zugute kommt.»[613]

«Mein Ziel war, mit einem Minimum von Verschwendung sowohl an Material wie an Menschenkraft zu produzieren und mit einem Minimum an Gewinn zu verkaufen … Bei diesem Produktionsprozess ist es gleichfalls mein Ziel, das Maximum an Löhnen, das heisst ein Maximum an Kaufkraft auszuteilen.»[614] Und schliesslich: «Mein Ziel ist Einfachheit. … Indem wir die überflüssigen Teile abbauen und die notwendigen vereinfachen, bauen wir zugleich die Herstellungskosten ab. Das ist einfache Logik.»[615] Wahrscheinlich hat Ford den Satz «Perfektion ist erst erreicht, wenn man nichts mehr wegnehmen kann» nicht gekannt, aber danach gehandelt.

Natürlich hat Henry Ford nicht von Marketing gesprochen, aber aus heutiger Sicht hatte er ein klares Marketingkonzept. Nach Ansicht seiner Zeit war das Automobil ein Vehikel für Millionäre. Ford war aber überzeugt, dass ein grosser Markt vorhanden war. Sein wichtigstes Marketinginstrument war der Preis. Käufer gebe es immer, selbst in schwierigen wirtschaftlichen Zeiten, «nur müssen die Preise niedrig genug sein».[616] 1909 kostete ein Ford T 950 Dollar, 1920 noch 355 Dollar, wobei Ford darauf hinweist, dass der Preis in Wahrheit noch niedriger sei, weil man die Qualität ständig verbessert habe.[617] «Unsere Taktik zielt auf Preisabbau, Produktionserhöhung und Vervollkommnung der Ware. Man bemerkt, dass der Preisabbau an erster Stelle steht. Niemals haben wir unsere Unkosten als festen Faktor betrachtet. Daher reduzieren wir vor allem den Preis erst einmal so weit, dass wir hoffen dürfen, einen möglichst hohen Absatz erzielen zu können. Dann legen wir uns ins Zeug und suchen die Ware für diesen Preis herzustellen. Nach den Kosten wird dabei nicht gefragt. Der neue Preis schraubt die Kosten von selbst hinab.»[618] Lieber wollte er «eine grosse Menge von Artikeln mit kleinem Gewinn als eine kleine Menge mit hohem Gewinn verkaufen».[619] Damit machte er das Automobil zu einem Massenprodukt.

Ford stellte fest, dass nur 5 Prozent seiner Kunden spezielle Wünsche äusserten. Die Ford Company sollte sich ausschliesslich auf die 95 Prozent jener Kunden konzentrieren, «die schlechtweg kauften».[620] Diese Politik illustrierte er mit seinem wohl berühmtesten Satz: «Jeder Kunde kann seinen Wagen beliebig anstreichen lassen, wenn der Wagen nur schwarz ist.»[621] (Schwarz übrigens, weil diese Farbe am schnellsten trocknete.) Von Marktforschung hielt er nichts. «Hätte ich die Leute gefragt, was sie wollen, dann hätten sie gesagt: schnellere Pferde.»[622] Sein Prinzip der Einfachheit und ein nie nachlassender Wille, die Dinge besser zu machen, ermöglichten ihm, die Produktionskosten drastisch zu senken. Der Ford T bestand aus nur vier Konstruktionseinheiten. Er hielt sich in der Organisation der Produktion an die «Wissenschaftliche Betriebsführung» von Frederick W. Taylor.[623]

Die Analyse der Produktion zeigte, dass es «7882 verschiedene Arten von Verrichtungen in der Fabrik gab».[624] Und ganz im Sinne von Taylor: «Man erspare zwölftausend Angestellten täglich zehn Schritte, und man hat eine Weg- und Kraftersparnis von fünfzig Meilen erzielt.»[625] Ein Arbeiter sollte nie mehr als einen Schritt machen und sich nie bücken müssen. Die zusammenzusetzenden Teile wurden auf «Montagebahnen» zum Arbeiter hingeführt. Diese unter dem Begriff «Fliessbandfertigung» berühmt und berüchtigt gewordene Produktionsmethode wurde offenbar erstmals in den Schlachthöfen von Chicago angewandt und von Ford kopiert.[626] «Das Nettoresultat ... ist eine Verminderung der Ansprüche an die Denktätigkeit des Arbeitenden und eine Reduzierung seiner Bewegungen auf das Mindestmass.»[627] Ford beschreibt, wie mithilfe «wissenschaftlicher Experimente»[628] der Ausstoss um das Vierfache gesteigert werden konnte. 95 Prozent seiner Arbeiter waren ungelernt, «oder, um genauer zu sein, sie müssen einen einzigen Handgriff lernen, den auch der Dümmste sich in zwei Tagen aneignen kann».[629] Ford war der Meinung, für die meisten Menschen sei «das Denkmüssen eine Strafe. Ihnen schwebt als Ideal eine Arbeit vor, die keinerlei Ansprüche an das Schöpferische stellt. ... Wenn man der Sache auf den Grund geht, ist fast jede Arbeit repetitiv.»[630] Er betonte, er wolle «keine schwere, menschenverzehrende Arbeit».[631] Von den Leuten erwartete er, «dass sie tun, was ihnen gesagt wird. Unsere Organisation ist so bis ins einzelne durchgeführt und die verschiedenen Abteilungen greifen so ineinander ein, dass es völlig ausgeschlossen ist, den Leuten auch nur vorübergehend ihren Willen zu lassen. Ohne die strengste

6. Führung in der Wirtschaft

Disziplin würde völliges Chaos herrschen: Meiner Meinung nach darf es in industriellen Betrieben auch gar nicht anders sein. Die Leute sind dazu da, um gegen einen möglichst hohen Lohn eine möglichst grosse Menge Arbeit zu schaffen.»[632] Neben der Arbeit gibt es keinen Platz für andere Inhalte. «Persönliche Fühlungnahme gibt es bei uns kaum ... eine Fabrik ist schliesslich kein Salon. Wir bemühen uns gerecht zu sein, und wenn das Händeschütteln auch nicht sehr beliebt ist – shakehand gentlemen von Beruf stellen wir nicht ein –, so suchen wir doch nach Möglichkeit Gehässigkeiten auszuschliessen.»[633] Am Rande erwähnt Henry Ford auch Kritiker. «Salonexperten» hätten ihn darauf hingewiesen, dass repetitive Arbeit «auf Körper und Seele zerstörend wirke», das sei aber durch keine Untersuchung bestätigt.[634]

Herny Ford engagierte «niemals einen Sachverständigen. Ebenso muss jeder auf der untersten Arbeitsstufe anfangen – bisherige Erfahrungen gelten bei uns nichts.»[635] Er war der Auffassung, dass in jedem Menschen etwas Gutes stecke, wenn man ihm nur Gelegenheit zur Entfaltung gebe. Deshalb würde nie nach der Vorgeschichte eines Arbeitsuchers gefragt. «... ob er nun von Harvard oder von Sing-Sing kommt, gilt uns gleich.»[636] Besonders intensiv beschäftigt sich Ford mit dem Lohn. «Keine Frage ist so wichtig wie die Lohnfrage ... In sämtlichen Fordbetrieben haben wir einen Mindestlohn von sechs Dollar pro Tag eingeführt.»[637] Das Verhältnis zwischen Arbeit und Kapital sieht Ford als Partnerschaft. «Beide sind unentbehrlich. Wenn der eine sich vordrängt, muss der andere – und schliesslich jeder Teil – drunter leiden. Es ist kompletter Unsinn, wenn Kapital und Arbeit sich als getrennte Parteien betrachten. ... Es müsste der Ehrgeiz eines jeden Arbeitgebers sein, höhere Löhne zu zahlen als seine sämtlichen Konkurrenten ...»[638] Der Absatz von Ford hänge von der Kaufkraft ab. Und die sei «bis zu einem gewissen Grad von den Löhnen, die wir zahlen, abhängig ... Hohe Löhne aller Orten sind gleichbedeutend mit allgemeinem Wohlstand, vorausgesetzt natürlich, dass die hohen Löhne eine Folge erhöhter Produktivität sind.»[639] Die Gewinne von Ford würden beweisen, dass trotz anständiger Löhne und einer Prämienzahlung «hohe Löhne das Einträglichste aller Geschäftsprinzipien sind».[640] Von einer «Lebensführungsprämie» ist Ford allerdings wieder abgekommen, weil sie zu einer «gewissen patriarchalischen Bevormundung» führe.[641]

Gegenüber der wirtschaftlichen Entwicklung bewahrte Ford eine fatalistische Haltung. «Im Geschäftsleben herrscht immer ‹Hausse oder Baisse› ...»[642] Deshalb sei es integraler Bestandteil des Geschäftens, «gelegentlich auch Geld zu verlieren».[643] Auch in den wirtschaftlich schwierigen Zeiten sollte aber der Lohn nie gedrückt werden, das sei «die leichteste und gleichzeitig die liederlichste Art, um einer schwierigen Situation Herr zu werden, von der Inhumanität ganz zu schweigen. In Wahrheit heisst das, die Unfähigkeit der Geschäftsführung auf die Arbeiter abwälzen. Wenn wir nur klar sehen wollen, so müssen wir erkennen, dass jede Depression auf dem Wirtschaftsmarkt einen Ansporn für den Produzenten bedeutet, mehr Gehirn in sein Geschäft zu stecken!»[644]

«Mehr Gehirn ins Geschäft stecken», das bedeutete für Henry Ford, unablässig an der Verbesserung der Produktivität zu arbeiten. Zu diesem Zweck verfolgte er zwei Initiativen. Einerseits kämpfte er gegen jede Verschwendung. «Mein Ziel war, mit einem Minimum von Verschwendung sowohl an Material wie an Menschenkraft zu produzieren und mit einem Minimum an Gewinn zu verkaufen ...»[645] Deshalb wandte er sich entschieden gegen «prunkhafte Baulichkeit als Symbol unserer Erfolge», um zu vermeiden, dass sich bei einem solchen Anblick «der Verdacht regt, dass ein Überfluss an Verwaltung vorhanden ist».[646] Man müsse regelmässig einen «Hausputz» durchführen, um beispielsweise das Büropersonal zurückstutzen zu können.[647]

Ferner war er ein vehementer Verfechter eines permanenten Lernprozesses und der festen Überzeugung, «dass sich dieselbe Sache das zweite Mal besser verrichten lässt als das erste Mal».[648] In diesen kontinuierlichen Verbesserungsprozess waren alle Mitarbeitenden mit einbezogen. «Es vergeht kaum eine Woche, dass nicht irgendein Fortschritt an den Maschinen oder in dem Produktionsverfahren gemeldet wird ... Dieses ständige Vorwärtsstreben und -denken erzeugt Glauben und Selbstvertrauen, so dass man allmählich nichts für unmöglich hält.»[649] Bei Ford gibt man sich nie zufrieden. «Wir glauben, dass sich alles besser machen lässt und dass wir es schliesslich besser machen werden.»[650] Eine wichtige Rolle bei der kontinuierlichen Verbesserung spielen Misserfolge. Diese «bieten nur Gelegenheit, um von neuem und klüger anzufangen. Ein ehrlicher Misserfolg ist keine Schande. Furcht vor Misserfolgen dagegen ist eine Schande.»[651]

Mit seinen Ideen über die Organisation der Produktion war Ford seiner Zeit weit voraus. «Die sparsamste aller Produktionsmethoden wird in Zukunft die sein, bei der die Gesamtartikel nicht mehr unter ein und demselben Dach hergestellt werden.»[652] Das Transportwesen müsse so organisiert werden, dass eine gleichmässige Materialzufuhr gesichert werde, «dann wäre es überhaupt unnötig, sich mit einem Lager zu belasten».[653] Mehr als ein halbes Jahrhundert später verkaufte man Just in Time, Lean Production, KVP und Kaizen als grosse Neuerungen.

Für geleistete Arbeit Lob und Anerkennung auszusprechen, hielt Ford für problematisch. Das erzeuge einen Typus Mensch, «der von der Überzeugung ausgeht, dass sein Vorwärtskommen davon abhängt, dass er sich mit dem Chef gut stellt».[654] Das fördere nur Strebertum und Schmeichelei, was er verabscheue. Entscheidend sei nur die Arbeit, «unsere besten Leute schaffen sich ihre Stellen selbst».[655] Wer sich auf seine Arbeit konzentriere und glaubt, dass sich alles besser machen liesse, der werde weiterkommen. «Die Beförderung ist auch mit keinerlei Formalitäten verknüpft; der Betreffende befindet sich plötzlich bei einer anderen Arbeit und bezieht ein anderes Gehalt.»[656] Allerdings, meinte Ford, seien «kaum mehr als fünf Prozent all derer, die um Lohn arbeiten, ... gleichzeitig bereit, die mit einer Lohnerhöhung verbundene erhöhte Verantwortlichkeit und Arbeitsmenge auf sich zu nehmen».[657] Deshalb bestehe die Hauptschwierigkeit «nicht darin, die Beförderungsberechtigten, sondern die Beförderungswilligen herauszufinden».[658]

Titel bedeuten bei Ford nichts. «Ein Titel kommt nicht selten einem Abzeichen gleich mit dem Wahlspruch: ‹Inhaber dieses hat nichts anderes zu tun, als sich selbst für bedeutend und alle übrigen für minderwertig zu halten.› ... Stösst man einmal auf einen wirklichen Führer, der zugleich Inhaber eines Titels ist, so wird man sich bei jemand anderem nach seinem Titel erkundigen müssen. Er selber trägt ihn nicht zur Schau.»[659] Besonders müsse man sich vor «Organisationsgenies» hüten. Die würden sich bloss darauf kaprizieren, riesige «Schemas... nach Art der Familienstammbäume» zu schaffen. Auch müsse man verhindern, zu viel Energie für die Aufrechterhaltung der Harmonie in einer Unternehmung zu verschwenden. «Die sozialen Verhältnisse werden nicht durch schöne Worte geschaffen.»[660] Das «allmächtige, einigende Prinzip» sei «ein gemeinsames

Ziel, an das man ehrlich glaubt und das man aufrichtig zu erreichen wünscht».[661] Erfolg hingegen, dieses Wort möchte er lieber vermeiden, da «es etwas nach Grabinschrift riecht».[662]

Henry Ford befasste sich intensiv mit der Stellung der Unternehmung in der Gesellschaft. Ein Geschäftsmann müsse die Interessen des Gemeinwesens im Auge haben. Die Gewinne der Unternehmen gehörten drei Parteien: dem Unternehmen, den Arbeitern und der Allgemeinheit.[663] Gar nichts hielt er vom Shareholder-Value. «Ich habe von jeher darauf bestanden, nur kleine Dividenden auszuteilen ... Ich betrachte jeden, einen gewissen niedrigen Prozentsatz übersteigenden Gewinn als mehr dem Geschäft als den Aktionären gehörig. Aktionäre dürfen meiner Ansicht nach nur Leute sein, die selbst im Geschäft tätig sind und das Unternehmen als ein Instrument der Dienstleistung und nicht als eine Geldmaschine betrachten.»[664] Als Ford einmal unerwartet hohe Gewinne erzielte, wurden jedem Käufer eines Wagens 50 Dollar zurückbezahlt.[665] Ford verabscheute Geschäftsleute, die nach dem Wahlspruch «Erraffe, was du erraffen kannst»[666] agierten. Von der «kleinlichen Art destruktiver Konkurrenz»[667] müsse man sich befreien. Anhäufung von Reichtum bringe keinen Vorteil. Er schreibt: «Wir sind dabei, über die Abgötterei des Besitzes hinauszuwachsen. Reichtum hat aufgehört eine Auszeichnung zu sein.»[668] Da allerdings hat sich Henry Ford gründlich getäuscht.

Auch mit dem Finanzsystem setzte er sich kritisch auseinander. «Der richtige Ort, um ein industrielles Unternehmen zu finanzieren, ist die Fabrik, nicht die Bank. Damit will ich nicht sagen, dass ein Geschäftsmann nichts von Finanzen verstehen soll. Es ist aber besser, er versteht zu wenig als zu viel davon, denn wenn er zu viel von Finanzfragen versteht, wird er leicht der Versuchung unterliegen, zu glauben, dass es besser sei, Geld zu borgen, als Geld zu verdienen.»[669] Er sei nicht grundsätzlich gegen die Banken, aber gegen «den Versuch, Geldanleihen an Stelle der Arbeit zu setzten».[670] Tatsache sei aber, dass die Banken in der Industrie oft eine unselige Rolle spielten. Ihre Macht sei zu gross geworden. Seine Attacken gegen die Banken trugen ihm den Vorwurf des Antisemitismus ein. Dazu meinte er, die Zeit werde beweisen, dass er «ein besserer Freund der Juden» sei als «alle die, die sie ins Gesicht loben und hinterrücks angreifen».[671]

Nachdem er sich ein erstes Mal aus der Leitung seiner Firma zurückgezogen hatte, entwickelte er Aktivitäten, die ihn in gefährliche Nähe zum braunen Gedankengut brachten. In Hitlers Arbeitszimmer soll ein Bild Henry Fords gehangen haben. Der britische Historiker Ian Kershaw meint, dass die deutsche Rüstungsindustrie bis ans Kriegsende «wahre Wunder» vollbracht habe.[672] Das ist mit hoher Wahrscheinlichkeit auch auf eine Organisation der Produktion nach den Prinzipien Taylors und Fords zurückzuführen.

6.3 Lee Iacocca

Lee Iacocca (geb. 1924), Sohn italienischer Einwanderer in die USA, studierte Ingenieurwesen und besuchte auch volks- und betriebswirtschaftliche Veranstaltungen. Er promovierte in Princeton, wo er einmal eine Vorlesung von Einstein hörte. 1946 trat er als Praktikant bei Ford ein. Dort machte er die «Ochsentour»[673] durch viele Abteilungen. 1964 wurde er Leiter der Ford Division. Sein erstes grosses Projekt war die Entwicklung des Mustang. Das Auto wurde zu einem der grössten Erfolge. Weder der Chervrolet Corvair noch der Plymouth Barracuda, beide zur selben Zeit auf den Markt gebracht, hatten auch nur annähernd gleiche Verkaufszahlen. Der Mustang hält noch heute den US-Rekord der Verkäufe im ersten Modelljahr. Erstmals konnte man sich seinen Wagen selbst gestalten: mit einem zahmen 6- oder klassischen V8-Zylinder mit einem ganzen Katalog von Extras.[674] Steve McQueen machte den Mustang mit seiner Verfolgungsjagd in *Bullit* endgültig zum Kultauto. 1970–1978 war Iacocca Präsident der Ford Motor Company, allerdings unter der «absoluten Herrschaft» von Henry Ford II.[675] Seine Entlassung durch den Diktator war ein traumatisches Erlebnis. Am 2. November 1978 fanden sich in der *Detroit Free Press* zwei grosse Schlagzeilen: «Chrysler-Verluste schlimmer den je» und «Lee Iacocca übernimmt Chrysler».[676] Kaum bei Chrysler, entliess Iacocca 33 der 35 Vizepräsidenten und schloss mehrere Fabriken.[677] «Wir sparten Geld, wo immer wir nur konnten.»[678] Er lancierte das K-Car-Konzept (K steht für kompakt), ein Baukastensystem, das heute als Plattformsystem in der Automobilindustrie weitverbreitet ist. Damit brachte er

Chrysler wieder auf den Gewinnpfad. 1984 lancierte Chrysler mit dem Voyager den ersten Minivan (zeitgleich mit dem Renault Espace). Iacocca galt in den 1980er-Jahren als einer der weltbesten Manager und figuriert noch heute auf der Liste der 20 besten «CEOs ever». Seine Biografie wurde zu einem so grossen Erfolg, dass er vom «Mythos um meine Wenigkeit» sprach.[679]

Zu Beginn seiner Zeit bei Ford war er einem Gebietsleiter unterstellt, der sein Mentor wurde und der «einen grösseren Einfluss auf mein Leben ausüben sollte als jeder andere Mensch ...».[680] Hinter seiner Beschreibung dieses Mannes erkennt man Iacoccas Führungsideal: «... ein Mann, für den man bereit war, eine Anhöhe zu stürmen, obwohl man sehr gut wusste, dass es einen Kopf und Kragen kosten konnte».[681] Iacocca lernte, dass die Menschen im Topmanagement der Schlüssel zum Erfolg sind. Oder das Gegenteil: Jeder inkompetente Manager zieht einen zweiten nach.[682] Er suchte «emsige Bienen. Das sind die Jungs, die versuchen mehr zu tun, als von ihnen erwartet wird.»[683] Menschen mit besonderem Drive seien entscheidend. «Man braucht nicht viele ... Bei Chrysler habe ich etwa ein Dutzend.»[684] Seine erste Priorität, als er bei Chrysler als Sanierer startete, war, dieses Dutzend zu finden.

Für die Beurteilung seiner Führungskräfte entwickelte er ein einfaches System. Sie mussten alle drei Monate drei Fragen schriftlich beantworten: «Welche Ziele haben Sie für die nächsten drei Monate? Welche Pläne, welche Prioritäten, welche Hoffnungen? Und was denken Sie zu tun, um sie zu realisieren?»[685] Auf dieser Basis fanden die Führungsgespräche statt. Für die Qualität einer guten Führungskraft sei schliesslich einzig und allein die Tatkraft entscheidend.[686]

Ein heisses Thema sei die Frage der Delegation. Die Harvard Business School sage «Delegieren», «also tun es die Leute pflichtschuldigst. Aber zu viele kümmern sich nachher überhaupt nicht mehr um die Leute, an die sie delegiert haben.»[687] Wenn man jemandem eine Aufgabe übertrage, so müsse man ihn «im Auge behalten, fast wie ein Detektiv».[688] Problematisch seien «loyal veranlagte Menschen», die gegenüber ihren Leuten Sentimentalität entwickelten. Das seien «miserable Führungskräfte».[689]

Eines seiner wichtigsten Führungsinstrumente sei die «Skip-Technik» gewesen. Dabei überspringe man eine oder mehrere Managementetagen

6. Führung in der Wirtschaft

und spreche mit jemandem, «von dem man normalerweise nichts hören würde. Kurzum, der Vorstandsvorsitzende plaudert mit einem, der mehrere Stockwerke tiefer sitzt.»[690] Er sei überzeugt, dass in jedem Menschen ein genialer Funken stecke.[691] Allerdings habe er immer wieder versucht, «Leute über einundzwanzig zu verändern, und ich glaube, es ist mir kein einziges Mal gelungen».[692]

Ein Kapitel widmete Iacocca den «Erbsenzählern».[693] So nannte er die Finanzleute, die Henry Ford II. zu Dutzenden anstellte. «Ihrem ganzen Charakter nach sind Finanzanalytiker in der Regel defensiv, konservativ und pessimistisch.[694] Sie seien zwar durchaus wichtig, sonst drohe der Bankrott. Wenn sie aber zu stark würden, reagiere die Firma nicht mehr auf den Markt. Zu dieser Kategorie zählte er auch Robert McNamara, der kurzzeitig Ford-Präsident war, bevor ihn Präsident Kennedy zum Verteidigungsminister machte. McNamara sei allerdings anders gewesen, mit einem «phänomenalen IQ ... ein geistiger Riese».[695] Vor allem hätte er von ihm gelernt, «nie eine wichtige Entscheidung zu treffen, ohne wenigstens die Wahl zwischen Vanille und Schokolade zu haben. Und wenn mehr als hundert Millionen Dollar auf dem Spiel stehen, sei zu empfehlen, auch noch Erdbeer zur Auswahl zu haben.»[696] Bis zum Augenblick einer Entscheidung, schreibt Iacocca, sei er immer demokratisch vorgegangen. «Dann übernahm ich das Kommando.»[697] Oft habe er sich bei Entscheidungen auch von der Intuition oder seinen Instinkten leiten lassen.[698]

Während seiner langen Berufszeit tauchte ein Begriff auf, der die Unternehmerwelt im Sturm eroberte: Marketing. Iacocca bezeichnete sich denn auch als Marketingmann mit Fokus auf den Markt und einem Gespür für die emotionalen Bedürfnisse der Kunden.[699] Während seiner Zeit bei Ford sank das Durchschnittsalter der Bevölkerung. Iacocca wollte ein Auto entwickeln, das auf diese Zielgruppe abgestimmt war: «fabelhaftes Styling, starke Leistung, niedriger Preis».[700] Er legte Wert auf starkes Design mit einer langen Motorhaube und einem kurzen Heck und setzte ein klares Preislimit. Er brachte sich überall ein, auch bei der Namensgebung. «Der Mustang sollte ein unglaublicher Renner werden.»[701] Er erschien gleichzeitig auf den Titelseiten von *Time* und *Newsweek*. Während seines späteren Engagements bei Chrysler trat er selber in der Werbung auf. In einer dieser Kampagnen zeigt er mit dem Zeigfinger auf die Kamera und sagt: «Wenn Sie ein besseres Auto finden – kaufen Sie's.» Mit Stolz wies er darauf hin, dass dieser Spruch von ihm selber stammte.[702] Nicht zuletzt wegen dieser Werbespots wurde Iacocca zu einem der prominentesten Menschen der USA.

Iacocca hatte «nie irgendwelche Skrupel gehabt, ein hohes Gehalt zu beziehen».[703] Als er die Führung von Chrysler übernommen hatte, begriff er, dass die Lage noch viel kritischer war, als er erwartet hatte. Da setzte er sein Gehalt auf einen Dollar pro Jahr fest. Das hatte die erhoffte Signalwirkung. «Mir ist bewusst geworden, dass die Leute bereit sind, grosse Opfer auf sich zu nehmen, solange sie alle gemeinsam in der Klemme stecken. Wenn alle gemeinsam betroffen sind, kann man Berge versetzen. … Ich nenne das die gleiche Opferbereitschaft aller Beteiligten.»[704] Die Gehälter der leitenden Angestellten wurden um bis zu 10 Prozent gekürzt. Dann setzte er die Gewerkschaften unter Druck: «Ich habe Tausende von Arbeitsplätzen für 17 Dollar Stundenlohn, aber keinen einzigen für 20 Dollar.»[705] Und er konnte tatsächlich grosse Zugeständnisse erringen. Seine Achtung von den Gewerkschaften war dabei so gross geworden, dass er einen Gewerkschaftsführer in den Aufsichtsrat wählen liess. Das war für die USA ein Novum und trug ihm wütende Kommentare ein.[706]

In der Chrysler-Krise hatte Lee Iacocca noch eine Lektion gelernt: Wenn man am Abgrund steht, kann man keine grossen Untersuchungen mehr durchführen. «Man muss sich die zehn Dinge, die absolut unerlässlich sind, auf einem Blatt Papier notieren. Auf die konzentriert man sich dann. Alles Übrige kann man vergessen.»[707] Sein Krisenmanagement, die neue Produktstrategie und hervorragendes Marketing haben sich ausbezahlt. *Business Week* bildete ihn auf der Titelseite als bestbezahlten Manager der Welt ab: «Wie inzwischen zweifellos der ganze Planet weiss, bekam ich 1986 20,5 Millionen Dollar – wofür man sich eine Menge Gemüse kaufen kann.»[708]

Das wichtigste Managementprinzip Lee Iacoccas war die Einfachheit. So reduziert er alle wirtschaftlichen Vorgänge auf drei Worte: «Menschen, Produkte und Profite.»[709] Sein Vermächtnis sind die «kleinen Managementgebote», die man sich an die Wand pinnen sollte.[710]

1. Nimm immer nur die Besten.
2. Leg dir deine Prioritäten zurecht, und halte dir vor Augen, was du eigentlich willst.
3. Sag's verständlich und mach's kurz.
4. Vergiss nicht, dass das Geld draussen an der Front gemacht wird.
5. Bemiss die Grösse des Spielfelds richtig.
6. Halte dir ein paar Querköpfe.
7. Bleib dran, auch wenn es anders kommt als geplant.
8. Halte dir die Grundregeln vor Augen.

Seine Vorliebe für plakative Grundsätze pflegte Lee Iacocca auch noch im höheren Alter. Unter dem suggestiven Titel *Where Have All the Leaders Gone?* plädiert er 2007 für seine «Nine Cs of Leadership»[711]: Curiosity, Creative, Communicate, Character, Courage, Conviction, Charisma, Competent, Common Sense. Er habe übrigens neun und nicht zehn Grundsätze formuliert, um nicht mit Moses verglichen zu werden.

«Würden Sie von diesem Mann einen Gebrauchtwagen kaufen?» Mit dieser Schlagzeile wurde in den US-Medien auf Iacocca geschossen, nachdem ein Geschworenengericht Anklage gegen Chrysler erhoben hatte und das Justizministerium eine Busse von 120 Millionen Dollar einforderte. Chrysler hatte bei Testfahrten systematisch die Kilometerzähler abgeklemmt und die Wagen als ungefahren verkauft. Einige dieser Fahrzeuge mit Blechschäden bei Testfahrten wurden nach der Reparatur trotzdem als neu verkauft. Iacocca, der über diese Praktiken nicht orientiert war, entschied, alle reparierten Autos zurückzukaufen. Bei den Wagen, bei denen der Tacho abgeklemmt war, sollte die Garantie um zwei Jahre verlängert werden. Das Programm wurde mit Anzeigen in allen Medien bekannt gemacht. Gleichzeitig entschuldigte sich Iacocca persönlich an einer Medienkonferenz. «Ich erklärte, beim Probefahren von Autos den Tachometer abzuklemmen, sei schlicht und einfach ‹blöd›. Und fügte hinzu, der Verkauf von beschädigten Autos sei ‹nicht nur blöd, sondern geradezu idiotisch›. Ich sagte, das sei unverzeihlich und werde nie wieder vorkommen.»[712] Meinungsforscher stellten anschliessend fest, dass die Öffentlichkeit positiv auf das Vorgehen reagierte, «und das schlicht und einfach, weil ich aufstand und erklärte: ‹Ich habe Mist gebaut.› ... In den Nachwehen der ganzen Aufregung sieht es so aus, als ob sich mein Image und das des Unternehmens bei unseren Kunden verbessert hätte.»[713] Zum Verhältnis zu den Medien meinte Iacocca: «Selbst wenn man Sie durch den Fleischwolf gedreht hat, können Sie sich eine übertriebene Paranoia gegenüber der Presse nicht leisten.»[714] Er hätte immer einige schlichte Regeln befolgt und sei deshalb auch fair behandelt worden – «und die Presse hatte doch ihre Geschichte».[715] Am wichtigsten sei, dass man ansprechbar sei, und zwar nicht nur dann, wenn es einem gelegen komme. «Die meisten Spitzenmanager halten ihre Pressekonferenzen am liebsten dann ab, wenn sie vom besten Quartal der Menschheitsgeschichte zu berichten haben. Wenn das Geschäftsquartal miserabel war, buchen sie rechtzeitig eine Reise zum Werk in Helsinki.»[716] Seine wichtigste Regel aber sei: «Ich sage die Wahrheit.»[717] Es sei «Selbstmord, die Karten nicht auf den Tisch zu legen».[718]

Wie Henry Ford setzte sich auch Lee Iacocca mit den Entwicklungen seiner Zeit auseinander. Ein riesiger Anteil der amerikanischen Managementtalente würden bei Übernahmespielen vergeudet. Er sehe nicht, dass bei unfreundlichen Übernahmen Arbeitsplätze geschaffen würden. Dieses «Fusionieren um des Fusionierens willen» sei ausschliesslich von der «Dollar-Wollust» getrieben.[719] Wenn die Übernahmehaie erscheinen, sei das, «wie wenn einer des Nachts daherkommt und dir die Kinder klaut».[720] Es sei daher seine unumstössliche Regel, keine feindselige Übernahme vorzunehmen.[721] Wie Ford macht auch Iacocca keinen Hehl aus seiner Abneigung gegen die Wall Street. «Woher kommt es, dass es begabte Männer und Frauen nicht zur Industrie zieht, sondern sie scharenweise zur Wall Street streben? ... Viele unserer besten Leute werden vom Sirenengesang der an der Wall Street zu machenden Vermögen korrumpiert. Die Beschäftigung bei Investment-Banken und Arbitrage-Firmen ist in den letzten Jahren sprunghaft gestiegen. Versuch mal, auch nur einen davon in die Industrie zu bringen. Sie lachen dich aus.»[722] Man habe die jungen Leute gelehrt, «es sei wesentlich, rasch viel Geld zu verdienen».[723] Präsident Reagan habe eine polarisierte Gesellschaft hinterlassen, mit Harvard-Absolventen, die an der Wall Street gerade ihre zweite Million verdienten, «während ein Mann im gleichen Alter in der Stahlfabrik Feierschichten einlegen muss».[724] Man müsse daher den Kindern wieder beibringen, «dass sie sich diese Mentalität vom schnellen Dollar gründlich abgewöhnen und wieder anfangen, über ihre Nächsten nachzudenken».[725] Da war Herr Iacocca wohl zu optimistisch. Und in Bezug auf sein eigenes Gehalt auch nicht eben bescheiden.

Mit Erstaunen stellt man in den Aufzeichnungen von Iacocca fest, dass der Shareholder-Value noch keine erkennbare Rolle spielt. Die Verantwortung sei nicht, «den Aktienwert noch mal um zwei Scheinchen nach oben zu treiben, damit unsere Dividenden ebenfalls in die Höhe schnellen».[726] Die vornehmste Verpflichtung sei, Arbeitsplätze zu schaffen. Das höre auch nicht auf, wenn Stellen abgebaut werden müssten.[727] Iacocca musste bei Chrysler innerhalb kurzer Zeit 30 Fabriken schliessen. Mit flankierenden Massnahmen versuchte Chrysler, die Folgen für die Menschen, die dadurch ihre Arbeit verloren, zu mildern. Was es aber wirklich brauche, sei ein «nationales Konzept, wie man den Menschen helfen kann, die plötzlich ohne Arbeit dastehen».[728] Eine Unternehmung trage auch soziale Verantwortung. Sie «kann sich nicht darauf beschränken, nur für die eigenen Angestellten zu sorgen. Wenn Unternehmen Teil eines blühenden Gemeinwesens mit gut ausgebildeten Arbeitskräften sein wollen, dann sollen sie mit anpacken und ihren Teil dazu beitragen. Viel zu viele Firmen rühren keinen Finger, wenn nicht ein paar Dollar dabei herausspringen.»[729]

Mit einer Randbemerkung macht sich Lee Iacocca zum Trendsetter. Er erwähnt einen Sachverhalt, der uns auf der Reise durch verschiedene Führungsrealitäten noch nirgends begegnet ist: «In einem haben sich unsere Firma und viel andere Unternehmungen nicht mit Ruhm bekleckert: beim weiblichen Management. ... Die Automobilindustrie ist noch unglaublich macho.»[730] In seinem ersten Buch erwähnt er seine Sekretärin: «Wenn es den systemimmanenten Chauvinismus nicht gäbe, wäre Betty Vizepräsidentin geworden – sie war fähiger als die meisten meiner männlichen Mitarbeiter.»[731] Er lässt es mit diesen Bemerkungen bewenden. Aber immerhin, es ist ein erstes Ritzen an der historisch erdrückenden Maskulinität des Themas.

Den Höhepunkt als Manager erlebte Iacocca im letzten Jahrzehnt des Kalten Kriegs. Die grossen Widersacher der Amerikaner waren die OPEC, der Kreml und Japan.[732] Für Chrysler und ihren damaligen Chef war es vor allem Japan, die «Wirtschaftsmacht Nummer 1 in der Welt», die sich «so gut wie alles leisten» könne.[733] Es war die Zeit, in der japanische Autos den amerikanischen Markt im Sturm nahmen. Iacocca setzt sich eher defensiv mit dieser Herausforderung auseinander. Eine der zentralen Fragen im Management sei das «Konsens-Management» im Gegensatz zur «willkürlichen Ein-Mann-Herrschaft».[734] Er spricht vom «grossen Rummel ums Konsens-Management» und von den «Bewunderer[n] des japanischen Managementstils».[735] Das Konsens-Management sei viel zu langsam. Ein echtes Verantwortungsgefühl und Flexibilität könne es damit nicht geben. Fast etwas missmutig gesteht er ein, dass die Japaner ihre Arbeiter stark in die Prozesse einbeziehen. Ihr Feedback werde ernst genommen, weil die Japaner besser zuhörten als die Amerikaner. Jeder fünfundzwanzigste Japaner sei Ingenieur oder Wissenschaftler und in den USA nur jeder hundertste.[736] Entscheidend für den Erfolg der Japaner sei aber letztlich der schwache Yen[737] (s. 1, 6.5).

Iacocca hatte «Autos im Blut».[738] Er war der Meinung, dass ein starker Bezug zum Produkt das entscheidende Qualifikationsmerkmal sei. Chrysler sei von Männern geführt worden, «denen das Autogeschäft nicht wirklich am Herzen lag».[739] Das sei der zentrale Grund für das Desaster von Chrysler gewesen. Deshalb kommt er zum Schuss: «Ich habe mich nie mit der Idee anfreunden können, dass alle beruflichen Qualifikationen austauschbar sind und dass der Präsident von Ford genauso gut jedes andere grosse Unternehmen führen könnte.»[740] Ein guter Saxofonspieler wechsle ja auch nicht ans Klavier, nur weil er ein guter Musiker sei.

6.4 Jack Welch

Jack Welch (geb. 1935) ist der Sohn eines irischstämmigen Eisenbahnschaffners. An der University of Massachusetts studierte er technische Chemie und promovierte als Chemieingenieur. 1960 trat er in die General Electric ein, wo er in einem neuen Chemiebereich eingesetzt wurde. Die General Electric (GE) war 1890 durch den Erfinder Thomas Alva Edison gegründet worden. GE ist das einzige der zwölf im 1896 eingeführten

Dow-Jones-Index gelisteten Unternehmen, das sich bis heute im Index gehalten hat. GE ist nicht nur in dieser Hinsicht einzigartig. Zur Zeit der Niederschrift dieses Textes ist erst der neunte Chairman und CEO im Amt. Kaum eine andere Unternehmung von Weltrang weist eine derartige Kontinuität in der Besetzung ihrer Topposition auf.

Jack Welch war erst ein Jahr in der Firma, als er bemerkte, dass er dieselbe Lohnerhöhung wie seine Bürokollegen erhalten hatte. Er ärgerte sich dermassen über diese Gleichmacherei, dass er kündigte. Einem seiner Vorgesetzten war aber aufgefallen, dass Welch mehr leistete, als erwartet wurde. Er lud ihn zu einem Abendessen ein und konnte ihn zum Bleiben bewegen. Zwei Jahre später «jagte ich eine Fabrik in die Luft».[741] Die Pilotanlage für die Entwicklung eines neuen Kunststoffes explodierte. «Die Verantwortung lag eindeutig bei mir.»[742] Sein Chef reagierte auf den Unfall «geradezu sokratisch. Er wollte vor allem wissen, was ich aus der Explosion gelernt hatte.»[743] Er hatte etwas gelernt, denn der neue Kunststoff entwickelte sich zu einem Blockbuster. Jack Welch wurde zum General Manager des Kunststoffbereichs befördert. Mit 32 Jahren war er der jüngste General Manager des Unternehmens. Fünf Jahre später gelang ihm der nächste grosse Sprung. Als Bereichsgruppenleiter übernahm er die Verantwortung für Chemie, Metallurgie, medizinische Systeme, Gerätebauteile und elektronische Bauteile. 1977 wechselte er als Sektorenleiter für den Konsumgütersektor in die Konzernzentrale. Am 1. April 1981 hatte er als Chairman und CEO die oberste Stufe von GE erklommen. Der Umsatz des Unternehmens betrug damals 27 Milliarden Dollar.

Wenig später skizzierte er seine Vorstellung über die Zukunft von GE auf eine Serviette. Drei Kreise für die Bereiche Services, High Technology und Core mit den entsprechenden Geschäftsbereichen. Daneben die nicht direkt zuteilbaren Geschäftsbereiche. Oben die Zahl eins und zwei: Jeder Geschäftsbereich sollte im weltweiten Wettbewerb auf Rang eins oder zwei stehen. Die Inspiration zu diesen Zielen stammt von Peter Drucker. «Falls es je einen wirklichen Managementweisen gegeben hat, so ist es Peter Drucker. ... Das klare Ziel, überall Nummer eins oder zwei zu werden, formulierte ich in Reaktion auf einige harte Fragen, die Drucker stellte: ‹Würden Sie heute in dieser Branche tätig werden, wenn Sie nicht bereits dort aktiv wären?› Und wenn die Antwort nein war: ‹Was werden

Sie tun?›.»[744] Die Antwort von Welch ist berühmt geworden: «Fix it, sell it ore close ist.»[745]

Diese Strategie wurde rigoros umgesetzt. «Die Wahrheit war, dass wir das erste gesunde und rentable Grossunternehmen in der herkömmlichen Industrie waren, das Massnahmen ergriff, um seine Wettbewerbsfähigkeit zu erhöhen.»[746] Es blieb nicht bei Deklarationen. «Innerhalb von fünf Jahren musste jeder vierte Mitarbeiter das Unternehmen verlassen. Alles in allem waren dies 118 000 Menschen, darunter 37 000 Mitarbeiter von Unternehmungsbereichen, die verkauft wurden.»[747] Welch erhielt den Übernamen «Neutronen-Jack», weil er Menschen auslösche, die Gebäude aber stehen liesse. 1984 wurde er von *Fortune* zum «härtesten Boss Amerikas» erkoren. Unter seiner 20-jährigen Führung wurden grosse Firmenübernahmen getätigt. 1985 erwarb GE die RCA mit dem Fernsehsender NBC, der als eigenständiges Unternehmen weitergeführt wurde. 1986 wurde die Investmentbank Kidder Peabody gekauft, was sich als Desaster erwies. Der Nachfolger von Jack Welch war schon bestimmt, er selber auf dem Absprung, als GE einen Vertrag für die Übernahme von Honeywell International abschloss. Damit sollte der Umsatz des Industriebereichs von GE verdoppelt werden. Trotz mehrfacher persönlicher Interventionen beim EU-Kommissar für Wettbewerb, Mario Monti, konnte Jack Welch nicht verhindern, dass die EU-Kommission die Übernahme blockierte. 1999 kürte *Fortune* Jack Welch zum «Manager des Jahrhunderts».

Als Welch im September 2001 von der Leitung von GE zurücktrat, hatte sich der Umsatz auf 130 Milliarden Dollar erhöht, der Jahresgewinn war mit 12,7 Millionen um den Faktor sieben grösser als bei seinem Amtsantritt. Diese Entwicklung hat sich auch für Jack Welch gelohnt. Sein Privatvermögen wird auf über 700 Millionen Dollar geschätzt.

Jack Welch verfügte über ein erstaunliches Antizipationsvermögen. Die rigorosen Massnahmen zur Erhöung der Wettbewerbsfähigkeit wurden umgesetzt, als noch der Kalte Krieg herrschte und die Globalisierung, welche die Intensität des Wettbewerbs sprunghaft ansteigen liess, noch nicht absehbar war. Sein Zukunftsmodell der GE war so einfach, dass es auf einer Serviette skizziert werden konnte. «Das Schaubild zeigte tatsächlich Wirkung. Endlich hatte ich jenes einfache konzeptionelle Werkzeug gefunden, das ich gebraucht hatte, um die Vision zu vermitteln und umzusetzen.»[748] Auch später hat er seine Vorstellungen und Konzepte immer wieder mit selber gezeichneten Schaubildern illustriert. «Ein komplexes Problem auf ein einfaches Diagramm zu reduzieren, ist ein faszinierender Prozess.»[749] Die Botschaften hat er unablässig repetiert. «Wie jedes Ziel, das wir uns steckten, wiederholte ich auch das Konzept des ersten und zweiten Ranges so lange, bis mir die Worte fast zum Hals heraushingen.»[750] Um neue Ideen zu verbreiten, «betätigte ich mich als Geschichtenerzähler».[751] Er verbrachte mindestens ein Drittel seiner Zeit in den Betrieben von GE. «Mein Grundsatz lautete: In der Zentrale wird nichts hergestellt oder verkauft.»[752]

Als junger Ingenieur lernte Jack Welch die Dynamik relativ kleiner Einheiten mit grosser Autonomie schätzen. Ebenso wichtig war, dass hinter dieser Einheit die Finanzkraft der GE stand. 1964 genehmigte der Vorstand von GE eine Investition von 10 Millionen Dollar, damals eine gewaltige Summe, um just den Kunststoff zur Marktreife zu führen, der die Explosion in der Pilotanlage verursacht hatte. Diese Erfahrungen haben dazu geführt, dass Jack Welch eine klare Vorstellung über die ideale GE-Kultur hatte: «... in einem Grosskonzern die unmittelbare Atmosphäre des Lebensmittelladens um die Ecke zu schaffen».[753] Er legte Wert auf eine informelle Atmosphäre, in der jeder Einzelne zur Geltung kam.[754] Entscheidend für eine Kultur sei das Selbstbewusstsein. Dabei müsse man sich aber bewusst sein, dass Arroganz und Selbstbewusstsein sehr nahe beieinander lägen.[755] An Selbstbewusstsein mangelte es Welch nicht. Das zweite Kapitel seiner Biografie trägt den programmatischen Titel «Ich will nicht dem Fussvolk angehören».[756] «Mitte der 70er Jahre begann ich über die Möglichkeit nachzudenken, eines Tages dieses Unternehmen zu führen», schreibt Welch weiter vorne.[757]

Zu Beginn seiner Tätigkeit als Chairman und CEO hatte er ein klares Ziel: Er wollte der Unternehmung einen anderen «Geist» vermitteln. (Das Wort «Kultur» wurde damals noch nicht verwendet.)[758] Die Herausforderung war, «mehr Output mit weniger Input zu erzeugen».[759] Ein weiterer zentraler Punkt war die Schnelligkeit. Als er in den Ruhestand gegangen sei, habe er bedauert, dass er in vielen Fällen nicht schnell genug gehandelt habe.[760] Von Unternehmen mit lebenslanger Beschäftigungsgarantie hielt er nichts. «Ein Unternehmen, das glaubt, sichere Arbeitsplätze garantieren zu können, manövriert sich in die Sackgasse.»[761] Die Idee einer lebenslangen Beschäftigung bringe bloss eine «paternalistische, feudale und unklare Loyalität» hervor.[762] Demgegenüber wolle GE eine «lebenslange Beschäftigungsfähigkeit» garantieren.[763] Deshalb greife GE auch nie auf die beim Management beliebten Massnahmen wie Personalkürzungen oder Einfrieren von Löhnen zurück. «Diese Massnahmen unter dem Deckmantel des ‹geteilten Leids› werden von Managern ergriffen, die nicht bereit sind, sich der Wirklichkeit zu stellen.»[764]

Veränderungen könne man nicht mit Slogans oder Reden herbeiführen. Dazu brauche man die richtigen Leute. «Die Menschen sind entscheidend. Die Strategie und alles andere kommt erst an zweiter Stelle.»[765] In seiner Biografie kommt Jack Welch zum Schluss: «Es waren keine grossartigen Strategien, sondern grossartige Menschen, die unserer Revolution zum Erfolg verhalfen. Wir verbrachten ausserordentlich viel Zeit damit, die besten Mitarbeiter anzuwerben, auszubilden, zu fördern und zu belohnen.»[766] Er lernte früh, dass man nach Menschen suchen müsse, «die von dem leidenschaftlichen Wunsch erfüllt waren, ihre Aufgaben zu bewältigen».[767] Als er erstmals die Chance hatte, ein neues Team zusammenzustellen, fand er «eine Reihe intelligenter, kenntnisreicher und hartgesottener Leute mit einander ergänzenden Fähigkeiten ...».[768] Leute, die dem nicht entsprachen, sollten nicht «mitgeschleppt» werden.[769] Jack Welch begriff die GE primär als «Menschenfabrik».[770] «Tatsächlich dreht sich bei GE alles darum, herausragende Mitarbeiter zu finden und aufzubauen.»[771] Dabei wurde auf eine Methode gesetzt, die auf der «Vitalitätskurve»[772] beruhte. Mit diesem Instrument wurden die Bereichsleiter gezwungen, ihre Führungsteams zu differenzieren. «Sie mussten erklären, welche ihrer Manager sie zu den besten 20 Prozent zählten, welche den 70 Prozent der ‹vitalen Mitte› angehörten und welche sie zu den schlechtesten zehn Prozent einstuften. ... A-Player besitzen die ‹vier E der Führung›: Sie haben sehr viel *Energie (energy)*, sind imstande, andere mit Blick auf gemeinsame Ziele zu *energetisieren (energize)*, besitzen die *Entschlossenheit (edge)*, schwierige Entscheidungen zu fällen, und sind in der Lage, *Ergebnisse* zu liefern *(execute)*. ... In meinen Augen werden die vier Es durch ein L zusammengehalten – durch die *Leidenschaft*.»[773] Die 10 Prozent C-Player wurden systematisch aussortiert. In diesen Prozess gab sich Welch selber stark ein. Er verbrachte in jedem Unternehmungsbereich zehn bis zwölf Stunden intensiver Diskussion über die Stärken und Schwächen der Führungskräfte.[774] Die Beurteilung erfolgte nach klaren Regeln, die «keine makellosen Ergebnisse»[775] erlaubten. Amüsiert nimmt man zur Kenntnis, dass übermässiger Ehrgeiz negativ vermerkt wurde. «Wir mögen es nicht, wenn Mitarbeiter mehr über ihre nächste Aufgabe als jene nachdenken, der sie gegenwärtig nachgehen.»[776] Da hatte Jack Welch aber Glück, dass nicht schon sein Vorgänger nach diesen Regeln gearbeitet hat.

Ein wesentlicher Bestandteil seines Förderprogramms für Führungskräfte war das Entlohnungssystem. Bereits vor seiner Zeit als Chairman und CEO war die Ausgabe von Aktienoptionen Teil des Salärsystems. Diese Optionen hatten allerdings keinen grossen Wert. Welch betont, dass er als «Neutronen-Jack» den Wert der Optionen innert vier Jahren mehr als verachtfacht habe.[777] Mit dem verunglückten Kauf der Investmentbank Kidder gewann er Einsicht in die Bonuszahlungen der Wall Street. «Zu dieser Zeit [1986] betrug der gesamte Bonuspool von GE bei einem Gewinn von vier Milliarden Dollar knapp 100 Millionen Dollar jährlich. Kidder schüttete Bonusse in Höhe von 140 Millionen aus, während sein Gewinn nur ein Zwanzigstel von GE ausmachte. ... Wo Gott uns hin stellt, hängt nicht von uns ab. Auf keinen Ort trifft das mehr zu als auf die Wall Street. Nirgendwo sonst gibt es mehr mittelmässige Menschen, die enorm viel Geld verdienen. ... Die Wall Street ist vermutlich der einzige Ort auf der Erde, wo eine Gehaltserhöhung von 100 000 Dollar als Trinkgeld betrachtet wird. Wenn jemand bei Kidder einen Scheck über zehn Millionen Dollar erhielt, sagte er: ‹Zehn? Bei der Konkurrenz hat gerade jemand zwölf bekommen.› Das Wort ‹Danke› war dort nicht gebräuchlich.»[778] Auf sich selber bezogen, meint Welch, die Bezahlung sei gut gewesen, «doch der wirkliche Lohn ist die Freude an der Arbeit».[779] Über seine eigene Masslosigkeit schweigt er in seiner Biografie. In einem Pensionsvertrag hatte Welch sich neben einer jährlichen Zahlung von 9 Millionen US-Dollar die freie Nutzung eines Firmenflugzeugs, einer VIP-Box bei den Baseballspielen der Boston Red Sox, ein Appartement im Trump Tower und freies Speisen in einem Nobelrestaurant zusichern lassen. Erst nach massiver Kritik verzichtete er auf diese Vergünstigungen.

Eine wichtige Rolle in der Weiterbildung der Führungskräfte spielte das Schulungszentrum in Crotonville. Welch «verbrachte aussergewöhnlich viel Zeit dort».[780] Ein- bis zweimal pro Monat unterrichtete er bis zu vier Stunden. «Im Lauf von 21 Jahren hatte ich Gelegenheit, persönlich zu fast 18 000 Managern von GE zu sprechen.»[781] Crotonville wurde direkt mit dem Lernprozess in der gesamten Unternehmung verknüpft. Oft waren es Aussenstehende, die den Anstoss zu neuen Perspektiven gaben. So stellte ein Oberst der US Army die Frage, ob die Strategie des ersten und zweiten Ranges GE nicht daran hindern würde, Wachstumschancen zu nutzen. Man könne ja die Märkte immer so eng definieren, dass es möglich sei, die ersten Plätze zu halten. Diese kritische Bemerkung und die Offenheit der Führungskräfte von GE führten zu einer Neudefinition des Marktanteils. Die Märkte wurden nun so definiert, dass kein Unternehmungsbereich einen Marktanteil von mehr als 10 Prozent hatte.[782] Der Bereich Energiesysteme zum Beispiel hatte nach der alten Definition einen Anteil von 63 Prozent an einem Marktvolumen von 2,7 Milliarden Dollar. Nach der neuen Definition, welche die gesamte Kraftwerkwartung einschloss, sank der Anteil auf 10 Prozent eines Marktes mit einem Umsatz von 17 Milliarden Dollar. «In den folgenden fünf Jahren verdoppelten wir die Wachstumsraten von GE mit demselben, jedoch von neuer Dynamik erfüllten Portfolio von Geschäftsbereichen.»[783]

Einmischung war ein fundamentales Führungsprinzip von Jack Welch. Hierarchie oder Dienstweg kümmerten ihn dabei nicht. Er nannte das «Spezialeinsätze», und er absolvierte deren Hunderte im Lauf der Jahre. «...ich liebte meine Einsätze, weil ich mich in ein Projekt stürzen, das Unterste zuoberst kehren und leidenschaftliche Diskussionen bewirken konnte.»[784] ‹Probleme wälzen› ist ein Ausdruck, den ich oft verwendete. Ich meinte damit Besprechungen, die oft spontan einberufen wurden, um ein komplexes Problem von allen Seiten zu beleuchten. Mitmachen durften alle, die über nützliches Know-how verfügten. Titel oder Position spielten dabei keine Rolle. ... Das Probleme wälzen war ein demokratischer Prozess.»[785] Als ein Beispiel für einen solchen Spezialeinsatz nennt Welch die Qualität der Röhren, die für Röntgenapparate und CT-Scanner verwendet wurden.[786] Das Ziel war, die Lebensdauer dieser Röhren von 25 000 auf 100 000 Scans zu erhöhen. Innert fünf Jahren wurde die Lebensdauer auf fast 200 000 Scans erhöht. Mit seinen Spezialeinsätzen be-

6. Führung in der Wirtschaft

teiligte sich Welch persönlich am «unablässigen Austausch von Ideen»[787] und hatte seinen Spass daran. «Der Austausch ist ungezügelt, informell und manchmal sehr vergnüglich. Die Wirkung ist gewaltig. Die besten Verfahren und die besten Leute reisen unentwegt durch die Geschäftseinheiten und treiben unsere Tätigkeit voran. Dieses grenzenlose Verhalten hat eine ‹soziale Architektur› geschaffen, die auf unablässigem Lernen beruht.»[788] Dafür setzte er eine «Lenkungsgruppe für Konzerninitiativen ein. Das ist die einzige Stabsabteilung, deren Wachstum ich zuliess.»[789] Eine Konzerninitiative umfasste die ganze Unternehmung. «Ungeachtet des Ursprungs der Initiativen setzte ich mich an ihre Spitze. Ich verfolgte sie mit einer Leidenschaft, die oft an Wahn zu grenzen schien.»[790]

«In den 90er Jahren verfolgten wir vier grosse Initiativen: Die Globalisierung, den Vorstoss in die Dienstleistungen, Six Sigma und das E-Business.»[791] Six Sigma[792] ist das beste Beispiel für die Lernkultur bei GE. Wie Jack Welch zugibt, war er nie ein grosser Anhänger der Qualitätsbewegung. Bei einer Personalumfrage stellte sich jedoch heraus, dass die Qualität vielen Mitarbeitern Sorge machte. Welch lud daher den befreundeten CEO von AlliedSignal in den Corporate Executive Council ein, um über Six-Sigma-Qualität zu sprechen. Die Zahlen sprachen für sich: «Bei den meisten Unternehmen kamen auf eine Million Produktionseinheiten 35 000 fehlerhafte. Auf dem Qualitätsniveau von Six Sigma kamen weniger als *3,4 Fehler* auf eine Million Produktionseinheiten oder Dienstleistungsschritte. Das entspricht einem Perfektionsgrad von 99,99966 Prozent. ... Larrys Vortrag hatte grosse Wirkung auf unsere Leute. Er zeigte ihnen, dass AlliedSignal dank Six Sigma nicht nur ‹ein ruhiges Gewissen› habe, sondern tatsächlich Kosten spare. ... Also entschloss ich mich, Six Sigma einzuführen.»[793] (Dieses «ich» lässt tief blicken. Weiter hinten schreibt Jack Welch: «Die Hierarchie gehört der Vergangenheit an.»[794] Da ist ihm wohl etwas die Phantasie durchgegangen ...) Als Nächstes wurde ein ehemaliger Motorola-Manager für eine detaillierte Präsentation des Six-Sigma-Ansatzes eingeladen. «Er sprang vier Stunden lang aufgeregt von einem Flipchart zum anderen und kritzelte Bögen mit allen möglichen statistischen Formeln voll. Ich hätte nicht sagen können, ob er ein Verrückter oder ein Visionär war. Die meisten Zuhörer, ich eingeschlossen, verstanden nicht viel ...»[795] Jack Welch verwendet 15 Seiten seines Buches für die Darstellung von Six Sigma, inklusive eines seiner handgemalten Schaubilder. Aber auch nach dieser Lektüre fällt es schwer, die Essenz des Ansatzes zu verstehen. Nicht verwunderlich: «Wir brauchten drei Jahre, um Six Sigma zu begreifen.»[796] Eindrücklich ist jedenfalls die Wirkung. «Das erste wichtige Produkt, das unter Verwendung von Six-Sigma-Werkzeugen gestaltet wurde, war ein neues CT-Gerät ... Eine Thoraxtomographie, für die ein herkömmlicher Scanner drei Minuten brauchte, konnte mit diesem neuen Gerät innerhalb von 17 Sekunden vorgenommen werden.»[797] Mit Six Sigma hatte Welch etwas gefunden, nach dem er lange gesucht hatte: ein universales Werkzeug für die Managementausbildung dieser so vielgestaltigen Unternehmung.[798]

Kein Phänomen beschäftigte Jack Welch während seiner gesamten langen GE-Zeit so konstant wie der Kampf gegen die Bürokratie. Er machte sich zum Ziel, «die verfluchte Bürokratie»[799] zu beseitigen. GE hatte «eine riesige, streng geregelte Bürokratie. Es hatte zu viele Managementschichten.»[800] Er hatte Horror vor den dicken Planungsbüchern, dem «Lebensblut der Bürokratie».[801] Mit dem Finanzwesen führte er einen jahrelangen Kampf gegen eine übertriebene Datenfülle und Analysen. Erst als das Personal auf die Hälfte verringert wurde, verbesserte sich die Situation.[802] Auch zur Bekämpfung der Bürokratie erfand Jack Welch ein Instrument: die «Workout-Veranstaltung». Das Vorbild war die traditionelle neuenglische Gemeindeversammlung. «Gruppen von 40 bis 100 Mitarbeitern wurden aufgefordert, sich zu ihrem Unternehmen und der Bürokratie zu äussern, insbesondere zu Genehmigungen, Berichten, Sitzungen und Leistungsmessungen. ... In Abwesenheit des Chefs [!] und mit Unterstützung des Moderators begannen Mitarbeiter, Probleme aufzulisten, Lösungsvorschläge zu diskutieren.»[803] Über die Vorschläge wurde auf der Stelle entschieden. «Als die Mitarbeiter sahen, dass ihre Ideen tatsächlich umgehend in die Praxis umgesetzt wurden, verwandelte sich das Workout in das jüngste Gericht für die Bürokratie.»[804] Damit habe sich bestätigt, was man bereits wusste: «Die Leute, die die Arbeit tatsächlich machen mussten, verstanden am meisten davon.»[805] (Das ist übrigens die einzige Stelle in seiner Biografie, an der Jack Welch über die «Leute, die die Arbeit tatsächlich machen», spricht.)

Man nimmt Jack Welch ab, dass er seinen Job voll gelebt und geliebt hat. Vielleicht charakterisiert ihn nichts besser als die Liste der Wörter, mit denen er seine Aufgabe umschreibt: «Abenteuer. Spass. Leidenschaft. Ständige Bewegung. Geben und Nehmen. Besprechungen bis spät in die Nacht. Unglaubliche Freundschaften. Guter Wein. Feiern. Grossartige Golfplätze. Wichtige Entscheidungen. Krisen und Druck. Viele Versuche. Einige Volltreffer. Das Hochgefühl des Siegers. Die Enttäuschung des Verlierers.»[806] Fast gleich wichtig wie die GE war ihm das Golfspiel, dem er gegen Schluss seiner Aufzeichnungen ein Kapitel widmet. Voller Stolz erzählt er, wie er einmal den Golfprofi Greg Norman, genannt the White Shark, geschlagen hat. Sogar die Score Card hat er abgebildet. Ganz fairer Sportsmann, weist er darauf hin, dass er bei diesem Match von den Back Tees abgeschlagen habe, Norman aber von den Pro-Abschlägen. Wenn die Golfer-Weisheit, wonach das Golf-Handicap in etwa den wöchentlichen Arbeitsstunden entspricht, auch nur annähernd stimmt, dann hatte Jack Welch einen leichten Job. Sein Handicap betrug 2 bis 3.

6.5 Toyota

Am Anfang der Geschichte von Toyota steht Sakichi Toyoda, «ein Experimentierer und Erfinder – Henry Ford nicht unähnlich».[807] 1894 begann er handbetriebene Webstühle zu bauen. Später kaufte er eine gebrauchte Dampfmaschine, um die Webstühle anzutreiben. «Er fand die Lösung, indem er so lange herumprobierte, bis es funktionierte – ein Ansatz, der Teil der Grundlagen des Toyota-Wegs … werden sollte.»[808] 1926 gründete er die Toyoda Automatic Loom Works. Er experimentierte unermüdlich und entwickelte schliesslich einen elektrisch betriebenen Webstuhl mit einem Mechanismus, «der die Webstühle automatisch anhalten liess, sobald ein Faden riss. … Sakichi Toyoda war sein Leben lang ein herausragender Ingenieur und wurde später als Japans ‹König der Erfinder› bezeichnet. Sein grösster Beitrag zur Entwicklung von Toyota bestand jedoch in seiner Philosophie und seiner Arbeitsauffassung, die von dem Bestreben getrieben war, sich kontinuierlich zu verbessern.»[809] 1929 sandte er seinen Sohn Kiichiro nach England, um Patente seines Vaters zu verkaufen. Die dafür gelösten 100 000 englischen Pfund dienten als Startkapital, um 1930 die Toyota Motor Corporation zu gründen. Kiichiro war ein kränklicher Junge, «von dem viele glaubten, er habe nicht die physische Konstitution, um ein Unternehmen zu führen. Sein Vater widersprach dem jedoch, und Kiichiro Toyoda bewies Durchhaltevermögen.»[810] Nach dem Zweiten Weltkrieg lag die Industrie danieder. Um einen Bankrott zu vermeiden, mussten massive Kostensenkungen umgesetzt werden. Manager verzichteten auf ihr Gehalt, die Belegschaft nahm eine 10-prozentige Lohnkürzung in Kauf. Toyota entliess grundsätzlich keine Mitarbeitenden. Damit diese Politik nicht aufgegeben werden musste, wurden 1600 Arbeiter gebeten, freiwillig in den Ruhestand zu treten. «Das führte dazu, dass die Arbeiter die Produktion anhielten und öffentlich demonstrierten ...»[811] Als Konsequenz trat Kiichiro Toyoda als Präsident zurück. «Sein persönliches Opfer trug dazu bei, den Unmut der Arbeiter zu besänftigen. ... Toyotas Philosophie wird bis heute davon geprägt, das langfristige Wohlergehen des Unternehmens über persönliche Belange zu stellen und Verantwortung für Probleme zu übernehmen.»[812] Nach Kiichiro Toyoda übernahm Eiji Toyoda die Führung des Unternehmens. Er war ebenfalls Ingenieur. Im Auftrag von Kiichiro hatte er ganz allein ein Forschungslabor aufgebaut. So wuchs auch Eiji Toyoda «in dem Bewusstsein auf, dass die einzige Art und Weise, Dinge zu bewegen, darin bestand, dass man sie selbst anpackte und eigenständig erledigte – klassisches Learning by doing».[813] Wer Toyota führen wollte, musste das Automobilgeschäft lieben und bereit sein, «seine Hände schmutzig zu machen».[814]

Das Management von Toyota hatte sich stets intensiv mit den Lehren von Frederick W. Taylor und Henry Ford auseinandergesetzt. Ford produzierte riesige Mengen identischer Fahrzeuge. «Im Gegensatz dazu musste Toyota geringere Mengen an sehr unterschiedlichen Fahrzeugen auf denselben Fertigungsbändern produzieren.»[815] Deshalb konnte man die amerikanischen Fertigungsprozesse nicht einfach übertragen. 1950 brachen Eiji Toyoda und seine Manager zu einer zwölfwöchigen (!) Studienreise nach den USA auf. Sie wollten ergründen, wie die amerikanischen Methoden auf ihre Bedürfnisse angepasst werden konnten. Mit Erstaunen stellten sie fest, dass das amerikanische System seit 1930 kaum mehr angepasst worden war und erhebliche Schwächen aufwies. Nach seiner Rückkehr aus den USA beauftragte Eiji Toyoda den Werkleiter Taiichi Ohno, «Toyotas Fertigunsprozess so zu verbessern, dass die Produktivität es mit Ford aufnehmen kann».[816]

Ohno studierte die Bücher von Henry Ford, reiste ebenfalls in die USA und machte sich ein Bild über die dortigen Produktionsmethoden. Henry Ford predigte den kontinuierlichen Materialfluss. Ohno stellte aber fest, dass dieses Prinzip in den amerikanischen Werken oft missachtet wurde. Die Ford Motor Company produzierte mit «grosser Ressourcenverschwendung und mit holprigen Produktionsabläufen, die im Verlauf der gesamten Wertschöpfungskette zwischen den einzelnen Fertigungsstufen riesige Lagerbestände ... anwachsen liessen ...».[817] Ohno besichtigte nicht nur Automobilwerke, sondern auch andere Betriebe. Entscheidende Impulse kamen von den Supermärkten. Diese funktionierten nach dem Pull-Prinzip. Die Regale wurden vom Konsum her gesteuert. Sobald der Warenbestand unter einen definierten Level sank, wurden die Regale automatisch aufgefüllt. «Auf eine Fertigungsstrasse übertragen, bedeutet dies, dass Schritt 1 eines Produktionsprozesses keine Teile fertigen sollte (Regalauffüllung), bis der nächstfolgende Prozess (Schritt 2) seinen Bestand an Teilen ... verarbeitet hat.»[818] In jedem Schritt des gesamten Produktionsprozesses ist «eine Art ‹Tankanzeige› integriert (*kaban* genannt), die dem vorhergehenden Prozess signalisiert, wenn neuer Nachschub an Material oder Teilen benötigt wird».[819] Dieses Pull-System wurde zur Basis des Just-in-Time-Konzepts (JIT).

Eine weitere Säule des Toyota-Weges ist die kontinuierliche Verbesserung. Das dafür verwendete japanische Wort *kaizen* hat Eingang ins Managementvokabular auf der ganzen Welt gefunden. Das Pull-Konzept und die kontinuierliche Verbesserung waren Instrumente, um die radikalen Fokus-Qualitätsansprüche zu erfüllen. Diese Elemente plus Six Sigma (s. 1, 6.4) machen die Essenz des «Toyota-Produktionssystems» (TPS) aus, wofür sich im allgemeinen Sprachgebrauch auch der Begriff «Schlanke Produktion» oder «Lean Management» eingebürgert hat.[820] «TPS ist nach dem System der Massenproduktion, das von Henry Ford erfunden wurde, die grösste Errungenschaft in der Effizienzsteigerung von Geschäftsprozessen.»[821] Der Unterschied zum Taylorismus ist fundamental: «... der Arbeiter [ist] die wichtigste Ressource und nicht nur ein paar Hände ... Der

Arbeiter ist Analyst und Problemlöser.»[822] Die Fliessbandarbeit wurde jahrelang als «stupide, unterdrückende Tätigkeit gebrandmarkt, die die Arbeiter ihrer mentalen Fähigkeiten beraubt. Für die Besetzung ihrer Montagebänder sucht Toyota aber nur die besten und cleversten Arbeiter aus und fordert sie auf, sich durch ständige Problemstellung in ihrer Arbeit weiterzuentwickeln.»[823]

In den 1980er-Jahren wurde die Welt auf Toyota aufmerksam. «Japanische Autos hatten eine längere Lebensdauer als amerikanische Autos und waren weitaus weniger reparaturanfällig. ... Toyota entwickelte schneller neue Modelle, die Autos waren zuverlässiger ... Inzwischen [2003] ist Toyota mit einem jährlichen Absatz von mehr als sechs Millionen Fahrzeugen in 170 Ländern der zweitgrösste Automobilhersteller der Welt. Und Toyota ist weitaus profitabler als jeder andere Automobilhersteller ... Toyotas Marktwert betrug 2003 105 Milliarden Dollar und war damit höher als der gemeinsame Marktwert von Ford, General Motors und Chrysler (2003) zusammen genommen.»[824] In allen Pannenstatistiken belegte Toyota meistens die vordersten Plätze der zuverlässigsten Fahrzeuge. 2005 titelte die *Neue Zürcher Zeitung* «Von Toyota lernen, heisst siegen lernen» und bewunderte die «fast religiös betriebene Maximierung der Qualität bei straffem Kostenmanagement».[825] Toyota überzeugte nicht nur mit der Qualität seiner Autos, sondern auch mit Innovationen. Bereits 1997 wurde das erste Hybridauto, der Prius, auf den Markt gebracht. Seither hat Toyota weit mehr als eine Million Hybridautos verkauft. Damit «eroberte die bis dahin als eher langweilig geltende Marke die Leaderstellung im Bereich der umweltfreundlicheren Autos».[826] Der Konzern war auf dem Weg nach ganz oben. 2007 wurde die Losung ausgegeben: «Spätestens in zwei Jahren will Toyota über 10 Millionen Autos verkaufen – so viele wie kein Autokonzern je zuvor.»[827] Wahrscheinlich hätte der Konzern zu dieser Zeit das Rating der weltbesten Firma angeführt. Der Vorstandsvorsitzende übrigens bezog ein Jahressalär von 290 000 Euro. «Er soll ein Beispiel sein für Bescheidenheit und Disziplin.»[828]

Jeffrey K. Liker, Professor für Ingenieurwissenschaften an der Universität Michigan, hat Toyota 20 Jahre lang eingehend studiert. In seinem Buch *Der Toyota-Weg* fasst er die Toyota-Methode anhand von 14 Prinzipien, die er auf vier Kategorien aufteilt, zusammen:[829]

Kategorie I: Langfristige Philosophie.
1. Prinzip: Machen Sie eine langfristige Philosophie zur Grundlage Ihrer Management-Entscheidung, selbst wenn dies zulasten kurzfristiger Gewinnziele geht.

Kategorie II: Der richtige Prozess führt zu den richtigen Ergebnissen.
2. Prinzip: Sorgen Sie für kontinuierlich fliessende Prozesse, um Probleme ans Licht zu bringen.
3. Prinzip: Verwenden Sie Pull-Systeme, um Überproduktion zu vermeiden.
4. Prinzip: Sorgen Sie für eine ausgeglichene Produktionsauslastung.
5. Prinzip: Schaffen Sie eine Kultur, die auf Anhieb Qualität erzeugt, statt einer Kultur der ewigen Nachbesserung.
6. Prinzip: Standardisierte Arbeitsschritte sind die Grundlage für kontinuierliche Verbesserung und die Übertragung von Verantwortung auf die Mitarbeiter.
7. Prinzip: Nutzen Sie visuelle Kontrollen, damit keine Probleme verborgen bleiben.
8. Prinzip: Setzen Sie nur zuverlässige, gründlich getestete Technologien ein, die den Menschen und Prozessen dienen.

Kategorie III: Generieren Sie Mehrwert für Ihre Organisation, indem Sie Ihre Mitarbeiter und Geschäftspartner entwickeln.
9. Prinzip: Entwickeln Sie Führungskräfte, die alle Arbeitsabläufe genau kennen und verstehen, die die Unternehmungsphilosophie vorleben und sie anderen vermitteln.
10. Prinzip: Entwickeln Sie herausragende Mitarbeiter und Teams, die der Unternehmungsphilosophie folgen.
11. Prinzip: Respektieren Sie ihr ausgedehntes Netz an Geschäftspartnern und Zulieferern, indem Sie sie fordern und dabei unterstützen, sich zu verbessern.

Kategorie IV: Die kontinuierliche Lösung der Problemursachen ist der Motor für organisationsweite Lernprozesse.
  12. Prinzip: Machen Sie sich selbst ein Bild von der Situation, um sie umfassend zu verstehen.
  13. Prinzip: Treffen Sie Entscheidungen mit Bedacht und nach dem Konsensprinzip. Wägen Sie die Alternativen sorgfältig ab, aber setzen sie die getroffenen Entscheide zügig um.
  14. Werden Sie durch unermüdliche Reflexion und kontinuierliche Verbesserung zu einer wahrhaft lernenden Organisation.

Der jahrzehntelange Umgang mit diesen Prinzipien hat eine einzigartige Kultur entstehen lassen. Sie ist so stark, dass Liker von der «DNA von Toyota»[830] spricht. Es habe Toyota «mehrere Jahrzehnte gekostet, eine schlanke Kultur zu schaffen ... und Toyota glaubt weiterhin, dass es noch viel über den Toyota-Weg lernen muss».[831] Im Vorwort von Likers Buch schreibt der Präsident der amerikanischen Toyota Motor Manufacturing, neben der kontinuierlichen Verbesserung sei Respekt vor den Menschen die zweite Säule des Toyota-Wegs. Zu diesem Respekt gehöre auch die Arbeitsplatzsicherheit. Die Existenzberechtigung des Managements liege in der Motivation grosser Gruppen, ein gemeinsames Ziel zu erreichen.[832] Liker ist der Überzeugung, Toyota sei in der «konsequenten Umsetzung der Mitarbeiterinvolvierung einzigartig ...».[833] Die Führungskräfte von Toyota werden ausschliesslich intern rekrutiert. Damit werde die «kulturelle DNA» gesichert. Toyota gehe denn auch konsequenterweise nie auf «Shoppingtour» für CEOs.[834]

Überall versuchten Unternehmungen mit dem Schlagwort Lean Management den Toyota-Weg zu kopieren. Im Vergleich mit Toyota seien dies allerdings Dilettanten, meint Liker.[835] Er beschreibt das «Schlanke Unternehmen X», das in den USA als Musterbeispiel einer schlanken Unternehmung galt und mit dem Shingo-Preis für Fertigung ausgezeichnet wurde. Das Toyota Supplier Support Center «erklärte sich bereit, eine Fahrzeuglinie dieses Weltklasse-Werks anhand der Methoden der TPS zu transformieren. Am Ende des neunmonatigen Projekts war die Fertigungsstrasse verglichen mit ihrem ‹Weltklasse›-Ausgangspunkt kaum wiederzuerkennen. Sie hatte ein Niveau der Verschlankung erreicht, welches das Unternehmen nie für möglich gehalten hätte.»[836] So konnte beispielsweise die Fertigungsdurchlaufzeit von 12 Tagen auf 6,5 Tage reduziert werden.

Liker vergleicht in seinem Buch die Mission Statements von Toyota Motor Manufacturing North America und der Ford Motor Company.[837] Toyota erwähnt den Aktionär im Gegensatz zu Ford nicht und stellt sich damit gegen den Zeitgeist. Dafür werden – wieder im Gegensatz zu Ford – das Wirtschaftswachstum der Standortgemeinde und der Vereinigten Staaten sowie die Mitarbeiter erwähnt. Was man heute mit dem gewundenen Schlagwort Corporate Social Responsability herbeireden will, hat Toyota gemäss seiner Philosophie seit je verinnerlicht.

Lee Iacocca, der Chrysler-Retter der 1980er-Jahre, hat sich über die Japaner geärgert (s. 1, 6.3). Sie hätten sich mit Protektion im Heimmarkt[838] und einem schwachen Yen Wettbewerbsvorteile verschafft. Auch das Konsensprinzip hat ihm nicht gefallen. In der Tat unterscheidet sich dieses Prinzip «dramatisch vom Vorgehen anderer Unternehmen». Mitarbeiter, die ausserhalb Japans von anderen Unternehmen zu Toyota wechseln, müssen einen eigentlichen «Umerziehungsprozess» durchlaufen.[839] «Für Toyota ist die Art und Weise, wie man zu einer Entscheidung gelangt, genau so wichtig wie die Qualität der Entscheidung selbst.»[840] Toyotas Geheimnis in der fehlerfreien Umsetzung liege in der sorgfältigen Vorausplanung. «Wenn ein Projekt in Angriff genommen wird, das innerhalb eines Jahres vollständig umgesetzt werden soll, dann wird ein typisches US-amerikanisches Unternehmen ... ungefähr drei Monate mit der Planung verbringen und dann mit der Implementierung beginnen. Aber dann wird es mit allen möglichen Problemen konfrontiert und verbringt den Rest des Jahres mit Problemlösung. Bei einem vergleichbaren Projektzeitraum verbringt Toyota neun bis zehn Monate mit der Planung, dann wird das Projekt in einem kleinen Rahmen – z. B. einer Pilotproduktion – umgesetzt und am Ende des Jahres komplett ausgerollt, so dass praktisch alle möglichen Probleme vorher ausgeräumt werden.»[841]

Jack Welch hat während seiner langen Karriere bei GE einen ständigen Kampf gegen die Bürokratie geführt (s. 1, 6.4). Bei Toyota wird das Phänomen differenzierter betrachtet. Regeln und Prozeduren sind unerlässliche Instrumente, sollen aber eine «Anleitung zur flexiblen Improvisation» sein.[842] Liker stellt in seinem Buch diese «befähigende Bürokratie» einer «einengenden Bürokratie» entgegen.[843] «Aus dieser Perspektive wird Toyotas bürokratisches Top-down-System zu einer Basis für Flexibilität und Innovation.»[844]

Toyota werde von Kritikern als langweiliges Unternehmen bezeichnet, schreibt Liker. «Das ist die Art von Langeweile, die mir äusserst zusagt. Erstklassige Qualität, jahrein, jahraus. Ein stetig wachsender Umsatz. Anhaltende Profitabilität. Riesige Barreserven.»[845] Und, wie wenn er etwas gespürt hätte: «Natürlich kann operative Effizienz als Selbstzweck gefährlich sein.»[846] Denn plötzlich änderten sich die Dinge.

Für 2007 zeigte die deutsche ADAC-Statistik überraschende Verschiebungen. «Toyota, bisher Vorbild für alle, sackt ab.»[847] Nicht nur, dass deutsche Autos jetzt zuverlässiger sind als Toyota. «Auch absolut gesehen hat Toyota nachgelassen, mehr Pannen produziert. ... Die schlüssige Erklärung für die Probleme ist das enorme Wachstum des Erfolgskonzerns, mit dem die Qualitätssicherung offenbar nicht Schritt halten konnte. ‹Wir beobachten einen schleichenden Abstieg.›»[848] Wenig später musste Toyota einen Gewinneinbruch bekannt geben. Dieser komme zur rechten Zeit, kommentiert die *Neue Zürcher Zeitung*. «Von Toyotas Präsident Watanabe ist bekannt, dass er vor Selbstzufriedenheit warnt. ... Das scheinbare Ende der Erfolgsgeschichte wird die Firma nicht schwächen, sondern stärken.»[849] Die Finanzkrise 2008 verschärfte die Situation. Toyota verhängte in seinen Werken in den USA einen Einstellungsstopp, das Investitionsprogramm wurde suspendiert und ein Anreizprogramm für den Austritt von 18 000 Arbeitern aufgelegt. 2008 fuhr Toyota den ersten Verlust in seiner Geschichte ein. Toyota-Chef Watanabe, erst vier Jahre im Amt, wurde 2009 durch Akio Toyoda, den Enkel des Firmengründers, abgelöst. Akio Toyoda spürte, dass der Konzern seine Balance verloren hatte. Er zitierte Jim Collins, nach dem sich der Untergang eines Konzerns in fünf Phasen abspiele: «Dem Hochmut des Erfolges folgten das undisziplinierte Verlangen nach mehr und die Verneinung von Risiken und Gefahren. In der vierten Phase verlange das Unternehmen nach Erlösung, bevor es in der fünften Phase untergehe.»[850] Toyota befinde sich in der Stufe vier und somit in höchster Gefahr. Toyota sei seinen eigenen Prinzipien untreu geworden.[851] Diese scharfe Kritik des Expansionskurses war für japanische

Verhältnisse ungewöhnlich. Tatsächlich hatte Toyota innert zehn Jahren das Personal verdoppelt, die Anzahl der auf dem Globus verstreuten Werke hat stark zugenommen. Man vertraute nicht mehr nur auf die bekannten japanischen Zulieferer, sondern kaufte rund um den Globus ein.[852]

Am 8. August 2009 war ein Lexus unterwegs nach San Diego. «Wie von Geisterhand begann der Lexus plötzlich zu beschleunigen. Der Fahrer wollte per Polizeinotfunk Hilfe anfordern... Es nützte alles nichts. Der Lexus prallte in einen Geländewagen... Vier Menschen starben.»[853] Das war nur ein Ereignis in einer Serie von rätselhaften Unfällen mit klemmenden Gaspedalen. Toyota verharmloste die Vorkommnisse und wechselte zunächst nur die Fussmatten aus. «Mit den Unfallopfern wurde der Mythos Toyota zu Grabe getragen.»[854] Auch mit anderen Modellen gab es Probleme. So mussten über 100 000 Prius zurückgerufen werden. Die Krisenkommunikation von Toyota wurde scharf kritisiert. Akio Toyoda habe sich in der Öffentlichkeit rar gemacht. Als er endlich aufgetreten sei, habe er nicht den Eindruck eines souveränen Krisenmanagers gemacht, sondern «von panischem Aktionismus».[855] Der Japan-Korrespondent der NZZ führt dieses Versagen auf die vorher so gerühmte Unternehmungsphilosophie zurück: «Der Grund für Toyotas Mediendebakel liegt in einem gewissen Autismus der Zentrale. Das Unternehmen ist in seiner Philosophie des kollektiven Managements gefangen... Nach innen muss das Unternehmen an seiner Philosophie nicht viel ändern. Aber die Taktik des niedrigen öffentlichen Profils ging nur so lange gut, wie die Produkte für sich sprachen. Nun lernt das Unternehmen auf die harte Tour, dass es in der Krise wenigstens nach aussen hin so tun muss, als habe es einen richtigen Chef.»[856] Akio Toyoda musste schliesslich den Gang nach Canossa machen und entschuldigte sich persönlich vor dem US-Kongress. Toyota erklärte sich bereit, das höchste je von der US-Verkehrsbehörde verlangte Strafgeld zu bezahlen.[857] Zur gleichen Zeit mussten 740 000 Sienna-Minivans wegen rostender Reserverad-Aufhängungen in die Werkstätten zurückgerufen werden. «Damit hat der Konzern seit Oktober [2009] mehr als 9 Millionen Autos zurückgerufen. Ausserdem stoppte der Konzern die Produktion seines Lexus GX 460...»[858]

Akio Toyoda rief derweil zu einer «Revolution der Unternehmungskultur» auf.[859] Er setzte ein Sonderkomitee für globale Qualität ein. Die neun Chief Quality Officers sind mehrheitlich nichtjapanischer Herkunft. «Sie sollen unter Umgehung der Konzernbürokratie den Beschwerden der lokalen Kundschaft in der Zentrale direkt und weniger gefiltert Gehör verschaffen...»[860] Man habe «geblendet vom Erfolg... Gewinn und Wachstum vor Qualität [gestellt]» und ein «atemberaubendes Expansionstempo» vorgelegt.[861] Es gelte nun, wieder zu Toyotas Philosophie des «Der Kunde zuerst» zurückzukehren.

Der Turnaround schien zu gelingen. Anfang 2011 titelte die NZZ: «Toyota bügelt den Imageschaden aus – Markanter Gewinnsprung dank Erfolgen in den Schwellenländern.»[862] Aber am 11. März 2011 bebte im Ozean vor Fukushima die Erde. «Ganze Fabriken fielen aus, wichtige Zulieferunternehmen waren im Tsunami untergegangen. Dann kamen die Überflutungen in Thailand, einem wichtigen Produktionsstandort für Toyota.»[863] Schliesslich wurde Toyota auch noch von einem starken Yen gebeutelt, sodass Absatz- und Gewinnprognosen massiv nach unten korrigiert werden mussten. Indessen geht der Kampf um die Weltmarktführerschaft mit unverminderter Intensität weiter. Nun nimmt Volkswagen die 10 Millionen Fahrzeuge pro Jahr ins Visier. Der Kommentar dazu: «Volkswagen im Rausch der Grösse.»[864]

6.6 Steve Jobs

«Der Mann, der die Zukunft erfand», titelte *Der Spiegel* nach dem Tod von Steve Jobs (1955–2011).[865] Jobs, Sohn einer Amerikanerin und eines Syrers, wurde nach seiner Geburt zur Adoption freigegeben. Seine Adoptiveltern Paul und Clara Jobs lebten in Kalifornien und eröffneten Steve schon früh, dass er ein Adoptivkind war. Das Wissen, dass er als Säugling im Stich gelassen wurde, prägte seine Persönlichkeit. «Verlassen. Auserwählt. Speziell.»[866] Seine Adoptiveltern hat er stets als seine Eltern anerkannt. Sein Vater war ein begabter Handwerker, von dem er eine Lektion nie vergessen hat: «Es sei wichtig, sagte sein Vater, die Rückseite von Schränken und Zäunen kunstfertig zu gestalten, auch wenn sie verborgen waren.»[867] In der Schule fiel er vor allem durch Streiche auf, bis er das Glück hatte, von einer hervorragenden Lehrerin unterrichtet zu werden. Sie versorgte ihn mit Hobbybaukästen und erkannte sein aussergewöhnliches Talent.

Die Gegenkultur der 1960er-Jahre prägte seine Jugendjahre. «Es war eine Zeit, in der sich die Welten der Streber und der Hippies überlappten.»[868] Er begann, sich mit dem Zen-Buddhismus zu beschäftigen, und rauchte regelmässig Marihuana. Später kam LSD dazu. Gleichzeitig besuchte er die wöchentliche Versammlung des Explorer Club von Hewlett-Packard und fühlte sich dort «wie im siebten Himmel».[869] Er beschloss, einen Frequenzzähler zu bauen, wozu er einige Teile von HP brauchte. Der 15-Jährige rief Bill Hewlett, den obersten Chef von HP, zu Hause an. «Er unterhielt sich 20 Minuten lang mit mir. Dann besorgte er mir die Teile, verschaffte mir aber auch einen Job in der Anlage, in der man Frequenzzähler produzierte.»[870] Anschliessend besuchte er einen Elektronikkurs, in dem er die Bekanntschaft mit Steve Wozniak machte. «Woz» war ein aussergewöhnlich begabtes «Elektronik-Kid», dem es leichter fiel, «Augenkontakt mit einem Transistor zu pflegen als mit einem Mädchen...».[871] Zusammen entwickelten sie eine «Blue Box», mit der man kostenlos Ferngespräche führen konnte. «Dann erfolgte ein Meilenstein, der ein Muster in ihrer Partnerschaft begründen sollte: Jobs hatte die Idee, dass die Blue Box mehr sein konnte als ein blosses Hobby. Sie konnten sie herstellen und verkaufen.»[872] Damit war das Muster für ihre Partnerschaft festgelegt. «Wozniak würde der liebenswürdige Zauberer sein, der eine coole Erfindung macht, die er gern auch einfach nur verschenken würde, und Jobs würde herausfinden, wie er sie benutzerfreundlich gestalten, abpacken, vermarkten und ein paar Dollar damit verdienen konnte.»[873]

Obwohl es die finanziellen Verhältnisse seiner Eltern aufs Äusserste strapazierte, beharrte Jobs darauf, am privaten, liberalen und kunstorientierten Reed College zu studieren. Pflichtseminare besuchte er keine. Dafür vertiefte er seine Erkenntnisse über den Zen-Buddhismus und begann seine Essgewohnheiten radikal zu ändern. «Vegetariertum und Zen-Buddhismus, Meditation und Spiritualität, LSD und Rockmusik – Jobs vereinigte auf seine Weise die vielfachen Impulse der nach Erleuchtung suchenden Campus-Subkultur jener Zeit.»[874] Ausserdem besuchte er einen Kalligrafiekurs, der sein Bewusstsein weckte, «was grossartige Typografie so grossartig macht».[875] Der langhaarige Jobs gewöhnte sich an, barfuss zu gehen, selbst wenn es schneite, trug er Sandalen. Er war überzeugt, dass seine Öko-Diät «nicht nur die Schleimbildung verhindern würde, sondern auch den Körpergeruch, selbst wenn er kein Deodorant verwendete und nicht regelmässig duschte».[876]

Nach 18 Monaten brach er sein Studium ab und meldete sich auf eine Anzeige des Videospiel-Herstellers Atari: «Haben Sie Spass und verdienen Sie damit noch Geld.»[877] Er wurde angestellt, musste aber wegen seines auffälligen Verhaltens und des intensiven Körpergeruchs in der Nachtschicht eingeteilt werden.[878] Er verdiente genug Geld, um sich einen mehrmonatigen Indientrip finanzieren zu können. Wieder zurück in Kalifornien, meditierte er am Morgen, besuchte dann Physikvorlesungen in Stanford und arbeitete nachts bei Atari. Im Homebrew Computer Club trafen sich die Freaks, welche die Verschmelzung von «Flower Power und Mikroprozessor»[879] verkörperten. Darunter war auch Steve Wozniak, der die bahnbrechende Idee hatte, eine Tastatur, einen Bildschirm und einen Computer in ein Paket zu integrieren. «Noch am selben Abend skizzierte ich auf Papier, was später als Apple I bekannt werden sollte.»[880]

Jobs und Wozniak verkauften einige ihrer wenigen Habseligkeiten und gründeten 1976 mit dem Startkapital von 1300 Dollar die Firma Apple Computer. Vater Paul Jobs stellte ihnen für die Produktion seine Garage zur Verfügung. Sie wollten sich vom Hobbycomputermarkt lösen, und dafür brauchten sie Geld. Mike Markulla bürgte für einen Kredit von 250 000 Dollar. In einem einseitigen Dokument formulierte er *The Apple Marketing Philosophy*, die auf drei Prinzipien beruhte: «Das erste war die ‹Empathie›, eine innige Verbindung zu den Gefühlen des Kunden. ‹Wir werden ihre Bedürfnisse besser verstehen als jede andere Firma.› Das zweite war der ‹Fokus›. ‹Um Dinge, die wir zu tun beschlossen haben, gut zu tun, müssen wir alle unwichtigen Möglichkeiten ausser Acht lassen.› Das dritte und ebenso wichtige Prinzip war die ‹Imputation›, die Beurteilung eines Unternehmens beziehungsweise eines Produktes durch die Verbraucher, und zwar auf der Grundlage der Signale, die es aussendet.»[881] Vom Apple II wurden 1977 2500 Stück verkauft, 1981 waren es 210 000.

An der bahnbrechenden Zukunft wurde aber anderswo gearbeitet. Im Xerox PARC wurde die grafische Benutzeroberfläche entwickelt. Jobs verkaufte Xerox 100 000 Apple-Aktien für die Möglichkeit, Einsicht in die

Forschungen von Xerox zu nehmen. Was sie dort sahen, begeisterte Jobs. «Es war der Durchbruch, nach dem er so lange gesucht hatte: ein massentauglicher Rechner mit dem freundlichen, aber erschwinglichen Design eines Eichler-Hauses und der Konsumentenfreundlichkeit eines durchdesignten Küchengeräts.»[882] Den Vorwurf des Industriediebstahls konterte Jobs mit dem Argument «Grosse Künstler klauen».[883] Ende 1980 ging Apple an die Börse. «Es sollte die am höchsten überzeichnete Erstemission seit dem Börsengang von Ford im Jahr 1956 werden.»[884]

1976 hatte Jobs Jeff Raskin eingestellt, um das Handbuch für den Apple II zu schreiben. Raskin hatte den Traum, einen erschwinglichen Computer für jedermann zu entwickeln. Er nannte das Projekt nach seiner Lieblingsapfelsorte Macintosh. Das Projekt war immer wieder gefährdet, aber Raskin schaffte es jeweils, eine Gnadenfrist zu erwirken.[885] «Jobs war begeistert von Raskins Vision, aber nicht von seiner Bereitschaft zu technischen Kompromissen aus Kostengründen.»[886] Er übernahm das Projekt selber und warf Raskin aus der Firma.

Steve Jobs war noch nicht bereit, die immer grösser werdende Firma zu leiten. Auch Markulla wollte nicht CEO sein. Schliesslich wurde John Scully, «der damals angesagteste Marketingzauberer»[887] zum CEO ernannt. Am 24. Januar 1984 wurde der Macintosh im Rahmen einer denkwürdigen Bühnenschau enthüllt. Nach der ersten Begeisterung begannen die Absatzzahlen aber rapide zu sinken. «Dahinter verbarg sich ein gravierendes Problem. Der Macintosh war ein erstaunliches Gerät, aber jämmerlich langsam und leistungsschwach ...»[888] Das Gespann Scully/Jobs hatte anfänglich gut funktioniert, aber mit den Absatzproblemen begann ein gnadenloser Konkurrenzkampf, den Jobs schliesslich verlor. Ende 1985 verliess er Apple und verkaufte bis auf eine einzige Aktie sämtliche Anteile.

Steve Jobs gründete eine neue Firma: NeXT. «Er war frei. Das Ergebnis war eine Reihe von spektakulären Produkten, die sich als unglaubliche Flops auf dem Markt erwiesen. *Das* war die wahre Lernerfahrung. Auf den grossen Erfolg, den er im dritten Akt haben sollte, wurde er nicht durch seinen Rausschmiss bei Apple vorbereitet, sondern durch seine eklatanten Misserfolge im ersten.»[889] 1986 erwarb er 70 Prozent der Pixar Image Computer, einer Firma für Computeranimation. Pixar stand kurz vor dem Bankrott, als 1991 ein Deal mit der Walt Disney Company zustande kam. Der erste in dieser Partnerschaft realisierte Film *Toy Story* wurde zu einem Blockbuster. Danach wurde Pixar erfolgreich an die Börse gebracht. Pixar hatte darauf zehn Blockbuster in Folge. 2006 wurde Pixar von Walt Disney für 7,4 Milliarden Dollar übernommen.

Mittlerweile hatte Apple grössere Probleme. Die Aktie sank von 70 Dollar auf 14 Dollar. Jobs nahm Kontakt mit dem CEO von Apple, Gil Amelio, auf und bot ihm NeXT zum Kauf an. Der Deal kam zustande, und damit war Steve Jobs wieder bei Apple im Geschäft. Er wurde zum «Berater des Chairman» ernannt. «Die Bekanntgabe erfolgte am Abend des 20. Dezember 1996 vor 250 jubelnden Mitarbeitern am Firmensitz von Apple.»[890] Im September 1997 entliess das Board Amelio, und Jobs wurde zum CEO ad interim – iCEO – von Apple ernannt.

«Think different» – mit diesem Slogan startete Jobs seine zweite, ungemein erfolgreiche Phase bei Apple. Sie lässt sich in aller Kürze zusammenfassen: vom iCEO zum iMac, zum iPod, zum iPhone, zum iPad. Als er am 5. Oktober 2011 seinem Krebsleiden erlag, hatte er «sechs Industriezweige revolutioniert: Heimcomputer, Animationsfilme, Musik, Telefone, Tablet-Geräte und Digital Publishing».[891] 36 Jahre nach dem Start in der Garage war Apple eines der wertvollsten Unternehmen der Welt.

Steve Jobs hatte das Glück, zur richtigen Zeit am richtigen Ort aufzuwachsen. «Die Menschen, die das 21. Jahrhundert erfanden, waren Marihuana rauchende Hippies in Sandalen wie Steve, die von der Westküste kamen und einen anderen Blickwinkel hatten ... Die hierarchischen Systeme der Ostküste, Englands, Deutschlands und Japans unterstützten dieses andere Denken nicht. In den sechziger Jahren entstand eine anarchische Denkweise, die sich gut dazu eignete, sich eine noch nicht existierende Welt vorzustellen.»[892] 1968 stand auf einer Mauer in Paris «La fantaisie au pouvoir». Im Silicon Valley wurde diese Maxime gelebt. Der rebellische Geist wurde von Jobs bewusst gepflegt. Einer seiner Leitsätze war «Lieber ein Pirat als bei der Marine».[893]

Jobs war von der Vision getrieben, «eine Delle ins Universum zu schlagen».[894] Der letzte Satz der Kampagne «Think different» sagt es deutlich: «Because the people who are crazy enough to think they can change the world ... are the ones who do.»[895] Seine Ziele verfolgte er mit einem «Glauben, um den ihn die frühchristlichen Märtyrer beneidet hätten».[896] Von der

Grundidee, «freundliche» Geräte zu bauen, die sich dem Nutzer anpassen und nicht umgekehrt, ist er nie abgewichen. Dabei hat er immer den integrierten Ansatz verfolgt und Hardware und Software simultan entwickelt. Das kam auch seinem Drang, alles unter Kontrolle zu haben, entgegen.[897] Weil ihm der integrierte Ansatz so wichtig war, hat er sich auch dem gängigen Spartenansatz widersetzt. «Jobs unterteilte Apple nicht in halbautonome Sparten. Er hatte alle Teams gleichzeitig im Blick und brachte sie dazu, als ein in sich geschlossenes Unternehmen zu arbeiten, das eine einzige Gewinn- und Verlustrechnung aufstellte.»[898]

Einfachheit war das oberste Prinzip von Steve Jobs: «Simplicity is the ultimate sophistication.»[899] Sein Biograf überschreibt ein Kapitel mit «Echte Künstler vereinfachen».[900] Einfachheit prägte jeden Bereich von Apple. «Unser Managementstil, das Produktdesign, die Werbung, alles ist auf Einfachheit zugeschnitten.»[901] Jobs «ging vom Minimalismus aus, wie er ihn von seinen Zen-Studien her kannte, vermied es aber, seine Produkte kalt wirken zu lassen».[902] Er «war der Auffassung, dass eine der entscheidenden Bedingungen für Einfachheit im Design die intuitive Benutzerfreundlichkeit sei».[903] Einfachheit «bedeutet nicht nur einfach Minimalismus oder dass etwas nicht überladen ist. Einfachheit heisst, sich durch die Tiefen der Komplexität hindurchzuarbeiten. Um wirklich einfach zu sein, muss man ziemlich tief eintauchen.»[904] Auf die Spitze trieb er seinen Minimalismus, als er verlangte, dass der iPod keinen Ein-Aus-Schalter haben dürfe. «Das sollte für die meisten Apple-Geräte gelten. Sie bräuchten so etwas nicht. Es störte nur, sowohl ästhetisch als auch konzeptuell.»[905] Einfachheit heisst Fokus und Reduktion. «Zu entscheiden, was man *nicht* machen sollte, ist genau so wichtig, wie zu entscheiden, was man macht ... Das gilt für Unternehmen und das gilt für Produkte.»[906] Nach seiner Rückkehr zu Apple begann er das Produktportfolio auszumisten. Er zeichnete eine Vierfelder-Tabelle mit den Kategorien Endkunde und Professional sowie Desktop und Portable. «Ihre Aufgabe sei nun, sagte Jobs, für jedes dieser vier Felder ein tolles Produkt zu entwickeln.»[907] Er zitierte die wichtigsten Mitarbeiter in eine Klausur und stellte ihnen die Frage «Welche zehn Dinge stehen als Nächstes an?». Als die Zehnerliste stand, strich Jobs sieben Punkte und verkündete: «Wir schaffen nur drei.»[908] Wenn die Prioritäten standen, «lenkte er seine Aufmerksamkeit – scharf wie ein Laserstrahl – auf diese und blendete Störungen aus».[909] Er war ein strategischer Denker, der sich um das allerletzte Detail kümmerte.[910]

Steve Jobs war sich stets bewusst, dass seine Fähigkeiten als Ingenieur begrenzt waren. Er setzte die Vorgaben und holte die herausragendsten Leute ins Team. Einer seiner Charakterzüge war eine binäre Einschätzung von Menschen. Für ihn gab es nur Genies oder Idioten.[911] Er konnte nur Genies brauchen. «Wenn man ein Team aus erstklassigen Spielern wollte, durfte man keine Skrupel haben ... Meine Erfahrung mit dem Macintosh lehrte mich, dass Topspieler bevorzugt mit anderen Topspielern zusammenarbeiten, und das heisst, dass man zweitklassige Spieler nicht tolerieren kann.»[912] Für seine Klausuren bot er jeweils die «Top 100» auf. «Es waren diejenigen, die man aussuchen würde, wenn man nur 100 Leute retten und in die nächste Firma mitnehmen könnte.»[913] Um Neuanstellungen kümmerte sich Jobs persönlich. «Er wollte Mitarbeiter, die kreativ, gewitzigt und ein bisschen rebellisch waren.»[914]

Steve Jobs war von einer leidenschaftlichen Überzeugung für seine Produkte durchdrungen. «Wenn er Interesse an etwas hatte, war er wie besessen davon.»[915] Diese Leidenschaft war es, die seine Teams antrieb. «Während er redete, gewann seine Leidenschaft immer stärker die Oberhand ... Während der langen Standing Ovations sahen sich die Leute mit Ehrfurcht an, und einige wischten sich ein paar Tränen aus den Augen. Jobs hatte deutlich gezeigt, dass er und das ‹Wir› von Apple eins waren.»[916]

Die vielleicht aussergewöhnlichste Eigenschaft Steve Jobs' war sein «Reality Distortion Field», eine Realitätsverzerrung. «Steve Jobs akzeptierte keine Fakten, die ihm nicht passten. ... In seiner Gegenwart wird die Wirklichkeit formierbar. Er kann jeden praktisch von allem überzeugen.»[917] Davor konnten sich die Mitarbeiter kaum schützen und «akzeptierten es als Naturgewalt».[918] Kurz vor der Auslieferung des Macintosh kamen die Softwaremanager zum Schluss, dass sie es nicht schaffen würden, den Code rechtzeitig fertigzustellen. Sie bräuchten zwei zusätzliche Wochen. «Jobs wurde nicht wütend. Stattdessen sagte er mit ernster, ruhiger Stimme, dass sie ein tolles Team seien. So toll, dass sie es garantiert schaffen würden. ... Und das taten sie auch. Jobs' Reality Distortion Field brachte sie wieder einmal dazu, das Unmögliche möglich zu machen.»[919] Aber auch Jobs hat mit seinem durch Zen gestählten Willen die Fakten nicht immer zu seinen Gunsten drehen können. «Das Reality Distortion Field kann als Ansporn dienen, aber irgendwann holt einen die Realität ein.»[920] Aber dank dem Reality Distortion Field war es möglich, dass «Jobs ... sein Team mit einem Bruchteil der Ressourcen von IBM oder Xerox inspirierte, die Entwicklungsgeschichte des Computers zu verändern».[921]

«Jobs war kein grosser Menschenfreund.»[922] Auf der einen Seite war er charismatisch und faszinierend, auf der anderen unausstehlich, rücksichtslos, cholerisch und verletzend.[923] «Zwischen ‹Genie› und ‹Arschloch› lag wenig ...»[924] Seine dunkle Seite habe nichts mit mangelndem Einfühlungsvermögen zu tun, meint sein Biograf. Im Gegenteil, er «hatte die fast unheimliche Fähigkeit, Menschen zu lesen und ihre psychischen Stärken und Schwächen, ihre Verwundbarkeit und Unsicherheit zu erkennen. ... Das machte ihn zum Meister der bewussten Manipulation. ... Er fand sofort deinen schwachen Punkt heraus, und du fühlst dich klein und krümmst dich innerlich.»[925] Jobs war der Ansicht, dass man Topleute «nicht verhätscheln muss».[926] «Trotz aller Unausstehlichkeit schaffte es Jobs doch, seinem Team echten Korpsgeist zu verleihen. Wenn er jemand zusammengefaltet hatte, baute er ihn auch wieder auf ...»[927] Die meisten Mitarbeiter waren stolz, bei Apple zu arbeiten. Eine Mitarbeiterin erinnert sich: «Bei Besprechungen brüllte er herum: ‹Du Arschloch, du machst immer alles falsch› ... Das kam stündlich vor. Aber ich glaube immer noch, dass ich grosses Glück hatte, für ihn arbeiten zu können.»[928]

Steve Jobs tat das, was er als richtig ansah. Lange Diskussionsrunden, Komitees und Mehrheitsentscheidungen waren seine Sache nicht.[929] Als iCEO verzichtete er auf ein Gehalt und einen Vertrag, aber es war klar, dass seine Entscheidungen nicht nach dem Konsensprinzip gefällt würden.[930] Auch im Board gab es nie Abstimmungen. «Jobs hatte das Sagen und stürmte voran.»[931] Wenn es Widerspruch gab, entschied er. «Weil ich der CEO bin, und weil ich glaube, dass es machbar ist.»[932] Das hatte den Vorteil, dass es für Entscheidungen nicht Monate brauchte, «Steve traf sie in einer halben Stunde».[933] Widerspruch akzeptierte er, «aber man musste darauf gefasst sein, dass er einen attackierte oder einem sogar den Kopf abriss ...».[934] Heikle Themen pflegte er auf Spaziergängen zu erörtern.

«Im Verlauf der Jahre wurde Steve Jobs zum Grossmeister der Produkteinführung. ... Ein ums andere Mal führte Jobs wie ein Zauberer seine Kunststücke vor, und die Journalisten fielen allesamt darauf rein, selbst wenn sie die Tricks schon unzählige Male gesehen hatten ...»[935] Mit seinen Markteinführungen hatte er «eine neue Form der Inszenierung geschaffen. ... Eine grossartige Show zu inszenieren weckte seine Leidenschaft ebenso wie das Lancieren eines tollen Produktes.»[936] Das Interesse der Öffentlichkeit schürte er durch seine «Obsession, alles ... geheim zu halten ...».[937] Zum Kult gehörte, dass er erst gegen Ende seiner Show mit der Randbemerkung «ach ja, da ist noch eine Sache» das neue Objekt der Begierden enthüllte. Seinen eindrücklichsten Auftritt hatte er 2003 an der Stanford University, als er die Eröffnungsansprache für den Beginn des Studienjahres hielt. Es war «eine sehr persönliche und einfache Ansprache, genau so schmucklos und individuell wie ein perfektes Steve-Jobs-Produkt».[938] Dabei beherzigte er die wichtigste Regel für eine Rede: Erzähl gute Geschichten. Zuerst schilderte er, warum er sein Studium abgebrochen hatte. Dann erzählte er, wie er vom Rauswurf durch Apple gelernt habe. «Die dritte Geschichte nahm das Publikum dann völlig gefangen. Jobs erzählte von seiner Krebsdiagnose und seinem veränderten Bewusstsein. ... Der durchdachte Minimalismus dieser Rede verlieh ihr Einfachheit, Reinheit und Charme.»[939]

In seinem Vermächtnis erwähnt Jobs, dass seine Motivation stets die Herstellung grossartiger Produkte war und nie der Profit. Wenn das Ziel sei, Geld zu verdienen, dann ändere sich alles. «Es ist ein feiner Unterschied, doch er bestimmt letztlich alles: die Leute, die man anstellt, wen man befördert, was man in den Meetings diskutiert.»[940]

Steve Jobs hat Apple mit *seiner* DNA ausgestattet. Er war «Herz und Seele der Firma».[941] Seine Beschäftigung mit dem Buddhismus hatte seine Intuition gestärkt. «Ich begann zu erkennen, dass intuitives Verständnis und Bewusstsein bedeutungsvoller waren als abstraktes Denken und intellektuelle logische Analyse.»[942] Sein Lieblingszitat war immer schon «For the loser now will be later to win» aus dem Dylan-Song *The Times They Are a Changin'*. Seine Intuition hat ihm auch hier recht gegeben.

6.7 Besonderheiten der Führung in der Wirtschaft

Diese Porträts aus der Wirtschaft sind eine kleine, subjektive Auswahl. Aber die beschriebenen Personen und Institutionen haben die Wirtschaft nicht nur in ihrer Zeit geprägt, sondern wirken bis heute nach. Die beschriebenen Persönlichkeiten haben eine Gemeinsamkeit: Sie haben ihr Metier von Grund auf gelernt und übten es mit grosser Leidenschaft aus. Selbst Frederick W. Taylor, der Mann mit der Stoppuhr und kaum ein grosser Charismatiker, kämpfte mit fast obsessivem Eifer für seine Ideen. Henry Ford hatte seit seiner frühesten Jugend die Idee vom Automobil in seinem Kopf, und er hat seine Fähigkeiten systematisch weiterentwickelt. Wer eigenhändig das erste Automobil, das durch Detroit fuhr, gebaut und später über eine Million davon verkauft hat, der versteht nicht nur die Produktion, sondern auch den Markt. Steve Jobs hat mit dem Hobbybaukasten begonnen und die Leidenschaft für seine Produkte nie verloren. Keine der porträtierten Persönlichkeiten war ein Manager, der als «Springer» von Branche zu Branche und von Unternehmung zu Unternehmung gehüpft ist. Den CEOs, die Apple nach dem Rauswurf von Jobs geführt haben, fehlte diese Leidenschaft für die Produkte, und deshalb stürzte die Firma ab.

Während sich ein Einzelner in Japans Konsenskultur wenig profiliert, verfügen die Unternehmungsleiter der «alten Welt» über ein ausgeprägtes Ego. So wie Lee Iacocca, der seine Biografie mit den Worten einleitet: «Sie sind im Begriff, die Geschichte eines Mannes zu lesen, der aussergewöhnlichen Erfolg erzielt hat.»[943] Bescheidenheit und Zweifel gehören selten zu den Eigenschaften grosser Unternehmungskapitäne. Aber auch Iacocca war sich bewusst, dass es einen «Riesenunterschied» gibt zwischen einem «starken Ich» und einem «aufgeblähten Ich – das zerstörerisch sein kann».[944]

In der Wirtschaft geht es einerseits um das Verhältnis von Input zu Output. Die Themen sind optimale Abläufe, die Vermeidung von Verschwendung, Qualität und der Kampf gegen die Bürokratie. Taylor hat als Erster erkannt, dass die Verbesserung der Produktivität ein Schlüssel für die Überwindung des tiefen Grabens zwischen Kapital und Arbeit sein könnte. Allerdings nur unter der Voraussetzung, dass der Arbeiter einen gerechten Anteil aus der Wertschöpfung durch die Produktivitätsverbesserung erhält. In diesem Sinne haben sowohl Taylor wie Henry Ford viel für die Verbesserung der Lage der Arbeiter getan. Was bei Taylor als «Wissenschaft» begonnen hat, hat sich bis heute weitergezogen.

Das andere zentrale Thema ist der Markt. Von Ford bis Jobs geht es um Konzeption, Herstellung und Vertrieb von Produkten für Kunden mit erkennbaren und latenten Bedürfnissen. Die beiden Industriegiganten begegneten sich in ihrer Abneigung, Marktforschungen durchzuführen. Sie entwarfen Produkte, für die noch kein Bedürfnis existierte. Aber sie setzten sich sehr wohl mit ihrer Kundschaft auseinander. Ford setzte die Preise und die Löhne so fest, dass die Kaufkraft entstand, die den massenhaften Konsum seiner Produkte erst ermöglichte. Jobs wollte, dass sich die Produkte dem Nutzer anpassen und nicht umgekehrt. Jobs und Iacocca beherrschten die Klaviatur des Marketings. Beide kümmerten sich um alle Details und spielten ihre persönliche Rolle im Marketingkonzept.

Gewandelt hat sich über die Jahre das Menschenbild. Nach Ansicht von Henry Ford zieht es der Arbeiter vor, nicht zu denken. Wie ein Roboter steht er am Fliessband. Dieses mechanistische Menschenbild mag dazu geführt haben, dass Henry Ford die Herausforderung der Führung einer grossen Unternehmung kaum thematisiert hat. Bei Toyota ist der Mitarbeitende ein mitgestaltender Partner geworden. Lee Iacocca und Jack Welch haben nach Wegen gesucht, die Hierarchien mit ihren endlosen Dienstwegen auszuhebeln. Während Iacoccas «Skip-Technik» noch etwas zufällig erscheint, hat Jack Welch die «Einmischung» ohne Rücksicht auf die Hierarchie zum Prinzip erhoben. Apple hatte zwar mit Steve Jobs einen «despotischen Chef»,[945] der sich um das allerletzte Detail persönlich gekümmert hat. Aber in den Ebenen unterhalb des CEO war Apple nicht sehr hierarchisch geführt.

Alle die in diesem Kapitel vorgestellten Führungskräfte waren besessene Verbesserer. Ihr Antrieb war die Überzeugung, dass jeder Prozess, jeder Werkstoff, jede Fertigungstechnologie, jedes Detail noch verbessert werden können. Die Methoden der kontinuierlichen Verbesserung wurden seit Taylor verfeinert und systematisiert. Jack Welch hat die systematische Verbesserung von Prozessen mit dem «Thinking out of the Box»-Ansatz ergänzt. Das Referat eines Armee-Offiziers an einem seiner

Seminare hat mit einer unkonventionellen Idee die Strategie des Weltkonzerns GE fundamental verändert.

Taylor war sich bewusst, dass die wissenschaftliche Betriebsführung und die unablässige Verbesserung «eine *vollständige geistige Umwälzung* [engl. a complete mental revolution] auf Seiten des Arbeiters»[946] erfordert. Ford war der Ansicht, die «Herbeiführung eines guten Einvernehmens zwischen den einzelnen Persönlichkeiten oder Abteilungen sei gänzlich überflüssig».[947] Iacocca setzte sich mit dem Phänomen der blinden Loyalität auseinander. Welch schwebte die informelle Atmosphäre eines Dorfladens im Grosskonzern vor. Dafür wollte er in der Unternehmung einen «neuen Geist» entwickeln. Iacocca verglich Ford und GM, die völlig verschieden seien. «Bei GM herrschte eine wohltemperierte Clubatmosphäre mit Dutzenden von Ausschüssen und mehreren Managementebenen. Bei Ford ist im Gegensatz dazu ein stärkerer Korpsgeist spürbar. Entscheidungen wurden bei uns schneller getroffen, mit geringerer Kontrolle durch die Hierarchie und mehr unternehmerischem Elan.»[948] Toyota hat gar eine eigene «DNA» entwickelt. Steve Jobs wollte bei Apple etwas vom rebellischen Geist der 1960er-Jahre bewahren.

Ausser Henry Ford haben alle der Unternehmenskultur grosse Bedeutung zugemessen. Bei Toyota herrscht die Meinung, dass diese Kultur über Jahrzehnte wachsen muss. «Entgegen seines autokratischen Naturells ... setzte sich Jobs stark dafür ein, bei Apple eine kooperative Unternehmungskultur zu fördern.»[949] Jack Welch war der Auffassung, dass die führenden Konzernmanager die Kultur prägen. Er kümmerte sich mit viel persönlichem Einsatz um deren Auswahl, ihren Einsatz und ihre Weiterbildung. Die Kulturen von Chrysler, General Electric und Apple wurden in hohem Masse durch die Persönlichkeiten ihrer Chefs geprägt. Taylor, Ford und Toyota legten das Schwergewicht ihres Managements auf die Prozesse. Für Iacocca, Welch und Jobs war die Qualität der Menschen in Schlüsselpositionen entscheidend. Mittelmässigkeit wurde nicht toleriert.

In 1,4.6 wird auf die fünf Kulturdimensionen von Geert Hofstede hingewiesen. Neben der Machtdistanz spielt hier die Dimension individualistisch/kollektivistisch eine besondere Rolle.[950] Offensichtlich lassen sich die amerikanischen und japanischen Unternehmen nach diesem Muster einordnen. Ein amerikanischer CEO entscheidet letztlich allein, während bei Toyota das Konsensprinzip hochgehalten wird. Auffallend auch, dass Jack Welch dem Tempo des Entscheidungsprozesses höchste Bedeutung zugemessen hat. Auch Steve Jobs war in der Lage, sehr schnell Entscheidungen zu treffen. Toyota legt Wert auf langsame und sorgfältige Entscheidungen. Auch in Bezug auf Arbeitsplatzsicherheit unterscheiden sich die beiden Kulturen grundlegend. Für Jack Welch ist es undenkbar, dass ein Unternehmen Arbeitsplätze garantiert. Toyota begründete sein Prinzip der Arbeitsplatzsicherheit mit der Maslow'schen Bedürfnispyramide.[951]

Die kulturellen Unterschiede kommen auch bei der Frage der Bezahlung zum Ausdruck. Für Taylor war der Lohn der Arbeiter ein zentrales Thema. «Der Taylorismus ist die ultimative Form der extrinsischen Motivation. Menschen gehen zur Arbeit, um Geld zu verdienen – punktum.»[952] Mit dem Bonus hat er ein Element erfunden, das bis heute Geschichte macht, allerdings nicht mehr im Zusammenhang mit Arbeiterlöhnen. Auch Ford hat sich intensiv mit dem Lohn der Arbeiter auseinandergesetzt. Toyota zahlt ein «gutes Gehalt»,[953] verwendet aber keine monetären Anreizsysteme. Bei Iacocca und Welch rückten die Gehälter der Manager, primär auch ihre eigenen Bezüge, ins Zentrum.

Frederick W. Taylor musste seine Methoden in der Öffentlichkeit rechtfertigen. Heute nennen wir das Kommunikation. Henry Ford schreibt darüber nicht explizit. In vielen Passagen ist seine Biografie aber auch eine Rechtfertigungsschrift. Lee Iacocca und Jack Welch hatten sich permanent mit den Medien auseinanderzusetzen. Beide haben die Bedeutung von Einfachheit und Repetition in der Kommunikation erkannt. Besondere Bedeutung hat die Kommunikation in der Krise. Iacoccas Umgang mit einer für ihn völlig überraschenden Krise könnte noch heute als Musterbeispiel in einem Lehrbuch stehen. Steve Jobs dominierte in der Regel die Medien, aber als es mit dem iPhone 4 technische Probleme gab, stand auch er in der Defensive. Er legte die Fakten auf den Tisch, rechtfertigte sich aber nicht.[954] Ganz anders Toyota. Eine schleichende Verschlechterung wurde spät erkannt. Die beunruhigenden Vorfälle mit ihren Autos in den USA wurden zunächst verharmlost. Auch auf dem Höhepunkt der Krise machte die Unternehmungsleitung eine schlechte Figur. Nicht nur das Beispiel Toyota, auch der Ablauf der Krise um das Atomkraftwerk

Fukushima Daiichi lassen vermuten, dass die individualistische Kultur in Krisen überlegen ist.

Jeder der beschriebenen Unternehmensführer hat sich mit der Rolle der Unternehmung in der Gesellschaft auseinandergesetzt. Taylor suchte den Gegensatz von Arbeit und Kapital zu überwinden. Henry Ford wollte der grossen Masse an Menschen Arbeit und zugleich Kaufkraft geben und somit zum Volkswohlstand beitragen. Nicht nur, dass die Gewinne tief zu halten seien, den Aktionär schliesst er bei der Verteilung des Gewinnes aus. Für Lee Iacocca ist «Arbeitsplätze zu schaffen ... die vornehmste Verpflichtung eines Unternehmens gegenüber der Gemeinschaft».[955] Auch bei ihm erscheinen die Shareholder noch nicht als explizite Kategorie. Für Jack Welch beginnt die soziale Verantwortung «mit einem starken, wettbewerbsfähigen Unternehmen. ... Im Gegensatz dazu sind schwache Unternehmen oft eine Belastung für die Gesellschaft.»[956] Auch er setzte sich mit dem Shareholder nicht ausdrücklich auseinander. Toyota erwähnt in seiner Mission den Beitrag zum lokalen und nationalen Wirtschaftswachstum, und auch hier findet der Aktionär keine Erwähnung. Steve Jobs hatte die höchsten Ansprüche. Er wollte die Welt mit seinen Produkten verändern. Für ihn standen die Produkte im Zentrum seiner Aktivität und nicht die Shareholder.

Es fällt auf, mit welcher Vehemenz sich amerikanische Chairmen und CEOs gegen die Banken und die damit verbundenen spekulativen Geschäfte wenden. Bereits 1923 äusserte Henry Ford Unbehagen über das «widersinnige Finanzwesen».[957] Wer zu viel von Finanzfragen verstehe, der verdiene sein Geld mit Geldmanipulationen anstatt mit produktiver Arbeit.[958] Lee Iacocca ärgerte sich über die von den Banken getriebenen unfreundlichen Übernahmen. Jack Welch erhielt nach der Übernahme der Investmentbank Kidder Peabody Einblick in die Welt der Wall Street und war schockiert über die dort herrschenden Sitten. Zu dieser Zeit schrieb der amerikanische Schriftsteller Tom Wolfe *The Bonfire of the Vanities*, ein epochales Sittengemälde über diese Welt.[959] Sein «Master of the Universe» ist zum Sinnbild für zügellose Raffgier geworden. «In der Wall Street waren er und noch ein paar andere – wie viele? Dreihundert, vierhundert fünfhundert? – genau das geworden, Masters of the Universe, Herren des Universums. Sie kannten ... keine wie auch immer geartete Beschränkungen.»[960] Ihr Prinzip war die Isolation von Hinz und Kunz. Ihre Büros im 50. Stockwerk hatten Lobbys wie Fünfsternhotels, sodass man «beim blossen Hinsehen die Kosten in den Fingerspitzen fühlte. ... Bibliotheksleitern, bauchige Konsolen, Sheraton-Beine, Chippendale-Rücken, Zigarrenabschneider, Klubsessel mit Troddeln, Plüschteppiche ...».[961] Der Master of the Universe ist ein Absolvent von Princeton, Yale oder Harvard «mit einem Hals, der dreissig Zentimeter aus seinem Hemdkragen herauszuragen schien ...».[962] «Wenn man innerhalb von fünf Jahren nicht $ 250 000 pro Jahr verdiente, dann war man entweder ungeheuer dämlich oder ungeheuer faul. ... Mit dreissig $ 500 000 – und diese Summe hatte noch den Makel der Mittelmässigkeit. Mit vierzig verdiente man entweder eine Million pro Jahr, oder man galt als zaghaft und inkompetent.»[963]

Allerdings: Auch die CEOs der Industrie langten zu. Henry Ford hatte noch Bescheidenheit gepredigt. «Wir denken nicht daran, prunkhafte Baulichkeit als Symbol unserer Bauten aufzuführen. ... derartige Denkmäler des Erfolges enden nur gar zu oft als Grabmonumente. Ein grosses Verwaltungsgebäude mag ja mitunter notwendig sein, obgleich sich in mir bei seinem Anblick stets der Verdacht regt, dass ein Überfluss an Verwaltung vorhanden ist.»[964] Fünfzig Jahre später ist die Bescheidenheit verflogen. «Das Büro des Präsidenten hatte die Grösse einer Suite in einem Grand Hotel. Ich hatte mein eigenes Bad. Ich hatte sogar meine eigenen Wohnräume. Als Ford-Chef wurde ich von weissbefrackten Kellnern bedient ...»[965] Jack Welch investierte just zu der Zeit, als er 118 000 Menschen entliess, 75 Millionen Dollar für ein Fitnesscenter, ein Gästehaus (mit Kaminen und einer Bar), ein Konferenzzentrum und den Ausbau des Schulungszentrums. Dass sein Hauptsitz nun «Jacks Kathedrale» genannt wurde, schien ihm zu schmeicheln.[966]

Um was geht es primär? Gute Produkte schaffen oder Geld verdienen? Nach Steve Jobs verändert dieser «feine Unterschied» alles.[967] Bei Apple hat sich nach Jobs erstem Abgang gezeigt, was passiert, wenn die Jünger des Shareholder-Value ans Ruder kommen. Fakt ist, dass seit den 1970er-Jahren das Geldverdienen in den Vordergrund getreten ist. Habgier ist eine der sieben Todsünden. Mit der Inthronisierung des Shareholder-Value wurde sie geadelt. Die Massstäbe der Wall Street begannen sich auch in den grossen Industrieunternehmen durchzusetzen. In den Führungsetagen dieser Unternehmen hat seither eine Entwicklung zur Masslosigkeit in Bezug auf Grösse und Profit stattgefunden, die bis heute jede Krise überdauert hat. Mittlerweile hat sie sich als «CEO-Kultur» globalisiert. Jürgen Schrempp ist ein Gesicht, das diese Entwicklung symbolisiert. 1995 übernahm er das Steuer von Daimler-Benz, nachdem seine Vorgänger mit der Strategie des «integrierten Technologiekonzerns» grandios gescheitert waren. Sein Schlachtruf war «Profit, Profit, Profit» und seine neue Vision die «Welt AG». «Es beginnt das grosse Fressen ...: Mitsubishi, Hyundai und vor allem Chrysler – ein Konzern entsteht, in dem die Sonne niemals untergeht.»[968] Sein Gehalt liess sich der Schöpfer der «Hochzeit im Himmel»[969] vervielfachen. Als sich der selbsternannte Mister Shareholder-Value «davonschlich», waren alle Fusionen gescheitert, und Daimler-Benz hatte mehr als 50 Milliarden Euro an Wert verloren.[970]

7. Frauen führen

7.1 Maria Theresia

Erzherzogin Maria Theresia Walburga Amalia Christina von Österreich und spätere Kaiserin Maria Theresia (1717–1780) wurde als älteste Tochter von Kaiser Karl VI. in Wien geboren. Der einzige Sohn des Kaisers war früh verstorben, und die Nachricht von der Geburt des Mädchens wurde mit Enttäuschung aufgenommen. Bereits 1713 hatte der Kaiser zur Sicherung der Dynastie die «Pragmatische Sanktion» erlassen. Sollte kein männlicher Thronfolger vorhanden sein, würde die Erbfolge auf die Töchter übergehen. Und tatsächlich wurde kein männlicher Erbe mehr geboren. Maria Theresia erhielt eine gute Erziehung, wurde aber nie auf ihre Rolle als Thronfolgerin vorbereitet. Sie wurde mit Franz Stephan von Lothringen verheiratet, dem sie schon als Kind zugeneigt war. Maria Theresia war bereits zum vierten Male schwanger, als ihr Vater starb.

Maria Theresia erbte von ihrem Vater die Königreiche Ungarn und Böhmen, Schlesien, das österreichische Schwaben, Vorder-, Ober- und Niederösterreich, die Steiermark, Kärnten und Krain, Friaul, die Städte Burgau, Breisgau, Mailand, die Herzogtümer Parma und Piacenza. «Als Maria Theresia am 20. Oktober 1740 den Thron bestieg, ist Österreich-Ungarn ein Konglomerat ungleicher, aneinandergereihter Länder, unterschiedlich nach Ursprung, Sprache, Konfession und Tradition. ... Beim Tode Karls VI. besteht das Heer aus knapp hunderttausend über das weite Reich verstreuten Soldaten; die Armee ist kaum organisiert, entmutigt, schlecht geführt; manche Schwadronen haben nur eine Handvoll Reiter. ... Die Minister sind uneinig, der Adel ist unsicher, das Volk mutlos, die Kasse leer.»[971] Bereits am Tag nach der Thronbesteigung bestellte sie den Ministerrat. «Ein seltsamer Anblick – die dreiundzwanzigjährige Souveränin, die einen Areopag von sechs Greisen mit einem Gesamtalter von vierhundertzehn Jahren präsidiert!»[972] Zu Beginn ihrer Regentschaft arbeitete sie mit diesem Beraterstab weiter. Sie stürzte sich in die Arbeit und holte in kürzester Zeit nach, was sie an Einführung in die Staatsgeschäfte verpasst hatte. Die Konstellation der Mächte in Europa war labil und von ständig wechselnden Bündnissen geprägt. Besondere Sorge bereitete ihr der Nachbar Preussen, wo im gleichen Jahr Friedrich II., später der Grosse genannt, den Thron bestieg.

Nach dem Tod des Kaisers wurde die «Pragmatische Sanktion» infrage gestellt. Friedrich II. von Preussen berief sich auf einen überlieferten Anspruch auf Schlesien. Er nutzte das Vakuum der Übergangssituation und besetzte Schlesien. Gleichzeitig brach der Österreichische Erbfolgekrieg aus. «Auf militärischem Gebiet war das Jahr 1741 für Maria Theresia verheerend verlaufen: Schlesien und ein Teil Mährens waren in den Händen des preussischen Königs, Oberösterreich, der grösste Teil Böhmens, Linz, Prag, Olmütz vom Feinde besetzt. Frankreich, Spanien, Preussen, Bayern, Sachsen, die Kurfürsten von der Pfalz und von Köln bildeten eine vernichtende Koalition gegen Österreich.»[973] Einzig in Ungarn hatte Maria Theresia einen Erfolg zu verzeichnen. Sie wurde zur Königin gekrönt und ordnete die allgemeine Mobilmachung an.

Erstmals seit Jahrhunderten konnte sich das Haus Habsburg bei der Kaiserwahl nicht durchsetzen. Anstelle eines Habsburgers wurde 1742 der Kurfürst von Bayern zum Kaiser Karl VII. gewählt. Einen Tag nach der Kaiserkrönung wurde München von den österreichischen Truppen erobert. 1743 gelang es den Truppen Maria Theresias, Prag von den die Bayern unterstützenden Franzosen zu befreien. 1744 erklärte Friedrich II. von Preussen Österreich den Krieg. Im zweiten Schlesischen Krieg operierte Österreich unglücklich. 1745 starb der erst drei Jahre zuvor eingesetzte Kaiser Karl VII. Nun gelang es Maria Theresia, die Habsburger wieder auf den Kaiserthron zu bringen. Ihr Gemahl Franz Stephan wurde zum Kaiser Franz I. von Lothringen gewählt. Gemäss dem im Dezember 1745 geschlossenen Friedensvertrag von Dresden anerkannte Friedrich II., der Grosse, Franz I. von Lothringen als Kaiser, und Österreich musste Preussen Schlesien überlassen. Formell war der Gatte Maria Theresias Kaiser, sie aber liess sich «Römische Kaiserin» nennen. Der Frieden von Dresden beendete den Krieg zwischen Österreich und Preussen. Der Erbfolgekrieg schwelte aber noch, und die Feindseligkeiten zwischen Frankreich und Österreich setzten sich fort. Im Frieden von Aachen von 1748 wurde die «Pragmatische Sanktion» bestätigt und Franz von Lothringen als Kaiser anerkannt.

Nach dem Frieden von Aachen «sah es trüb aus in Wien».[974] Die Herrscherin verlangte von den Mitgliedern des Geheimen Rates einen schriftlichen Bericht «über das ‹System› ..., das sie der Politik künftig zugrunde legen wollten».[975] Graf Wenzel Kaunitz-Rietberg, der Jüngste im Gremium, verfasste einen 126 Seiten starken Bericht. Kernstück dieses bemerkenswerten Memorandums war die Wiedergewinnung Schlesiens und eine Neuordnung der Bündnispolitik mit einer Annäherung an Frankreich. Dabei durften weder England noch Russland vor den Kopf gestossen werden. Frankreich verhielt sich vorerst zurückhaltend, bis Kaunitz selber als Botschafter nach Paris entsandt wurde. 1753 wurde Kaunitz zurückgerufen und zum Staatskanzler ernannt. «Die Ära Kaunitz hatte begonnen. Sie dauerte siebenundzwanzig Jahre.»[976]

1756 marschierte der Preussenkönig Friedrich II., der Grosse, in Sachsen ein und begann damit den dritten Schlesischen Krieg, den sogenannten Siebenjährigen Krieg. «Friedrichs II. rücksichtsloses Vorgehen erweist sich als schwerer politischer Fehler, denn es ruft Frankreich und Russland auf den Plan und wirft Sachsen und Polen einer neuen Tripelallianz in die Arme: Frankreich – Österreich – Russland.»[977] Aber Friedrich II. blieb seiner Taktik, stets die Initiative zu übernehmen, treu und fiel mit seinen Truppen im April 1757 in Böhmen ein. In Kolin wurde er von den Österreichern besiegt, die ihn aber nicht ernsthaft schwächen konnten. Erstmals hatte Österreich auch in Schlesien Erfolg und nahm Breslau ein. Da setzte Friedrich II. wieder einmal alles auf eine Karte und griff das weit überlegene österreichische Heer an. Österreich verlor die Schlacht von Leuthen und musste Breslau wieder preisgeben. 1760 wiederholte sich dieses Muster in Torgau. Friedrich II. griff wieder mit unterlegenen Kräften an. Während der Schlacht wurden ihm zwei Pferde unter dem Leib weggeschossen, und er glaubte die Schlacht verloren. Die Siegesdepesche war schon in

Wien angekommen, als sich das Blatt nochmals wendete und die Österreicher zum Rückzug gezwungen wurden. Am 15. Februar 1763 schlossen Österreich, Preussen und Sachsen den Frieden von Hubertusburg. «Maria Theresia verzichtet noch einmal auf Schlesien. ... Österreich hat sich sieben Jahre für nichts geschlagen.»[978]

Trotz dieser dauernden Kriegswirren kümmerte sich Maria Theresia um Reformen in allen Bereichen ihres Reiches. Die «Theresianische Staatsreform» war in vielen Gebieten weitreichend. Maria Theresia gründete die «Geheime Haus-, Hof- und Staatskanzlei», in der sie die besten Reformkräfte einsetzte. Das extrem föderalistische Reich wurde zunehmend zentralisiert. Die Leibeigenschaft war ihr ein Dorn im Auge, sie wagte es aber nicht, sie abzuschaffen. Aber mit verschiedenen Massnahmen wurde das Los der Bauern erleichtert. Die Armee wurde von Grund auf reorganisiert. «1769 umfasste das österreichische Heer 200 000 gut bewaffnete und geübte Soldaten. Niemals hat das Haus Österreich über eine solche Streitmacht verfügt.»[979] Auch Justiz und Bildung wurden reformiert.

1765 starb Kaiser Franz I. von Lothringen. Der plötzliche Tod ihres Mannes war ein schwerer Schicksalsschlag für Maria Theresia. Von nun an trug sie als Witwe nur noch Schwarz. «Die unerwartete Trennung zerschmetterte sie, nahm ihr alle Freude an Leben und Arbeit – und gab ihr als Mitregenten einen ehrgeizigen Sohn, der in vielen Fragen grundsätzlich anders dachte als sie.»[980] Ihr erstgeborener Sohn Joseph wurde zum «Mitregenten» ernannt und als Nachfolger seines Vaters zum Kaiser Joseph II. gekrönt, eine Position, die allerdings rein dekorativ geworden war. Maria Theresia hatte zu ihrem Sohn ein gespanntes Verhältnis. Da paarten sich Zweifel an seinem Charakter mit unterschiedlichen Einstellungen und Temperamenten. Ganz besonders störte sie, dass sich ihr Sohn ausgerechnet ihren Intimfeind Friedrich II. zum Vorbild genommen hatte. Das Aussterben der Bayrischen Wittelsbacher bot Joseph den Anlass, Ansprüche auf Niederbayern und die Oberpfalz zu erheben. Ohne Rücksicht auf den Willen Maria Theresias marschierten österreichische Truppen 1778 in Bayern ein. «Weniger scharfsichtig als seine Mutter, glaubte Joseph nicht, dass Friedrich II. sich diesem Gebietszuwachs Österreichs widersetzen würde.»[981] Da täuschte er sich gründlich. Die Aktion löste den Bayrischen

Erbfolgekrieg aus. Aufgrund von logistischen Problemen auf beiden Seiten kam es kaum zu Kampfhandlungen. Dazu hatte auch die (nicht mit ihrem Sohn abgesprochene) Friedensintervention Maria Theresias bei Friedrich II. beigetragen. Der Frieden von Teschen beendete diesen seltsamen «Krieg ohne Kampfhandlungen». Wenig später verstarb die Kaiserin.

Maria Theresia war blutjung, völlig unvorbereitet und bereits zum vierten Mal schwanger, als sie die Herrschaft eines der grossen europäischen Reiche übernehmen musste. Sie schilderte diesen Einstieg: «Niemand wird mir widersprechen, wenn ich behaupte, dass man in der Geschichte nicht leicht das Beispiel einer anderen Herrscherin finden wird, die unter schlimmeren Verhältnisse als denen, mit denen ich mich abplagte, die Zügel der Regierung ergriffen hat. Die Truppen, einstmals als die besten in Europa betrachtet und der Schrecken ihrer Feinde, hatten ihren Ruf völlig verloren. Die Pest wütete im grössten Teil meiner Länder; die Grenzen waren überall ungeschützt. Einige tausend Gulden waren alles, was ich in den Kassen vorfand ... Die Schwierigkeiten schienen unüberwindlich.»[982]

Sie zögerte keinen Augenblick und «handelt mit einer Schnelligkeit und Entschlossenheit, wie man sie am Wiener Hof nicht gewohnt war».[983] Den Arbeitsplan, den man ihr vorlegte, korrigierte sie umgehend. Anstatt um 8 Uhr stand sie im Sommer um 5 Uhr, im Winter um 6 Uhr auf. «Das Diner ... verlegte sie unter Missachtung aller höfischer Traditionen von 11 Uhr abends auf 8 ½ Uhr. ... und brauchte auch die Abende zum Arbeiten.»[984] Die Stimmung in ihren Ländern war getrübt, und deshalb «liess [sie] sich in der Stadt blicken, äusserte sich betont optimistisch ...».[985] Als Erstes liess sie sich von ihren Ratgebern, Diplomaten, Generälen und den Botschaftern anderer Länder ausführlich über die Lage orientieren. Sie handelte schnell. Verdienten Offizieren liess sie Belohnungen zukommen. Bauern erliess sie ausgesprochene Strafen. Sie empfing «die geringsten ihrer Untertanen und hörte sich ihre Wünsche und Klagen an».[986] Bald schon empfing sie die Zuneigung der Bevölkerung auf Spruchbändern über der Strasse:

«Liebe Resl, halt dich wohl!
Mach uns öfters freudenvoll!»[987]

Maria Theresia verband Autorität mit Wärme. Zuerst kam immer das Interesse Österreichs. Sie war eine Realistin, «liess sich weder blenden noch ködern, sie kannte die Vorzüge und Fehler ihrer Mitarbeiter so genau wie ihre eigenen und die ihrer Kinder. Sie machte sich keine Illusionen über Grenzen und Wirksamkeit ihres Werkes und wusste genau, was sie wollte. Das Erstaunlichste waren ihr unabhängiges Urteil und ihre Beharrlichkeit. ... Sie besass in höchstem Grade die beiden Eigenschaften, die nach Jacob Burckhardt den überlegenen Menschen ausmachen: Aktivität und Ausdauer.»[988] Wenn es notwendig war, beendete sie Diskussionen mit einem «ich will es».[989] Den Menschen ist sie mit Respekt begegnet: «Ich habe niemals Diener, sondern nur Freunde gehabt. ... Wenn die Leute zufrieden sind, arbeiten sie das Doppelte; haben sie Furcht, tun sie nur ihre Pflicht. ... Durch das Gefühl zieht man die Menschen an sich heran ...»[990]

Die Kaiserin wählte ihre engsten Mitarbeiter sorgfältig aus. Die grösste Rolle spielte Kaunitz, den sie ausserordentlich schätzte und dem sie voll vertraute. Für die Umsetzung ihrer vielen Reformprojekte ernannte sie hervorragende Mitarbeiter. «Sie gab sich ihren Mitarbeitern gegenüber, die sie oft duzte, fröhlich, zutraulich, grosszügig.»[991] Eine wenig glückliche Hand hatte sie bei der Ernennung und Abberufung ihrer Generäle. Bevorzugung von älteren Militärs gegenüber den weit fähigeren jüngeren, falsche Loyalitäten, keine Konsequenz bei offensichtlicher Unfähigkeit: Dieses Muster zog sich durch ihre ganze Regentschaft. Selbst als Kaunitz ihr einen glänzenden, 41 Jahre jungen (!) General als Oberkommandierenden vorschlug, «fand [sie] nicht den Mut, das geheiligte Gesetz der Ancienniät zu verletzen».[992] Am krassesten äusserste sich das bei ihrem Schwager Prinz Karl von Lothringen, den sie viel zu lange gewähren liess. Als sie sich endlich durchringen konnte, ihn zu ersetzen, «bat sie der Kaiser, es nicht zu tun. Sie beging ein Unrecht, als sie ihm nachgab und den Wunsch, ihrem lieben Gemahl gefällig zu sein, über das Wohl von Armee und Land stellte.»[993] Die Folgen waren fatal.

Mit Maria Theresia wurde die Dynastie der Habsburger erstmals von einer Frau geführt. Ihr Vater antizipierte die dadurch entstehenden Schwierigkeiten und stellte die «Pragmatische Sanktion» ins Zentrum seiner Politik. Der bittere Verlust von Schlesien ist letztlich auf den Geschlechterwechsel zurückzuführen. Am Anfang ihrer Herrschaft war der

Widerstand spürbar. «Wir wollen nicht von einer Frau regiert werden!», stand auf den Mauern geschrieben.[994] Als Kardinal Fleury in Paris erklärte «Österreich hat aufgehört zu existieren», war Maria Theresia zum fünften Mal schwanger. Aber sie hatte ihren Mut nicht verloren. «Gewiss, ich bin eine Frau. Aber ich habe das Herz eines Königs.»[995] Als in Russland die Zarin Elisabeth an die Macht kam und Madame Pompadour in Frankreich eine wichtige Rolle spielte, spottete Friedrich II. von Preussen über die drei Unterröcke.[996] Maria Theresia gewann die Herzen ihrer Untertanen durch ihre Natürlichkeit, ihren Optimismus und ihre Tatkraft. «Die Etikette des achtzehnten Jahrhunderts wollte den Herrscher stolz und unnahbar, doch Maria Theresia verband Schlichtheit mit Majestät, Leutseligkeit mit der Zurückhaltung, und ohne je an Würde zu verlieren, gab sie sich heiter, lebhaft, begeisterungsfähig. Sie blieb auf dem Thron eine Frau, blieb Wienerin, blieb sie selbst. Man verehrte sie. ... Voltaire hatte recht, als er feststellte: ‹Maria Theresia verbannte Etikette und Dünkel, die einen Thron verhasst machen können, ohne ihm mehr Respekt zu verschaffen.›»[997] Machiavelli war der Ansicht, ein machtvoller Fürst müsse gefürchtet werden (s. 1, 3.1). Das widersprach der Auffassung Maria Theresias. «Die Liebe unserer Völker ist der einzige Lohn unserer Bemühungen ... Sie war wirklich die *Landesmutter*.»[998]

Sie war auch Mutter im engeren Sinne. «Am 8. Dezember 1756, noch während der Verhandlungen mit Frankreich, gab Maria Theresia in einer sehr schmerzhaften Entbindung ihrem sechzehnten und letzten Kind ... das Leben. Sie war untröstlich, dass ihre ‹Brut› nun nicht mehr grösser werden sollte.»[999] Sie war eine «vorbildliche Mutter. Mündlich und schriftlich gab sie die strengsten und genauesten Anweisungen für die Erziehung jedes Kindes.»[1000] Ihre Nachkommen haben ihr nicht nur Freude, sondern auch grossen Schmerz gebracht. Fünf ihrer Kinder sind zu ihren Lebzeiten verstorben.

Eine besondere Bedeutung hatte ihre Ehe mit Franz Stephan. Wie zu dieser Zeit üblich, führten dynastische Überlegungen zu dieser Heirat. Die Eheleute waren sich während ihrer langen Ehezeit herzlich zugetan, und das war zu dieser Zeit aussergewöhnlich. Kaum an der Macht, ernennt Maria Theresia ihren Mann zum «Mitregenten». «Tatsächlich ist die junge Souveränin bemüht, mit ihrem Gemahl nicht nur das Bett zu teilen, sondern auch die fürstlichen Ehren ...»[1001] Naiv ist Maria Theresia allerdings nicht. Sie lässt die Verpflichtung ihres Gemahls verurkunden, «nie den Vorwand zu entnehmen, sich über den Vorrang seiner erhabenen Gattin hinwegzusetzen ...».[1002] Mit grosser Energie und schliesslich mit Erfolg setzt sie sich dafür ein, die kaiserliche Krone für ihren Gatten zu erlangen. «Wie liebt sie diesen adorablen Gatten.»[1003]

Kein Thema hat Maria Theresia während ihrer ganzen langen Regentschaft so beschäftigt wie Schlesien. Sie hat nie verwunden, dass Friedrich II., der «Strassenräuber aus Berlin»,[1004] die Instabilität zu Beginn ihrer Herrschaft ausgenutzt hat, um ihrem Reich diese Stammlande zu rauben. Nicht nur die Bündnispartner, auch ihre engere Umgebung drängten sie, die Fakten anzuerkennen und auf Schlesien zu verzichten. Diesem Druck hat sie nie nachgegeben.[1005] «Man hat diese Unbeugsamkeit der Kaiserin manchmal ihrem Stolz, ihrem Ressentiment gegen Friedrich zugeschrieben. Gewiss, ... Maria Theresia und Friedrich II. haben einander gehasst. Aber es war doch selbstverständlich, dass ihr Schlesien am Herzen lag ...»[1006] Sie wusste aber auch, Situationen realistisch zu beurteilen. Als sich ihr Sohn Joseph II. in Abenteuer verwickelte, legte sie ihm den Grundsatz ans Herz: «Ein mittelmässiger Frieden ist mehr wert als ein glücklich gewonnener Krieg.»[1007]

Das grösste Kompliment machte ihr ausgerechnet ihr ärgster Rivale. In seinem Testament huldigt Friedrich der Grosse Maria Theresia «als der weisen Fürstin ... der weisesten und politisch begabtesten».[1008] Dann setzte er noch einen drauf: «Diese Frau, die man als einen *grossen Mann* ansehen könnte ...»[1009]

7.2 Frauen in Politik und Wirtschaft

Anfang des 19. Jahrhunderts begannen Frauen in Grossbritannien und den USA ihre Rolle radikal infrage zu stellen. Als «Suffragetten» setzten sie sich für das Frauenwahlrecht ein. 1908 organisierten sie eine der grössten Demonstrationen der Geschichte. Gut eine halbe Million Menschen kamen in den Hydepark. Als sich trotzdem nichts bewegte, griffen sie zu rabiateren Mitteln und schreckten auch vor Gewalt nicht zurück. Der Erste Weltkrieg setzte ihren Bemühungen ein abruptes Ende. Erst nach dem Zweiten Weltkrieg begannen sich die Verhältnisse langsam zu ändern. Die ersten Frauen an der Spitze von Staaten waren Sirimavo Bandaranaike in Ceylon (heute Sri Lanka), Indira Gandhi in Indien, Golda Meir in Israel, Margaret Thatcher in Grossbritannien und Benazir Bhutto in Pakistan.

Europa ist auf dieser Liste nur mit einer Frau vertreten. Aber mit was für einer. Kein Politiker und keine Politikerin hat seit dem Zweiten Weltkrieg ein Land so fundamental verändert wie Margaret Thatcher. Die «eiserne Lady» hat die Wirtschaftpolitik völlig neu geordnet, Staatsunternehmungen privatisiert und Zechen geschlossen. Als grösster Coup ist es ihr gelungen, die enorme Gewerkschaftsmacht für immer zu brechen. Schliesslich hat sie fern der Heimat auf den Falklandinseln noch einen Krieg gewonnen. Mit Meryl Streep ist *The Iron Lady* auf der Leinwand nochmals auferstanden. Der Film hat die nach wie vor heftige Kontroverse über die Beurteilung Margaret Thatchers wieder angeheizt. Ihr Biograf Charles Moore (die Biografie darf erst nach ihrem Tod erscheinen) spricht in einem Interview über ihren Status: «Sie war sich ihrer Rolle als Frau sehr bewusst und spielte diese exzellent, aber sie wollte sich nie durch ihr Geschlecht kategorisieren lassen. ... Es reizte sie, die Männer auf ihren eigenen Schlachtfeldern zu schlagen. Sie wusste, dass dies von einer Frau einen Extra-Effort erforderte. Wahrscheinlich war sie deshalb so eisern.»[1010] Entgegen der landläufigen Meinung sei es ihr oft schwergefallen, Entscheide zu treffen. «War der Entscheid einmal gefällt, hielt sie mit eisernem Willen an ihm fest.»[1011] Zum Symbol ihrer Macht wurde ein typisch weibliches Accessoire, ihre Handtasche. «Hinter jedem starken Mann steht eine starke Frau», ist ein gängiges Klischee, wobei selbstverständlich davon ausgegangen wird, dass diese Frau im Hintergrund agiert. Bei Margaret Thatcher war es genau umgekehrt. «Ihr Mann Denis, eine stille Figur, über die in der britischen Presse viele Witze gemacht wurden, [war] eine unverzichtbare Stütze. ... Denis war der Fels in ihrem Leben, wohl der einzige.»[1012]

Heute sind Frauen in führenden Positionen in Politik und Wirtschaft keine singulären Ereignisse mehr. Eine der mächtigsten Figuren der Welt

7. Frauen führen

ist eine Frau. Es erscheint reichlich zufällig, wie Angela Merkel in die Politik gekommen ist. Als «Kohls Mädchen» startete sie ihre Karriere, leicht belächelt als Ossi-Frau im Haifischbecken deutscher Politik. Als Fels in der Brandung von Finanz- und Schuldenkrise «gilt sie als kühl, als ewig gleichmütig, unnahbar».[1013] Der Journalist, der sie auf vielen Anlässen und Reisen erlebt hat, kennt auch eine andere Seite. «Es gab immer wieder Momente, in denen sie anders war, in denen Merkel lebhaftes Gemüt zeigte. Im kleinen Kreis ist sie oft ganz anders als in der Öffentlichkeit. … Hass kam nicht vor bei ihr, jedenfalls nicht hörbar, nicht sichtbar. Aber jenseits dieser Extreme kann man mit Merkel alles erleben. Zorn, masslose Heiterkeit, Zuneigung, Missmut, Freude, Traurigkeit. Tränen? Nie gesehen, ausser Lachtränen.»[1014] Sie ist auffallend beherrscht. «Ich habe sie nie im Zorn brüllen gehört. Ihre Art Zorn zu zeigen, ist die Kälte.»[1015] Ihr Antizipationsvermögen ist beeindruckend. «Sie hat nie Überraschung gezeigt, hat mit allem immer schon gerechnet und findet nichts dramatisch.»[1016] Die Dossiers bearbeitet sie akribisch. Aber ihre wahre Leidenschaft «gehört dem Machtspiel. Eine notorisch unaufgeregte Aufgabenlöserin mit hohem Machtwillen ist eine unangenehme Gegnerin. Man kann sie kaum zermürben, weil jede neue Schwierigkeit als neue Aufgabe willkommen geheissen wird.»[1017] Selbst wenn sie offensichtlich genervt ist, bleibt sie «unerbittlich konstruktiv … Eine ihrer Stärken ist diese Hingabe an ihren Beruf.»[1018] Diese Zitate aus einem langen Porträt des *Spiegels* bringen einen Respekt zum Ausdruck, der in diesem grundsätzlich respektlosen Blatt selten ist. Und ja, sie ist eine Frau. «Wenn Angela Merkel morgens aufsteht, macht sie ihrem Mann das Frühstück.»[1019]

Auch das grösste lateinamerikanische Land Brasilien wird von einer Frau regiert. Die Fussstapfen ihres Vorgängers Lula waren gross, und trotzdem hat Dilma Rousseff bereits nach kurzer Amtszeit höchste Popularitätswerte erreicht. Die wichtigsten Posten ihrer Regierung sind mit Frauen besetzt. «Herrschaft der Amazonen», titelt der *Spiegel*.[1020] Rousseff pflege einen anderen Führungsstil als ihr jovialer Vorgänger, sie sei im Umgang mit ihren Mitarbeitern distanziert und hasse Klüngeleien. «Rousseff regiert den Männerzirkus in Brasilia mit strenger Hand.»[1021]

Auch in der Wirtschaft sind Frauen im Vormarsch, obwohl sie immer noch massiv untervertreten sind. Dabei sind die USA Europa noch weit voraus. Hier werden Weltfirmen wie Kraft Foods, Pepsi, Du Pont, WellPoint, Johnson & Johnson von Frauen geführt. Auch an der Spitze der grössten IT-Firmen, IBM und Hewlett Packard, sind Frauen. Der Aufstieg von Virginia Rometty an die Spitze des «Big Blue» ist kein Zufall. Bereits 1953 deklarierte IBM, dass man Menschen einstellen wolle, unabhängig von ihrer Rasse, Hautfarbe, ihrem Geschlecht oder ihrem Glauben. Frauen hatten deshalb immer bessere Chancen als anderswo. Virginia Rometty hat eine Ausbildung in Computer Science und Electrical Engineering und arbeitet seit 1991 bei IBM. Sam Palmisano, ihr Vorgänger, charakterisiert sie wie folgt: «... sie ist mehr als eine hervorragende operative Führungskraft. In jeder Führungsrolle hat sie die Fähigkeit verstärkt, die IBM-Angebote für unsere Kunden zu integrieren. Sie hat uns angespornt, stärker auf die Bedürfnisse und Erwartungen unserer Kunden einzugehen, mit Expertise und Branchenkenntnis. Ginnis langfristiges strategisches Denken und Kundenorientierung zeigte sich vor allem in unseren Wachstumsinitiativen, von Cloud-Computing und Analysen bis zur Kommerzialisierung von Watson. Sie bringt für die Rolle des CEO eine einzigartige Kombination aus Vision, Kundenorientierung, unerbittlichem Antrieb und Leidenschaft für die IBM-Mitarbeiter und die Zukunft des Unternehmens mit.»[1022]

Auch Ursula Burns ist Ingenieurin. Mit Xerox leitet sie als erste Afroamerikanerin eine der grössten US-Firmen. Auf die Frage, ob es kein Thema gewesen sei, dass sie weiblich und schwarz ist, meinte sie: «Es war fast irrelevant, dass ich schwarz war. Es war komplett irrelevant, dass ich eine Frau war. Alle Diskussionen in den Bewerbungsgesprächen drehten sich darum, dass ich ein spezifisches Ingenieur-Know-how besass.»[1023] Sie hebt die Bedeutung der *blue collar culture* von Xerox hervor. «Ich trage meine Tasche selbst, ich fahre mein Auto selbst. Es ist eine Kultur, in die man sich einfach integrieren kann. Wenn jemand sieben Jahre bei uns arbeitet, ist die Chance, dass er für immer bleibt, gross.»[1024] Zur Einstellungspolitik meint sie: «Wenn man eine Person anstellt, stellt man Hirn und Seele an – und nicht Herkunft, Hautfarbe oder Geschlecht. Wer dies als Firma macht, kriegt die besten Leute.»[1025] Jungen Frauen empfiehlt sie: «Werde Ingenieurin.»[1026] Bereits ihre Vorgängerin, Anne Mulcahy, war eine Frau. Als sie 2001 die Leitung von Xerox übernahm, war die Firma am

Rande des Bankrotts. Mit drastischen Massnahmen, unter anderem einem Personalabbau von 40 Prozent, konnte Xerox gerettet werden.

Der vielleicht bemerkenswerteste Einbruch in eine männliche Bastion war die Ernennung von Jill Abramson zur Chefredakteurin der *New York Times*. Die *New York Times* ist seit 160 Jahren eine Institution. Kein anderes Blatt hat mehr Pulitzer-Preise gewonnen. Frauen wurden lange als Menschen zweiter Klasse behandelt. 1961 sagte der damalige Managing Editor: «Niemals wird eine Frau in die Führungsebene der ‹Times› aufsteigen.»[1027] Bis 1971 war Frauen der Zutritt zum National Press Club verwehrt. 1974 verklagten sieben Journalistinnen die *Times* wegen Diskriminierung. Daraus wurde eine Sammelklage von 550 Frauen, die in einem Vergleich endete. Der Siegeszug der Onlinemedien hat vieles verändert und das Selbstbewusstsein der 1200 Journalisten arg angekratzt. «Die Redaktion, die ihr Selbstbewusstsein jahrzehntelang aus der Gewissheit speiste, dass die ‹Times› unverzichtbar und guter Journalismus quasi ein Menschenrecht sei, blickte in den Abgrund.»[1028] Seit 2011 muss für die Onlineausgabe bezahlt werden, und damit haben sich die Verhältnisse etwas gebessert. Trotzdem, die Führungsaufgabe ist extrem anspruchsvoll. «Abramson hat einen stahlharten Ruf. ‹Tough› ist noch das niedlichste Kompliment für die neue Chefin der ‹Times›, die meisten Beschreibungen fallen deutlich rustikaler aus. Sie habe ‹mehr Eier in der Hose als die New York Yankees›, hat einer ihrer früheren Chefs über sie gesagt. ... Ihre Furchtlosigkeit hat sie ganz nach oben gebracht. Sie ist ihre grösste Stärke. Und ihre grösste Schwäche zugleich. Anders als ihr Vorgänger feuere Abramson Fragen ab wie eine Inquisitorin ... Sie kann sehr brüsk sein, und sie war als Nachrichtenredaktorin nicht besonders gut darin, dafür zu sorgen, dass Leute sich wohl fühlen ... Sie hat erkannt, dass es für die Zeitung gefährlich ist, wenn Redakteure nicht über Geschichten oder Probleme reden, aus Angst, abgebürstet zu werden.»[1029]

Orit Gadiesh ist in Israel aufgewachsen, absolvierte den Militärdienst, wo sie in der Kommandozentrale arbeitete. Nach einem Psychologiestudium studierte sie an der Harvard Business School. Obwohl sie zu Beginn kein Amerikanisch sprechen konnte, machte sie einen der besten Abschlüsse. Seit 1977 arbeitet sie bei der Beratungsfirma Bain & Company. Als Beraterin war sie zunächst in der Stahlindustrie eingesetzt, wo ihr ihr erster Kunde sagte, dass Frauen in der Branche Unglück brächten. Seit 1993 ist sie Chairman. «Orit Gadiesh selbst sieht einen entscheidenden Faktor für ihren Erfolg in einer Haltung, sich etwas zuzutrauen, wenn andere passen. Dabei wirkt sie keineswegs verbissen. Sie selber sagt: ‹Man muss nicht immer kämpfen.›»[1030]

Ursula Burns, übrigens, wurde gefragt, ob sie das Wort Chairman störe: «Nein. Es ist in den USA normal, eine Frau Chairman zu nennen. Heute ist das jede Person, die Chef ist, egal, ob Mann oder Frau.»[1031]

7.3 Besonderheiten der Führung durch Frauen

Über Jahrhunderte hinweg haben Geschlechterrollen dazu geführt, dass nur wenige Führungspersönlichkeiten auf der Topebene weiblich waren. Maria Theresia war eine von ihnen. Sie musste die Macht über ein Weltreich übernehmen, unfreiwillig und ohne jede Vorbereitung, in einer ausserordentlich schwierigen Situation. Nie hat sie ihre weiblichen Werte verleugnet. Nach ihrer langen Regentschaft war das Reich in einem weit besseren Zustand als bei ihrem Amtsantritt. Vierzig Jahre lang war sie eine starke und verehrte Landesmutter. Sogar ihr ewiger Rivale Friedrich der Grosse musste ihr Respekt zollen. Sie hat bewiesen: Frauen können mit Macht umgehen.

Ende des 19. Jahrhunderts begannen Frauen gegen die traditionellen Rollenmodelle zu protestieren. Seit dem Zweiten Weltkrieg befinden sich die Frauen als Verantwortungsträgerinnen in Politik und Wirtschaft auf dem Vormarsch. Ihre Vertretung ist allerdings immer noch stark unterproportional, und der Vormarsch scheint auf den Topebenen zu stagnieren.

Dafür gibt es zwei Erklärungsmodelle. Das eine macht die Männer verantwortlich. Männer hätten eine männliche Unternehmungskultur geprägt, «ausgerichtet auf deren Alleinherrschaft. Dies bedeutet: Männer fördern Männer. Sie wollen ihre Macht nicht mit Frauen teilen und verweigern ihnen deshalb die gerechte Anerkennung ihrer Fähigkeiten und Leistungen.»[1032] Das sei umso störender, weil Frauen «ausserordentlich verantwortungsvoll mit ihrer Macht um[gehen]».[1033] Frauen sähen Macht als «Verantwortung und nicht als Herrschaft.»[1034] Studien hätten gezeigt, «dass Frauen ihre männlichen Kollegen in sämtlichen Managementkompetenzen übertreffen ...».[1035]

Das zweite Erklärungsmodell geht von einer ursprünglich komplementären Arbeitsteilung aus, die aus einer Notwendigkeit entstanden sei. «Die Aufgabenbereiche ergänzten einander: Frauen wirkten im Innenverhältnis einer Gesellschaft, Männer im Aussenverhältnis. ... Diese Aufteilung der Arbeitsbereiche und damit der Machtsphären war aufgrund der biologisch bedingten unterschiedlichen Voraussetzungen der Geschlechter lange Zeit gar nicht anders denkbar.»[1036] Deshalb könne man die traditionelle Arbeitsteilung «auch nicht nur als Unterdrückung der Frauen durch das Patriarchat abtun, sie war durchaus in vielen Epochen eine Erfolgsgeschichte».[1037] Diese traditionelle Arbeitsteilung sei lange ausgeglichen gewesen, erst mit der industriellen Revolution sei die Sichtweise der Unterdrückung der Frau entstanden. «Die Arbeit der Frau wurde zunehmend als ‹unproduktive› Arbeit begriffen. ... Dieses Ungleichgewicht hatte Auswirkungen auf die Verteilung der Macht...»[1038]

Im Zentrum dieser unterschiedlichen Interpretationen steht der Begriff der Macht. Im ersten Modell erscheint die Macht als eine männliche Kategorie. «Die männliche Kultur orientiert sich eher an Werten wie Macht und Ansehen. Es geht im wesentlichen darum, eine Position innerhalb einer hierarchischen Ordnung einzunehmen, Überlegenheit anzustreben und den eigenen Status zu sichern.»[1039] Frauen hingegen «verstehen Macht eher als Einfluss, den sie aufgrund ihrer Autorität besitzen und dessen Grundlagen Gerechtigkeit und gegenseitige Akzeptanz bilden. ... Frauen [gehen] ausserordentlich verantwortungsvoll mit ihrer Macht um und empfinden quasi eine Fürsorgepflicht für ihr Team.»[1040]

Das zweite Modell geht auch in dieser Frage von der historischen Entwicklung aus. «Die Frauen entwickelten in diesem ‹Innenverhältnis der Gesellschaft› mit seinen kleinräumigen Strukturen und persönlichen Beziehungen ihre Kompetenzen und auch funktionierende Machtstrategien. Die ‹Frau des Hauses› war in ihrem Bereich allein verantwortlich, Männer hatten hier nichts zu reden.»[1041] Frauenmacht werde mit den «Waffen der Frauen» durchgesetzt, «nicht viele Männer können sich gegen manipulative Frauenmacht wehren».[1042] Dazu gehöre auch die Kontrolle über die Fortpflanzung. Frauen würden ihre «Müttermacht» heute auch bei Trennungen ausspielen. Und so «entspringen aus dem Labor der Gesellschaft neue Prototypen der Macht: Da gibt es böse Mädchen, die überall hinkommen, wenn sie nur wollen …, die frech und unberechenbar ihren eigenen Weg gehen.»[1043]

Das zweite Modell hat den Vorteil, dass es zu klareren Empfehlungen führt. Die «bösen Mädchen» beziehen sich auf den Bestseller *Gute Mädchen kommen in den Himmel, böse überall hin*.[1044] Frauen müssten sich vor Klischees wie «Brave Mädchen sind nicht zornig» und «Brave Mädchen opfern sich auf für andere» hüten. Aus diesen Gedankenmustern müsse Frau aussteigen: «Keine Angst vor der eigenen Wut!» und «Nettsein bringt nicht weiter!».[1045] Frauen müssten lernen, dass richtig eingesetzte Macht in ständigen Machtzuwachs münde.[1046] «Konkurrieren macht ihnen Spass. … Die bösen Mädchen haben Lust zu siegen.»[1047] Abschreckende Beispiele von Machtmissbrauch dürfen Frauen nicht daran hindern, «einen eigenen Stil im Umgang mit der Macht zu entwickeln».[1048] Es brauche allerdings auch den Willen zur Macht. Und dieser fehle «den meisten von ihnen (wie auch den meisten Männern)».[1049]

Auch in Bezug auf die Frage der Existenz eines weiblichen Führungsstils unterscheiden sich die beiden Modelle. Das erste Modell sieht einen solchen als erwiesen an. Dieser unterscheide sich fundamental vom männlichen Führungsstil. Männliche Führung könne als pyramidenförmige Hierarchie beschrieben werden, im Gegensatz zum weiblichen Stil, der eher einem Netz gleiche.[1050] Frauen würden sich immer wieder hinterfragen. Sie könnten damit leben, Fehler zu machen und Schwächen an sich festzustellen. Männer seien eher «einsame Wölfe».[1051] Kurzum: «Die besondere Stärke der Frauen liegt in ihrer Glaubwürdigkeit.»[1052]

Das zweite Modell ist auch in dieser Hinsicht pragmatischer. Männer und Frauen würden sich unterschiedlich verhalten. Das frauentypische Muster lege mehr Wert auf Zuhören, Dialog, Harmonie und Fürsorge.[1053] Auf die Führungseigenschaften und -fähigkeiten habe dies aber keinen Einfluss. «Dass Frauen anders oder besser führen, kann also in den Bereich der Mythen verwiesen werden. … Frauen führen genauso gut oder genauso schlecht wie Männer.»[1054] Es sei abzusehen, «dass Frauen, würden sie die Macht in der Aussenwelt übernehmen, auch nicht wesentlich andere (bessere) Regeln erfinden könnten, sondern ebenso auf Sachzwänge reagieren müssten».[1055]

«Noch nie hatten Ministerinnen in Deutschland so viel Einfluss wie in Angela Merkels Kabinett. Wie gehen die Frauen mit ihrer Macht um?», fragt *Der Spiegel* (in einem Artikel, der von einer Frau gezeichnet ist).[1056] Die Regeln des Spiels um die Macht hätten sich verändert, «zugunsten der Frauen». Es wird beschrieben, wie drei Ministerinnen mit der Macht umgehen. «Ursula von der Leyen, die als Arbeitsministerin kraftvoll nach oben strebt; Kristina Schröder, die als Familienministerin viel Kritik einstecken muss; und Annette Schavan, die als Bildungsministerin wenig wahrnehmbar ist.»[1057] Die Ministerinnen hätten ihren eigenen Stil. Annette Schavan politisiere vor allem mit Themen, Ursula von der Leyen bringe ihre Person stärker ins Spiel. In der Politik würden beide Typen gebraucht. Am besten beherrsche die siebenfache Mutter von der Leyen das Machtspiel. «An Ursula von der Leyen kommt niemand mehr vorbei. Auch Angela Merkel nicht.»[1048] Ein Hinweis, dass Verhaltensweisen unabhängig vom Geschlecht in hohem Masse variieren. An anderer Stelle stellt das Magazin nüchtern fest: «Wer gehofft hatte, in einer Arbeitswelt mit vielen Frauen würde es friedlicher zugehen, findet das bei der Bundesregierung derzeit nicht bestätigt.»[1059]

Warum denn dieser immer noch so grosse Nachholbedarf bei der Besetzung von Toppositionen durch Frauen? Am Ausbildungsniveau kann es kaum liegen, studieren doch mittlerweile ebenso viele Frauen wie Männer. Bei der Wahl der Studienfächer gibt es allerdings immer noch ausgeprägte weibliche Präferenzen. Nur gerade 10 Prozent der Absolvierenden eines Studiums der Ingenieurwissenschaften an der ETH in Zürich waren 2010 weiblich. «Aus der Statistik lässt sich ... herauslesen, dass Frauen die Tendenz haben, Berufe zu wählen, die ausbildungsmässig wenig Perspektiven bezüglich Karriere bieten.»[1060]

Auch hier bieten die beiden Erklärungsmodelle unterschiedliche Antworten. Das erste sieht die Ursache in der «gläsernen Decke». Danach würden ab der mittleren Führungsebene systematisch männliche Kandidaten bevorzugt. Das zweite sieht die Gründe für die Verlangsamung der Entwicklung darin, «dass sich Bewusstsein und Rollenverhalten beider

Geschlechter noch nicht ausreichend angepasst haben. ... Zum Beispiel sind Frauen auch im Beruf fürsorglich, selbst wenn sie hart sein sollten, Männer im Umgang mit intimen Beziehungen verschlossen, wenn sie dort ihre Gefühle zeigen sollten.»[1061]

Eine wesentliche Rolle spielt der «Vereinbarkeitskonflikt».[1062] Es ist keine Frage, dass eine Frau vom Konflikt zwischen Beruf und Familie stärker betroffen ist als ein Mann. Selbst wenn die Voraussetzungen für die Vereinbarkeit dieser verschiedenen Rollen gegeben sind (Kinderbetreuung, Schule, Flexibilität in den Unternehmungen), bleibt der Konflikt virulent und belastet primär die Frauen. Unternehmungen werden deshalb angehalten, die Frauenförderung zum Gendermanagement hin zu entwickeln.[1063] Dabei geht es insbesondere darum, die traditionelle «Präsenzkultur» zu durchbrechen. «Solange die Arbeitswelt einseitig auf das Vollzeit-Erwerbsmodell mit geringfügigen ‹frauenfreundlichen› Modifikationen ausgerichtet ist, wird die Schwierigkeit bleiben, Frauen für Karrierepläne zu motivieren.»[1064]

Am Ende des Tages spielt das Erklärungsmodell eine untergeordnete Rolle. Entscheidend ist die Einsicht, dass zwei Gründe zum Handeln zwingen. Erstens: Die Geschichten über Führungspersönlichkeiten zeigen die überragende Bedeutung überdurchschnittlich begabter Führungskräfte. Es kann schlicht nicht darauf verzichtet werden, die Hälfte des Reservoirs solcher Talente nicht auszuschöpfen. Und zweitens gilt es als erwiesen, dass gemischte Teams leistungsfähiger sind.[1065]

Teil 2
Die grossen Themen der Führung

1. Macht

Auf den knappsten Nenner gebracht, heisst Führung Menschensteuerung. Das geht nicht ohne Macht. Die universelle Definition von Macht stammt von Max Weber. «*Macht* bedeutet jede Chance, innerhalb einer sozialen Beziehung den eigenen Willen auch gegen Widerstreben durchzusetzen, gleichviel worauf diese Chance beruht.»[1066]

In *Phänomene der Macht* weist Heinrich Popitz auf die «Omnipräsenz von Macht» hin.[1067] «Macht verbirgt sich in allem; man muss sie nur sehen.»[1068] Von der Geburtsstunde an sind wir mit Macht konfrontiert, die sich beispielsweise in der «unermessliche[n] Überlegenheit der Eltern über das Kind, seine vollkommene Ausgeliefertheit ...» äussert.[1069] Macht ist der Ursprung von Gestaltungskraft, das ist ihre positive Seite. Machtausübung schränkt aber unweigerlich die Freiheit von Menschen ein, das ist ihr negativer Aspekt. Deshalb waren die Zeiten virulenten Freiheitsbewusstseins auch die Zeiten der grossen Machttheorien.[1070] Die Geschichte hat uns gelehrt, dass bei der Machtausübung die Gefahr des Missbrauchs immer gegeben ist. Dazu hat Machiavelli mit seinen zynischen Empfehlungen für den Erwerb und Erhalt von Macht kräftig beigetragen (s. 1, 3.1). Deshalb spricht Alfred Andersch vom «schlechten Gewissen der Macht» und davon, dass Macht von Natur aus böse sei (s. 1, 5.4). Bis heute ist Macht ein negativ besetzter Begriff geblieben. Das hat zu einer gewissen Tabuisierung geführt. So wird etwa versucht, den Begriff zu vermeiden und an dessen Stelle positiver belegte Ausdrücke wie Verantwortung oder Einfluss zu verwenden. «Zwar habe ich heute Macht, mehr als viele andere, doch ich will und kann sie nicht über andere ausüben, sondern für andere.»[1071] Das sind semantische Kniffe, die am Grundproblem nichts ändern.

Tatsache ist: Macht ist unvermeidlich.[1072] Ohne Macht keine Veränderung, kein Fortschritt, vielleicht kaum ein Überleben. Die Geschichte von Buenaventura Durruti zeigt, dass die prinzipielle Ablehnung von Macht unausweichlich ins Desaster führt. Abgesehen davon, dass Durruti in der Praxis sehr wohl Macht ausgeübt hat. Jede Machtausübung bewirkt einen Eingriff in die Selbstbestimmung, und deshalb muss sie immer wieder infrage gestellt werden. Grundsätzlich ist jede Macht rechtfertigungsbedürftig.[1073] Machtinstinkt, sagt auch Max Weber, gehört zu den «normalen Qualitäten» einer Führungsperson.[1074] Allerdings gelte es «einen ganz trivialen, allzu menschlichen Feind ... zu überwinden: Die ganz gemeine Eitelkeit ... Die Sünde beginnt da, wo dieses Machtstreben unsachlich und ein Gegenstand rein persönlicher Selbstberauschung wird ...».[1075]

Popitz unterscheidet vier Grundformen der Macht.[1076] Erstens die verletzende Aktionsmacht. «Der Jäger setzt sich mit List und Gewalt gegen fremde Kräfte durch. Er erweist sich als mächtiger. Der Schwächere muss erleiden, was er ihm antut.» Zweitens die instrumentelle Macht des Geben- und Nehmenkönnens. Diese Form der Macht unterteilt das Verhalten der Betroffenen in die beiden Kategorien Fügsamkeit und Unbotmässigkeit. Die Instrumente, um Fügsamkeit herbeizuführen, sind die Drohung (mit dem Charakter der Erpressung) und das Versprechen (mit dem Charakter der Bestechung). Gegen Unbotmässigkeit werden Strafen ausgesprochen. «Die Motive, die Konformität erzeugen, sind Angst und Hoffnung.» Die dritte Form ist die autoritative Macht, «die willentliche, einwilligende Folgebereitschaft erzeugt». Bleibt viertens die Macht des Datensetzens. Das ist beispielsweise der Fall, wenn eine Firma ihren Sitz verlegt und die Mitarbeiter nur die Wahl haben zwischen einem wesentlich längeren Arbeitsweg oder einer neuen Stelle. Von besonderer Bedeutung sind in unserem Kontext die instrumentelle und die autoritative Macht. Ihnen «ist gemeinsam, dass sie das Verhalten Betroffener steuern».[1077]

Institutionalisierte Macht nennt Popitz Herrschaft.[1078] Max Weber definiert diesen Begriff als «Chance, für einen Befehl bestimmten Inhalts bei angebbaren Personen Gehorsam zu finden».[1079] Nach Weber gibt es drei *reine* Typen legitimer Herrschaft. Die legale Herrschaft, auch rationale Herrschaft, basiert «auf dem Glauben an die Legalität gesatzter Ordnungen». Die traditionelle Herrschaft beruht «auf der Heiligkeit geltender Traditionen» und die charismatische Herrschaft «auf der ausseralltäglichen Hingabe an die Heiligkeit oder die Heldenkraft oder die Vorbildlichkeit einer Person und der durch sie offenbarten oder geschaffenen Ordnungen».[1080] Der Begriff des Charisma ist der altchristlichen Terminologie entnommen und steht dort für «Gnadengabe». Im Gegensatz zu den Begriffen Macht und Herrschaft ist Charisma tendenziell positiv belegt. «Der erste autonome Charismatiker unter den neuzeitlichen Herrschern war Napoleon Bonaparte, der mit nichts begonnen hatte, an nichts glaubte, alles erreichte und mit nichts endete. Doch effektiv jeder, der ihm begegnet war, schwärmte, ganz unabhängig davon, was er sonst von ihm halten mochte, von der ungewöhnlichen Kraft seiner Persönlichkeit, von seinem Charme, seiner Souveränität, von seinem Gefühl, das Schicksal habe ihn ausersehen, und von seiner Selbstsicherheit. Kurzum: von seinem Charisma.»[1081] Auch Durruti, der Macht prinzipiell abgelehnt hat, war ein ausgesprochen charismatischer Führer.

Die Institutionalisierung der Macht führt sowohl zu einer Entpersonalisierung des Machtverhältnisses als auch zu einer zunehmenden Formalisierung. Das erhöht die Stabilität und bewirkt dauerhafte Strukturen, Verlässlichkeit und Konstanz.[1082] Ein zentrales Element dieser Institutionalisierung sind Vorkehrungen, um den Machtmissbrauch zu verhindern. Die Instrumente dafür sind Gewaltenteilung, Kollektivorgane, Aufsicht und Kontrolle. Ganz im Sinne von Alfred Andersch, der seinen Protagonisten von den langen Traditionen und jahrhundertealten Gesetzen und Institutionen sprechen lässt, die einzig in der Lage seien, Macht zu zähmen (s. 1, 5.4).

In der Wirtschaft heisst dieses Instrumentarium heute Corporate Governance. Dieser Begriff hat sich erst seit 1990 verbreitet. Der Anlass dafür waren krasse Fälle von Machtmissbrauch, die von Korruption über Betrug bis zur Bilanzfälschung reichten. Praktisch im Gleichschritt mit der Corporate Governance hat sich der Begriff Compliance entwickelt. Auch das ist ein Sammelbegriff für Instrumente, die Machtmissbrauch verhindern sollen. Der Leitsatz jeder Corporate Governance heisst Checks and Balances. Ein ausgewogenes System von Macht und Kontrolle durch verschiedene Organe soll Machtmissbrauch verhindern.

Die Versuche, Macht durch Kollektivorgane, Rotation oder Doppelbesetzungen zu bändigen, erwiesen sich insbesondere ausserhalb «normaler Zeiten» als wenig effizient und schwerfällig. Das Thema wird unten im Kapitel Entscheidungsprozesse (s. 2, 16) behandelt.

Halten wir fest: Am Ursprung der Führung steht Macht. Wer führen will, muss sich dazu bekennen. Sie oder er müssen Macht wollen und in der Lage sein, sie verantwortungsvoll auszuüben. Sie müssen es tun im Wissen, dass der «Virus der Macht»[1083] existiert und dass Macht eine helle und eine dunkle Seite hat. Die Versuchungen der Macht sind mannigfaltig. «Die Eitelkeit: das Bedürfnis, selber möglichst sichtbar in den Vordergrund zu treten, führt den Politiker am stärksten in Versuchung.»[1084] Nicht nur den Politiker! Die Autorin, welche die hellen und die dunklen Seiten der Macht zum Titel ihres Buches gemacht hat, empfiehlt Frauen, Machtkompetenz zu erwerben.[1085] Auch Männer sollten das tun.

2. Autorität

Autorität, Autoritätsbeziehungen und Autoritätswirkungen sind Alltagsphänomene, «keine Modernität, keine Rationalisierung hat sie beseitigt».[1086] Autorität erzeugt Fügungsbereitschaft. Diese kann aus blosser Furcht oder aus freier Neigung entstehen. Die Unterscheidung dieser beiden Kategorien ist mehr als 2000 Jahre alt. «Der chinesische Philosoph Men Tzu (Mencius) im 4. Jahrhundert v. Chr.: ‹Wenn Menschen gewaltsam unterworfen werden, so beugen sie sich nicht in ihrem Sinne, sondern nur, weil die Kraft nicht ausreicht. Werden Menschen durch die Macht der Persönlichkeit unterworfen, so freut es sie im Grunde ihres Herzens und sie beugen sich wirklich.› »[1087] Der Sozialphilosoph Max Horkheimer hat die beiden Kategorien «autoritär» und «autoritativ» genannt. Die autoritative Beziehung ist eine «bejahte Abhängigkeit», «die sich von ‹liebendem Gehorsam› bis zum gerade noch duldenden Gehorsam erstrecken kann».[1088] Popitz warnt allerdings davor, diese durch die Kraft einer Person erzeugte Fügungsbereitschaft schlichtweg als gut zu etikettieren. Autorität führe in jedem Fall zu einer «spezifischen Gebundenheit, der Gebundenheit eines Menschen an das, was ein anderer tut oder unterlässt».[1089]

Folgende Merkmale sind gemäss Popitz jeder Autorität gemeinsam:[1090] Autorität führt zu Anpassung, die über den Kontrollbereich der Autoritätsperson hinausreicht. Diese Anpassung betrifft nicht nur das Verhalten, sondern auch die Einstellung. Wer Autorität ausübt, braucht nicht «grobe» Mittel zur Durchsetzung. Wer Autorität anerkennt, anerkennt die Überlegenheit der Autoritätsperson. Diese Überlegenheit kann auf Haben, Können oder Wissen beruhen.

Institutionelle oder positionsgebundene Autorität «haftet an bestimmten gesellschaftlichen Stellungen und überdauert die Personen, die sie als

Inhaber dieser Stellungen ausüben».[1091] Robert Falcon Scott ist ein Beispiel für eine institutionelle Autorität. Die antiautoritäre Bewegung der 60er-Jahre richtete sich in erster Linie gegen diese Art von Autorität. Seither hat die Bedeutung institutioneller Autorität «kraft des Amtes» permanent abgenommen. Im selben Masse hat die persönliche Autoritätsbeziehung zugelegt. «Gesellschaftliche Werte legen weitgehend fest, wer als besonders überlegen gilt ... Quelle ausserordentlicher Autoritätswirkungen ist demnach eine hervorragende Persönlichkeit, die über eine besondere Ausstrahlungskraft verfügt. Irgendetwas Herausragendes schlägt andere in Bann, trifft sie als eine autoritätsstiftende Kraft.»[1092] Diese Autoritätswirkungen sind allerdings relativ. «Ein Lehrer gewinnt regelmässig Autorität bei jüngeren Schülern, verliert sie bei älteren, ein anderer gewinnt sie erst bei älteren. ... Autorität strömt also nicht eo ipso aus bestimmten (oder auch unbestimmten) menschlichen Eigenschaften. Autorität ist nicht etwas, was man hat, sondern was man erhält. Sie ist ein Beziehungsphänomen ... Eine allgemeine, kontextfreie Charakteristik von Autoritätspersonen ist nicht möglich.»[1093]

Und doch gibt es Faktoren, welche die persönliche Autorität beeinflussen: Selbstsicherheit, eindeutige Massstäbe, Überzeugung von der Richtigkeit des eingeschlagenen Weges, die Fähigkeit, die Evidenz dieser Marschrichtung zu kommunizieren. «Was übernommen wird, muss selbstevident erscheinen, fraglos, vernünftigem Zweifel entzogen ... Jede Ambivalenz würde die Akzeptanz erschweren.»[1094]

Eine besondere Bedeutung erhält die persönliche Autorität in Krisen. Popitz zitiert aus einem Thriller von Eric Ambler: «Ein Rückzug bringt das Beste und das Schlimmste in den Menschen zum Vorschein. Und paradoxerweise ist das die Situation, in der manche Männer [sorry!] ihre Führungsqualitäten entdecken ... ich rede von ihrer Fähigkeit, aus einer überstürzten Flucht einen geordneten Rückzug mit Nachhutgefechten zu machen und dabei die Verluste niedrig zu halten ... Hier entdeckt jemand das ‹Geheimnis der Menschenführung›, er entdeckt Autorität.»[1095] Wie kommt es dazu? Es braucht Initiative, den Mut, sich zu exponieren, Sachkenntnis, organisatorische und kommunikative Fähigkeiten, Selbstbewusstsein. «Die Chance, persönliche Macht zu gewinnen, ist in jeder kollektiven Krise ... besonders gross ... Bei kriegerischen Gefahren liegt es

2. Autorität

besonders nahe, dass sich alle Hoffnungen und alle Bewährungen auf *einen* Mann konzentrieren. Die Konzentration auf einen Einzelnen ist schon aus praktischen Gründen einleuchtend: die evidente Zweckmässigkeit rascher und eindeutiger Entscheidungen. Dazu kommt die Angst und das Bedürfnis nach Vertrauen ...»[1096]

Der vielleicht entscheidendste Faktor für die persönliche Autorität, gerade in schwierigen Lagen, ist der *unbeirrbare Glaube* an die Richtigkeit der getroffenen Massnahmen.[1097] Wer diesen Glauben so vermitteln kann, dass er Gefolgschaft erzeugt, wirkt *glaubwürdig*. Und dank dieser *Glaubwürdigkeit* erlangen er oder sie die Durchsetzungs- und Innovationskraft, die es ermöglichen, mit Bestehendem zu brechen.[1098] Das Erstaunliche dabei ist, dass mit diesem Glauben eine quasi religiöse Komponente auch in säkularen Bereichen zentrale Bedeutung erhalten hat. Es ist kein Zufall, dass Steve Jobs mit einem frühchristlichen Märtyrer verglichen wird (s. 1, 6.6). Eine Stärke von Margaret Thatcher, meint ihr Biograf, sei «ein eher unmodischer, religiöser Glaube an das, was richtig und falsch ist», gewesen.[1099] Seit den 1980er-Jahren hat sich ein weiterer Begriff aus dem Arsenal der Propheten zu verbreiten begonnen: die *Vision*. Welch unglaubliche Kraft aus Visionen und Glauben erwachsen kann, zeigt das Beispiel von Robespierre. Aber auch, welches gewaltige Manipulationspotenzial damit verbunden ist.[1100] Immerhin, persönliche Autorität wird nicht «fraglos von bestimmten Positionen auf die jeweiligen Inhaber übertragen. Sie entwickelt sich aus persönlichen Beziehungen, die relativ frei wählbar und relativ frei kündbar sind ...».[1101]

Moderne Führungskonzepte basieren implizit auf diesen Zusammenhängen. Die «Transaktionale Führung» geht von einem Austauschverhältnis aus. Die Führungskraft schliesst mit den Mitarbeitenden eine Zielvereinbarung ab. Darin kommt zum Ausdruck, welche Vorteile der Mitarbeitende hat, wenn er die Ziele erfüllt. Dieses Konzept wird mit der «Transformationalen Führung» noch erweitert. Hier werden die gemeinsamen Interessen von Führungspersonen und Mitarbeitenden hervorgehoben. «Transformationale Führungskräfte verstehen es, Begeisterung und Zuversicht zu erzeugen, sie können andere mitreissen; sie werden als Vorbilder wahrgenommen und vermitteln bei ihren Mitarbeitern ein Gefühl des Stolzes und der Wertschätzung.»[1102] Untersuchungen haben gezeigt, dass transformationale Führung zu besserer Zielerreichung führt.[1103] «Die besten Führungskräfte verhalten sich sowohl transaktional als auch transformational. Doch was heisst das? Mehr als nur managen.»[1104] Was man darunter verstehen soll, steht im Titel des Aufsatzes, aus dem diese Zitate stammen: «Von der Kunst, die Mitarbeiter zu ‹verwandeln›.»[1105] Selbstverständlich werden auch die Schlüsselworte Glaubwürdigkeit und Vision bemüht. Auf die problematische Seite des Ansatzes – «verwandeln» unterscheidet sich nur in Nuancen von «manipulieren» – wird nicht eingegangen.

Halten wir fest: Autorität beruht auf Haben, Wissen, Können. Der Meister ist ein fachlich kompetentes Vorbild, ein hervorragender Könner.[1106] Autorität verleiht die Fähigkeit, das «Verhalten anderer nach eigenem Willen zu steuern».[1107] Persönliche Autorität beruht nicht nur auf rationalen Faktoren, sondern in mindestens ebenso hohem Masse auf emotionalen Elementen. Mit anderen Worten: Autorität ausüben kann nur jemand, der seine beiden Gehirnhälften in einem ausgewogenen Verhältnis einsetzt. Daniel Goleman hat auf dieser Erkenntnis das Konzept der «Emotionalen Intelligenz» aufgebaut.[1108] Persönliche Autorität erzeugt Gefolgschaft, das heisst die Bereitschaft der Gesamtheit der Geführten, der Führungsperson auf Dauer zu folgen. Auch Autorität hat eine helle und eine dunkle Seite. «Die Autoritätsbindung ist wohl diejenige fundamentale soziale Bindung, die am eindeutigsten zu Machtausübung disponiert. Doch ist diese Macht zugleich, wie immer sie gemeint sein mag, behütend oder bedrückend, in besonderer Weise riskant.»[1109] Keiner hat das fundamentale Dilemma so prägnant auf den Punkt gebracht wie Stefan Zweig, und deshalb wiederholen wir sein Fazit nochmals: «…Freiheit ist nicht möglich ohne Autorität (sonst wird sie zum Chaos) und Autorität nicht ohne Freiheit (sonst wird sie zur Tyrannei).»[1110]

3. Hierarchie

Hierarchie ist ein «fest geordnetes System von Über- und Unterordnung der Behörden durch Beaufsichtigung der unteren durch die oberen ...».[IIII] In der Hierarchie werden die Machtverhältnisse formalisiert. Das Symbol einer Hierarchie ist das Dreieck. An der Spitze steht die oberste Führungsperson. Bei genauem Hinsehen löst sich das grosse Dreieck in eine Vielzahl sich überlappender Dreiecke, Führungsdreiecke genannt, auf. Jedes dieser Führungsdreiecke besteht aus einer Führungsperson und den unterstellten Personen. Die Anzahl der Unterstellten nennt man Kontrollspanne. Ist diese gross, so ist die Hierarchie flach und umgekehrt.

Jede Führungsperson ist befugt, ihren Unterstellten Befehle zu erteilen. Der Rahmen hiefür ist in der Regel formalisiert und wird Kompetenz genannt. Der Unterstellte hat die Pflicht, diese Befehle auszuführen. Den Weg, auf dem Befehle und Informationen in der Hierarchie von oben nach unten und umgekehrt laufen, nennt man Dienstweg.

Wie der Begriff Macht ist auch Hierarchie ein eher negativ belegtes Wort. Man assoziiert damit Unfreiheit, Unterordnung, Schwerfälligkeit, Starrheit, Bürokratie und Einengung. Dem gegenüber stehen Eindeutigkeit von Aufgaben und Verantwortungen und klare Kommandoverhältnisse.

Aufstände gegen die Macht waren somit auch immer Kämpfe gegen Hierarchien. Die politische Richtung, die sich das auf ihre (schwarzen) Fahnen geheftet hat, ist die Anarchie. Anarchie ist geometrisch gesehen eine Strecke. Am deutlichsten wird der Unterschied zur Hierarchie beim Entscheidungsprozess. Entschieden wird in der Hierarchie an der Spitze der Führungsdreiecke, in der Anarchie in permanenten Vollversammlungen, in der Regel nach dem Konsensprinzip. Das führt unweigerlich zu einem schwerfälligen und ineffizienten Verfahren. Das kann eine Organisation bereits in «normalen» Zeiten schwächen, in ausserordentlichen Lagen führt es zu Immobilisierung. Die Geschichte von Buenaventura Durruti zeigt, dass das anarchistische Prinzip in Zeiten schwerer Konflikte unweigerlich zum Untergang führt (s. 1, 5.3). Bereits eine schwieriger werdende wirtschaftliche Situation lässt basisdemokratische Modelle überdenken. Der grösste alternative Betrieb Deutschlands, die Taz, hat sich «selber Hierarchien gegeben».[1112] Und das Restaurant Kreuz in Solothurn, jahrzehntelang das basisdemokratische Modell in der Schweiz, «ist professioneller geworden, Hierarchien mit einer Geschäftsleitung haben Einzug gehalten».[1113]

Zwischen Hierarchie und Anarchie ist die Heterarchie angesiedelt. Geometrisch gesehen, bezeichnet dieser wenig geläufige Begriff das Nebeneinander von Dreiecken oder Quadraten. Hier stehen Organisationen nicht mehr in einem Über- bzw. Unterordnungsverhältnis, sondern gleichberechtigt nebeneinander. Formal war die Koalition gegen den Irak eine Hierarchie unter Führung der USA. Faktisch hat aber General Schwarzkopf die Koalition als Heterarchie geführt, und das war wohl auch der Grund für deren Erfolg (s. 1, 2.3). Auch bei Projekten mit mehreren autonomen Projektträgern, zum Beispiel bei der Organisation grosser Sportanlässe, gleicht die Projektorganisation einer Heterarchie. Es besteht wohl eine Koordinationsfunktion, Entscheide müssen aber im Konsens zwischen allen Partnern getroffen werden. Als Beispiel für eine funktionierende Heterarchie in der Wirtschaft gilt Gore Associates. Der Wissenschaftsjournalist Malcolm Gladwell hat das Modell des Herstellers von Gore-Tex-Produkten in seinem Bestseller *Tipping Point* beschrieben.[1114] Auf der Homepage der Firma liest sich das folgendermassen:

«Unser Gründer, Bill Gore, schuf eine flache Organisationsstruktur. Es gibt keine Weisungshierarchien oder vorbestimmten Kommunikationskanäle. Stattdessen kommunizieren wir direkt miteinander und sind gegenüber Kollegen in unseren multidisziplinären Teams verantwortlich.

Wie ist all dies möglich? Associates (nicht Mitarbeiter) werden für allgemeine Arbeitsgebiete eingestellt. Mittels Beratung durch Sponsoren (nicht Vorgesetzte) und eines wachsenden Verständnisses für Anforderungen und Teamziele widmen sich Associates Projekten, die ihren Fähigkeiten entsprechen. All dies findet in einer Umgebung statt, die Freiheit mit Zusammenarbeit und Autonomie mit Synergie kombiniert.

Jeder kann schnell das Vertrauen erringen, Projekte zu definieren und zu leiten. Die Sponsoren helfen den Associates, einen Kurs in der Organisation einzuschlagen, der gleichzeitig persönliche Erfüllung und einen maximalen Beitrag für das Unternehmen bringt. Führungskräfte werden berufen, jedoch benötigen sie auch die Akzeptanz der Associates in ihrer Rolle als Führungskraft. Häufiger tun sich Führungskräfte jedoch natürlich hervor durch die Demonstration von besonderen Kenntnissen, Fertigkeiten oder Erfahrungen, die ein Geschäftsziel vorantreiben.»

Das liest sich gut. Beim näheren Hinsehen wird aber klar, dass auch Gore nicht um eine Hierarchie herumkommt. Auch wenn man die Mitarbeiter Associates nennt, es keine Weisungshierarchien mehr gibt und viele multidisziplinäre Teams arbeiten, auch wenn Führungskräfte berufen werden: Es sind Führungskräfte. Es fällt auf, dass die Webseite mit den Fakten über Gore karg an Worten und noch karger an Zahlen ist. Man erfährt, dass Gore ein «privatwirtschaftlich betriebenes Unternehmen» ist. An Zahlen findet man einzig den Jahresumsatz und die Mitarbeiterzahl. Über die Besitzverhältnisse: nichts.

Nicht nur Gore hat die Begrifflichkeit innerhalb einer Hierarchie angepasst. Aus Unterstellten sind im allgemeinen Sprachgebrauch Mitarbeitende geworden. Der Befehl wurde durch die Weisung, die Aufgabe oder den Auftrag ersetzt. Ein Chef nennt nicht mehr die Anzahl seiner Untergebenen, sondern die seiner Direct Reports. Das Wort Gehorsam wurde eliminiert und heisst jetzt Auftragstreue und Zuverlässigkeit. Von Insubordination spricht heute kaum mehr jemand.

Aber nicht nur die Terminologie hat sich verändert. Das Starre einer militärischen Linienorganisation wurde auch aus Effizienzgründen aufgebrochen. Iacocca und Welch haben ihre eigenen Methoden verwendet, um die Nachteile der Hierarchie auszugleichen. Steve Jobs, selber ein ausgesprochener Hierarch, hat sich um hierarchische Strukturen unterhalb seiner Ebene nicht gekümmert. Wer einmal in einer grösseren hierarchischen Struktur tätig war, hat gelernt, dass schlechte Nachrichten gegen oben gefiltert werden. Diese Filter auszuschalten, ist zwingend, und dafür müssen situationsgerechte Methoden eingesetzt werden.

Eine hierarchische Struktur hängt schliesslich von der Natur eines Geschäftes, aber auch der Kultur ab. Eine Firma im Silicon Valley ist anders strukturiert als eine Organisation in Südkorea. In vielen Firmen hat sich das Dreieck der klassischen Hierarchie zu einem Rechteck mit einem aufgesetzten Dreieck entwickelt, so zum Beispiel bei Apple.

Der Bestsellerautor Rolf Dobelli kommt aufgrund von Untersuchungen über Statushierarchien im Tierreich zum Schluss, dass Hierarchien nicht per se schlecht sind, im Gegenteil: «Sie führen zu stabilen Verhältnissen.» Hierarchiefreie Organisationen seien gar nicht möglich. «Selbst bei flach organisierten Firmen wie Google gibt es ein ausgeklügeltes System mit internen Auszeichnungen (sogenannten ‹Founders› und ‹OC-Awards›), Senioritäts-Nummern (‹Ich bin Google-Mitarbeiter Nummer 14›) und Titeln, die den Status signalisieren.»[1115]

Halten wir fest: Macht ist unverzichtbar. Hierarchie ist unverzichtbar. Eine effiziente Organisation benötigt eindeutige Entscheidungsbefugnisse an ihrer Spitze. Ganz besonders gilt das in turbulenten Zeiten, in denen der Entscheidungsbedarf hoch und die Zeitverhältnisse eng sind. Das Konsensmodell von Toyota, das in «normalen Zeiten» so hervorragende Resultate lieferte, hat in der Krise versagt (s. 1, 6.5). Beim Grubenunglück in San José in Chile im Jahre 2010 waren die 33 eingeschlossenen Kumpel während 17 Tagen in der Dunkelheit ohne Kommunikation mit der Aussenwelt. Fünf der Kumpel gehörten einer Temporärfirma an und waren nicht bereit, die Autorität des Schichtführers der Minengesellschaft zu akzeptieren. Erst als die Kommunikation mit der Aussenwelt wiederhergestellt war und von oben die Weisung durchgegeben wurde, der Schichtführer habe die alleinige Befehlsgewalt, kehrte Ruhe ein. «Die Hierarchie war entscheidend für das Überleben der 33 Mineure.»[1116]

Feudale hierarchische Organisationen haben sich in unserem Kulturkreis überlebt. Hierarchien sind durchlässiger geworden, die neuen Medien haben die Informationsflüsse direkter gemacht und beschleunigt. Interdisziplinäre Projektorganisationen überlagern die Linienorganisation. Je grösser die Institution, desto grösser die Distanz der obersten Führungsperson zur Basis und desto grösser die Notwendigkeit eines Dialogs mit allen Führungsebenen unter Umgehung des Dienstweges.

4. Menschenbild

Führung ist zielgerichtete Steuerung von Menschen. Die Art und Weise dieser Steuerung geht von Annahmen über die Verhaltensmechanismen dieser Menschen aus. Diese Annahmen bezeichnen wir als Menschenbild. Die Porträts in Teil 1 zeigen, wie verschieden diese Menschenbilder waren und wie stark sie sich im Lauf der Zeit gewandelt haben.

Die *Benediktus-Regel* geht vom mündigen Menschen aus, dessen Meinung bei wichtigen Entscheiden gefragt ist. Es wird aber auch erwartet, dass ein Ordensbruder die Weisungen des Abtes nicht nur klaglos, sondern mit Freude ausführt. Ganz anders Calvin, der in seiner Prädestinationslehre davon ausging, dass der Mensch grundsätzlich böse ist. Auch für Machiavelli sind die Menschen alle böse und schlecht. Im frühen Preussen wurde der Soldat als «prügelbare Kanaille» betrachtet. Preussischer Drill und drakonische Strafen machten ihn gefügig. Während der Revolutionszeit hat sich gezeigt, dass die zahlen- und ausrüstungsmässig unterlegenen Revolutionstruppen oft stärker waren als das gedrillte Militär. Revolutionäre Überzeugungen und die Moral der Truppe erwiesen sich als Erfolgsfaktoren. Revolutionäre und Gegenrevolutionäre indoktrinierten ihre Missionare in Eliteschulen und ersetzten deren eigene Meinung durch fanatischen Glauben. Das Verfahren wird noch heute bei Jihad-Kämpfern angewendet. Für Robert Falcon Scott, im starren britischen Klassensystem gross geworden, waren Soldaten reine Befehlsempfänger. Selbst die Offiziere agierten in diesem starren System wie Automaten (s. 1, 4.3). Sein Gegenspieler Amundsen hat Führung als Partnerschaft mitdenkender und -gestaltender Personen aufgefasst. Im frühkapitalistischen System war der Unternehmer dem Arbeiter gegenüber grundsätzlich feindlich eingestellt. Das Menschenbild wurde durch die Gegensätze zwischen Besitzenden und Lohnabhängigen definiert. Taylor zeigte, dass durch eine effiziente Arbeitsorganisation alle Beteiligten profitieren. Seine wissenschaftliche Betriebsführung degradierte die Arbeiter aber zu Marionetten ohne eigenen Willen. Henry Ford war der Meinung, dass roboterhaftes Arbeiten am Fliessband dem grundsätzlich denkfaulen Arbeiter entgegenkomme. Es ist das Verdienst der Japaner, dass sie die bahnbrechenden Ansätze von Taylor und Ford in ein System eingebaut haben, das auf dem Mitdenken aller Mitarbeitenden beruht. Die letzten Jahrzehnte haben die Menschen verändert. Sie sind heute individualistischer, besser gebildet und besser informiert denn je.

Das Menschenbild ist heute kaum mehr ein Thema. Gute Führung heisst, das ganze Potenzial aller Mitarbeitenden erkennen, entwickeln und im Dienste der Unternehmungsziele ausschöpfen. Das macht Führung anspruchsvoll und erfordert ein hohes Mass an persönlicher Autorität. Die Herausforderung ist, diese Autorität auszuüben, die Individualität der einzelnen Menschen zu respektieren und den genialen Funken, der nach Meinung von Lee Iacocca in jedem Menschen steckt (s. 1, 6.3), zu entzünden.

Und doch zeichnen sich am Horizont fundamentale Änderungen ab. Human Resources Outsourcing ist im Trend. Viele grosse Firmen halten bereits heute einen Teil ihrer Belegschaft durch Zeitarbeit flexibel. In der Zukunft könnte dieses Modell radikal ausgebaut werden. Fest angestellt wäre nur noch eine relativ kleine Kernbelegschaft. Die Spezialisten für die Projektarbeit würden über eine Art Ebay rekrutiert. Voraussetzung dafür sind eine weitere Aufteilung der Arbeitsschritte und zunehmende Spezialisierung. Frederick Taylor hätte seine Freude daran. Wer Arbeit sucht, muss sein Profil auf ein soziales Netzwerk stellen. Jeder Arbeitsbeitrag wird zertifiziert und beeinflusst die «digitale Reputation» und damit die Arbeitsmarktfähigkeit. Der Mensch würde damit durch und durch gläsern, in einer «beängstigenden Mischung aus Freiheit und totaler Kontrolle».[1117] Die Unternehmen würden über ein unbegrenztes Reservoir an Fachkräften verfügen, weltweit, rund um die Uhr. Mit diesem «Beschäftigungsmodell der Zukunft» könnten sie sich der lästigen nationalen Regulierungen entledigen, was «die Finanzmärkte längst erreicht haben».[1118] So viel Phantasie hatte nicht einmal Karl Marx.

5. Verantwortung

Verantwortung ist das Korrelat zur Macht: die Verpflichtung, für das Ergebnis seiner Handlungen oder Unterlassungen einzustehen. Im Wort Verantwortung steckt Antwort. Sein Ursprung ist religiös: Red und Antwort stehen vor Gott, dem obersten Richter. In der *Benediktus-Regel* wird der Abt daran erinnert, dass er dereinst vor Gott Rechenschaft ablegen muss (s. I, 1.1). Etwas profaner lässt sich Verantwortung als Pflicht zur Rechenschaftsablage über die Aufgabenerfüllung definieren. Max Weber unterscheidet zwischen «zwei voneinander grundverschiedenen, unaustragbar gegensätzlichen Maximen», der «Gesinnungsethik» und der «Verantwortungsethik».[1119] Gesinnungsethik steht im Dienst einer Idee. Ihr müsse mit grosser Skepsis begegnet werden, denn es sei falsch zu glauben, «dass aus Gutem nur Gutes, aus Bösem nur Böses kommen könne, sondern oft das Gegenteil».[1120] Demgegenüber steht die Verantwortungsethik im Dienst einer Sache und bedeutet, «… dass man für die (voraussehbaren) Folgen seines Handelns aufzukommen hat».[1121]

Auf der Liste der in Teil 1 porträtierten Personen stehen einige Gesinnungsethiker (Calvin, Robespierre, Lenin, Durruti). Das Urteil der Geschichte über die Gesinnungsethik ist eindeutig: «Wie viele Gräuel wurden im Namen des Guten verübt! Wie viele Verbrechen im Namen der Tugend!»[1122] Trotzdem, Ideologen wird es immer geben, mit auch die Gesinnungsethik. «Wenn das Motiv stimmt, beziehungsweise muss man so handeln.»[1123] Wer das sagt ist kein Revolutionär, sondern ein eher […]ierung.

Die alten Griechen haben den Begriff Verantwortungsethik nicht gekannt, aber gemäss deren Grundsätzen gehandelt. Ihre Heerführer wurden «Strategen» genannt. Im Gegensatz zu anderen Amtsinhabern wurden sie nicht ausgelost, sondern gewählt. Sie hatten eine strikte Rechenschaftspflicht und konnten wegen Fehlentscheidungen zum Tod verurteilt werden.[1124]

Max Weber spricht zwar vom Politiker, seine Ausführungen können aber ohne Weiteres auf andere Bereiche übertragen werden. Entscheidend für eine Führungsperson seien drei Qualitäten: «Leidenschaft – Verantwortungsgefühl – Augenmass. Leidenschaft im Sinn von Sachlichkeit. Leidenschaftliche Hingabe an eine Sache ...»[1125] Bei der Verantwortung geht es um die Sache. Das Verantwortungsgefühl erwächst aus dem Bewusstsein, dass Rechenschaft abgelegt werden muss, ganz im Sinne der *Benediktus-Regel*: «Vielmehr soll er stets daran denken ...» (s. 1, 1.1). Verantwortungsgefühl ist eine Haltung. «Auch nach über 20 Jahren Lehrtätigkeit ist mir kein Weg bekannt, wie man Verantwortung lehren kann. Man kann *appellieren*; man kann Verantwortung *fordern* ... Aber im Grunde sind das alles Hilfskonstruktionen.»[1126] Das Wissen über die Unausweichlichkeit der Rechenschaftsablage (und mögliche Sanktionen bei Pflichtverletzung) schränkt persönliche Macht ein und ist ein Instrument zur Verhütung von Machtmissbrauch.

Die Führungsverantwortung ist eine «Rollenverantwortung». Sie besteht aus drei Elementen: dem Verantwortungsträger, dem Verantwortungsbereich und der Verantwortungsinstanz. Kontrovers ist die Frage, ob es sich beim Verantwortungsträger um eine Einzelperson handelt oder auch ein Kollektiv infrage kommt. Beobachtungen und Experimente zeigen, dass das Verantwortungsgefühl diffuser wird, sobald sich Menschen in einer Gruppe befinden. «In einem Experiment liessen Latane und Darley einen Studenten, der sich allein in einem Raum befand, einen epileptischen Anfall spielen. Wenn es im benachbarten Zimmer nur eine Person gab, die den Anfall hörte, reagierte sie in 85 Prozent der Fälle und lief in das Nachbarzimmer, um dem Studenten zu helfen. Aber wenn die Betreffenden glaubten, dass es noch vier andere Menschen gab, die den Anfall des Studenten hörten, kamen sie ihm nur in 31 Prozent der Fälle zu Hilfe.»[1127] Es erscheint bewiesen, dass Einzelverantwortung effektiver ist als Kollektivverantwortung.

Peter Drucker kommt zu einem unmissverständlichen Schluss: «Leadership is not rank, privilege, titles, or money, it is responsability.»[1128]

6. Moral, Ethik, Tugend, Werte

Wer auf dem Ngram Viewer «Moral» klickt, stellt fest, dass dieses Wort in den letzten 200 Jahren so unterschiedlich verwendet wurde wie kaum ein anderer Begriff. Moral kommt und geht. So hat in den 1960er-Jahren eine urchristliche Gemeinde mit enormem publizistischem Aufwand die «Moralische Aufrüstung» verkündet. Seit einiger Zeit hat Moral wieder Hochkonjunktur. Der Philosoph Comte-Sponville stellt die Hypothese auf, dass die Menschen «umso mehr über Moral sprechen, je rarer diese sich in Wirklichkeit ... macht».[1129] Die Affäre des deutschen Bundespräsidenten scheint dies zu belegen. Diese Geschichte sei ein «Symptom der fortschreitenden Moralisierung des öffentlichen Lebens. ... Sie hat wenig zu tun mit einem Erstarken der Moral. Sie ist die Folge einer Schwächung des Politischen.»[1130]

Umgangssprachlich werden «Moral» und «Ethik» nahezu austauschbar verwendet.[1131] «Die moralische Frage ist die Frage nach Gut und Böse, Menschlichkeit und Unmenschlichkeit.»[1132] Der Wert einer moralischen Handlung liege in ihrer Uneigennützigkeit.[1133] Deshalb mokiert sich Comte-Sponville über die Mode der Unternehmungsethik, die in hoch dotierten Studiengängen Weisheiten wie «Die Ethik ist die Quelle des Profits» verkündeten.[1134] Moralische Regeln haben den Charakter von «das darfst du nicht». Sie schränken den Freiraum der Handlungsmöglichkeiten ein. «Moralische Vorschriften werden ... von den Menschen nicht deshalb akzeptiert, weil es rational oder vernünftig ist, seine eigene Handlungsfreiheit *einzuschränken*, ... Vielmehr werden moralische Regeln durch Nachahmung, Erziehung und Gewohnheiten angenommen.»[1135] Dadurch erhält Moral den Charakter einer Konvention. «Man verprügelt einfach keine Kinder. Punkt. Wer so denkt, handelt gewiss nicht schlecht oder falsch. Allerdings hat solch ein moralisches Handeln nicht den Charakter einer *ethischen Regel*. Erst wenn man sich klar gemacht hat, dass man auch anders handeln *kann*, dass man *frei* ist, anders zu handeln, aber aus *Einsicht* den Entschluss fasst, *nicht so zu handeln*, dann wird aus einer Moral eine Ethik.»[1136]

Moral ist eine Negativliste, «Tugend» ihr positives Gegenstück im Sinne von «das sollst du». «Warum immer nur anklagen und anprangern? Das ist die Moral der Trübsinnigen, eine traurige Moral. Das Gute jedoch existiert... in einer... Anzahl von guten Haltungen, die traditionellerweise mit dem Wort Tugend bezeichnet werden, was sich von ‹Tauglichkeit› herleitet.»[1137] Die grossen Philosophen haben sich seit Jahrtausenden mit der Frage des Guten beschäftigt. So haben sich vier Kardinaltugenden herausgebildet: Klugheit, Mut, Gerechtigkeit, Mässigung.

«Die Klugheit ist die Disposition, die uns befähigt, richtig zu beurteilen, was gut und schlecht ist... Man könnte sie als gesunden Menschenverstand bezeichnen...»[1138] Klugheit ist eine elementare Voraussetzung für die Übernahme von Verantwortung im Sinne von Webers Verantwortungsethik (s. 2, 3). «Der kluge Mensch ist nicht nur dem gegenüber aufmerksam, was geschieht, er achtet auch auf das, was geschehen kann.»[1139] Mit anderen Worten: Der kluge Mensch antizipiert.

Mut ist die Voraussetzung für die Tatkraft. Ohne die Tatkraft wäre die Klugheit nutzlos. «Mut ist nicht Wissen, sondern Entscheidung, nicht Meinen, sondern Handeln. ... Mut, um dauernd und ausdauernd zu sein, ...,Mut, um zu ertragen, zu kämpfen, zu widerstehen, durchzuhalten ...»[1140] Mut ist auch die Fähigkeit, Angst zu überwinden. «Die Angst lähmt, und jedes Handeln, selbst die Flucht reisst uns ein wenig von ihr los.»[1141] Besonderen Mut braucht es, wenn keine Hoffnung besteht.»[1142] Mut ist «eine Wanderung zwischen den Abgründen Feigheit und Tollkühnheit».[1143] Dazu braucht es Augenmass, sonst wird Mut zur Tollkühnheit.

Gerechtigkeit ist die einzige Kardinaltugend, die absolut gut ist. Demgegenüber sind «Klugheit, Mässigung und Mut... nur Tugenden, sofern sie dem Guten dienen ...».[1144] Allerdings ist keine der vier Tugenden so schwer zu fassen wie die Gerechtigkeit. «Gerechtigkeit gibt es gar nicht ...»[1145] Gerechtigkeit im juristischen Sinne ist noch fassbar. Gerechtigkeit beinhaltet aber auch die Elemente Gleichheit, Gleichbehandlung, gerechtes Aufteilen. Vielleicht kommen wir dieser Tugend heute mit dem Begriff «Fairness» näher. Dieses typisch englische Wort stammt aus dem Sport und bedeutet, sich an die Spielregeln zu halten, sich anständig zu benehmen, den Gegner zu achten, keine verdeckten Fouls zu machen.

Mässigung ist «jene Gratwanderung zwischen den beiden Abgründen Unmässigkeit und Sprödheit, zwischen der Freudlosigkeit der Ausschweifung und der des Nicht-geniessen-Könnens, zwischen dem Ekel der Völlerei und der Magersucht».[1146] Die Mässigung verhindert, dass Klugheit zur Klugscheisserei und Mut zur Tollkühnheit wird.

Die Liste der in Teil 1 porträtierten Personen enthält manches Beispiel tugendhafter Menschen. Wir bewundern den Mut von Weyprecht und Shakleton in hoffnungslosen Situationen. Und wir stellen fest, dass Klugheit und Mut ohne Augenmass Napoleon ins Verderben geführt haben.

Neben den vier Kardinaltugenden hat Comte-Sponville in seinem Brevier noch 14 andere Tugenden aufgeführt. Davon sollen hier noch zwei erwähnt werden. Erstaunlicherweise steht zuoberst auf seiner Liste die Höflichkeit. Gute Manieren müssten den Kindern eingetrichtert werden, weil «die Achtung vor dem anderen beginnt hier ...».[1147] Fast am Ende der Liste findet man den Humor. Dessen Bedeutung solle nicht überschätzt werden. Es sei keine grossartige, aber eine wertvolle Eigenschaft. «Dem Humorlosen mangelt es an Demut, an klarem Verstand, an Leichtigkeit, er ist zu sehr von sich eingenommen, fällt auf sich selbst herein, ist zu streng oder zu aggressiv ...»[1148] Erinnern wir uns daran, dass General Schwarzkopf die Erfahrung gemacht hat, dass Humor gerade in schwierigen Zeiten manches einfacher macht (s. 1, 2.3).

Man mag Comte-Sponville beipflichten, dass ein übermässiger Gebrauch bestimmter Vokabeln auf gewisse Defizite hinweist. Darauf deutet auch der mehrdeutige und inflationär verwendete Begriff «Wert» hin. Das ist besonders verwirrlich, weil «wertorientierte Unternehmungsführung» eine grundlegende Umdeutung erfahren hat. In den noch nicht allzu fernen Zeiten, als die Maximierung des Shareholder-Value zur Ideologie wurde, bedeutete wertorientierte Unternehmungsführung die Steigerung des EVA (Economic Value Added). Dieser einst so präsente Begriff hat sich seit der Finanzkrise verflüchtigt, wohl weil man Salärsysteme nicht an den EVD (Economic Value Destroyed) knüpfen wollte. Nun hat «Wert» eine andere Bedeutung erhalten. «Unternehmungen, die statt auf das Immer-Besser setzen, zeichnen sich durch Führungskräfte aus, die nicht nach Reichtum, Macht und Status streben, sondern dem Sinn einer Sache verpflichtet sind ... Solches Denken und Handeln beruht auf Wertvorstellungen, die – werden sie glaubwürdig vorgelebt – vertrauensbildend wirken.»[1149] «Wert» erhält hier die Bedeutung einer sozialen Norm. In dem zitierten Artikel werden folgende Werte genannt: faire Kommunikation, Beständigkeit, Glaubwürdigkeit, Fairness, Würde, Respekt. All diese Begriffe zeichnen sich durch maximale Unschärfe aus. Die finale Empfehlung für die wertorientierte Führung neuen Zuschnitts lautet: «Im Grundsatz gilt es, Mitarbeitende so zu behandeln, wie man selbst behandelt werden möchte.»[1150]

Diese Handlungsempfehlung ist als goldene Regel bekannt und existiert bereits seit dem 7. Jahrhundert v. Chr., und zwar in den verschiedensten Kulturkreisen: «Was du nicht willst, dass man dir tu, das füg auch keinem andern zu.» Die Regel verlangt, dass man sein Handeln reflektiert. Auch der kategorische Imperativ von Immanuel Kant lässt sich auf ein einziges Prinzip zurückführen. «Handle so, dass sich die subjektive Regel, nach der du handelst, verallgemeinern lässt, dass du dir vorstellen und dass du dir wünschen kannst, dass alle nach einer analogen subjektiven Handlungsregel entscheiden.»[1151]

Letztlich geht es auch bei diesen Themen um die dunkle Seite der Macht mit ihren Versuchungen. Vorfälle wie der Korruptionsskandal bei Siemens haben gezeigt, dass das Bedürfnis nach klaren Regeln besteht. Seither ist Compliance zu einer Disziplin geworden, die sämtliche Institutionen erfasst hat. Die Erfahrung zeigt, dass man die Einhaltung von Gesetzen, Vorteilsannahme und Interessenkonflikte so präzise wie möglich regeln sollte. Es wird aber immer Grauzonen geben. Auch hier gibt es eine Art goldene Regel. Erstens soll man sich der Sensibilität des Themas bewusst sein. Und wenn man sich die Frage stellt: «Darf ich das?», so ist die Antwort «nein».

Halten wir fest: Wer sich an die goldene Regel hält und die vier Kardinaltugenden beherzigt, ist auf der guten Seite.

7. Gestaltung und Umsetzung

Führung enthält immer zwei Dimensionen: erstens die Bestimmung des Ziels und des Wegs dorthin und zweitens die Steuerung von Menschen im Dienste der Zielerreichung. Die eine Dimension nennen wir Gestaltung, die andere Umsetzung. Gestaltung ist primär eine intellektuelle Aufgabe, die Umsetzung erfordert emotionale Intelligenz (s. 2, 2).

Diese beiden Dimensionen sind aufs Engste miteinander verknüpft. Die beste Menschenführung ist nutzlos, wenn in die falsche Richtung marschiert wird. Und die beste Strategie ist nicht zu realisieren, wenn die Gefolgschaft fehlt. Die Priorität liegt in der Gestaltung. Die Leidenschaft für die Sache schafft Glaubwürdigkeit, und Glaubwürdigkeit schafft Gefolgschaft. Steve Jobs wollte eine Delle ins Universum schlagen, und er hatte klare Vorstellungen, wie das zu tun ist. Sein Glaube war so stark, dass er die Wirklichkeit bisweilen ignorierte. Damit scharte er die Menschen von Apple hinter sich, obwohl soziale Kompetenz nicht zu seinen Stärken zählte (s. 1, 6.6).

Roald Amundsen ist ein perfektes Beispiel für eine Führungskraft, bei der Gestaltung und Umsetzung in einem ausgewogenen Verhältnis standen. Sein Antipode Robert Falcon Scott war in der Gestaltung ein Stümper und stützte sich in der Umsetzung auf die traditionellen Formen institutioneller Autorität. Nur einer hat das Ziel erreicht und überlebt (s. 1, 4.3).

Die Dualität von Gestaltung und Umsetzung definiert die Anforderungsprofile von Führungskräften und muss in der Aus- und Weiterbildung immer beachtet werden.

8. Glaubwürdigkeit und Vertrauen

In der Affäre um private Devisengeschäfte der Schweizerischen Nationalbank hat der scheidende Bankpräsident seinen Abgang mit der angekratzten Glaubwürdigkeit begründet. Glaubwürdigkeit sei das höchste Gut, sie müsse absolut gelten. Der deutsche Bundespräsident ist zurückgetreten, weil er sein Amt nicht mehr glaubwürdig ausüben konnte. Wir haben festgestellt, dass der Wortstamm einen religiösen Inhalt hat (s. 2, 2). Glauben ist mehr als Wissen und keine intellektuelle Fähigkeit. Max Weber definiert Glauben als «Vertrauen auf die *Verheissungen* Gottes».[152] Das Korrelat von Glaubwürdigkeit ist Vertrauen. Einer glaubwürdigen Führungsperson traut man zu, die anvisierten Ziele zu erreichen.

Was Glaubwürdigkeit und Vertrauen ausmachen, lässt sich am besten in schwierigen Lagen erkennen. An erster Stelle steht das unbedingte Einstehen für die Sache. Dann folgen Sachverstand und organisatorische Fähigkeiten. Hohe Glaubwürdigkeit erreicht nur, wer die beiden Dimensionen Gestaltung und Umsetzung in Einklang bringt. Der Soziologe Norbert Elias definiert die Substanz von Charisma als die Fähigkeit, in Krisensituationen die richtigen Entscheide zu treffen (s. 1, 3.2). Wer wie Magellan über herausragende navigatorische Fähigkeiten verfügt, dem wird in der Einsamkeit des grossen Meeres Vertrauen entgegengebracht. An die Spitze der nach der Finanzkrise taumelnden UBS hat man mit Oswald Grübel einen ausgewiesenen Bankpraktiker gesetzt. Grübel hat eine Banklehre gemacht, besitzt keinen Hochschulabschluss, aber das Bankgeschäft kennt er in allen Facetten. Er gilt als autoritär, mürrisch, launisch und ist kein Teamplayer. Bekannt ist sein Spruch: «Mein Hund könnte das besser als Sie.» Man hätte sich Grübel in den guten alten Zeiten nicht als Chef der UBS vorstellen können. In der Krise war er der richtige Mann. Er hatte eine grosse Glaubwürdigkeit, und die Leute vertrauten ihm, weil sie daran glaubten, dass er sie aus der Krise führe. In der Krise erträgt es keine Diskrepanz zwischen Worten und Taten. Die Worte müssen klar, einfach und eindeutig sein, ohne Zweifel und Ambivalenz. Das Verhalten ist unbeirrbar und voller Zuversicht. Weyprecht und Shakleton erwarben das Vertrauen ihrer Männer durch ihre Unerschütterlichkeit und ihren gegen aussen vorgetragenen Optimismus. Standhaftigkeit heisst, dass man den eingeschlagenen Kurs hält, wie es Carl von Clausewitz empfohlen hat: «…bei allen zweifelhaften Fällen bei seiner ersten Meinung zu beharren und nicht eher zu weichen, bis eine klare Überzeugung dazu zwingt».[1153]

Glaubwürdigkeit und Vertrauen müssen in einem wechselseitigen Prozess erarbeitet werden. Das braucht Zeit. Der Fall der Schweizer Nationalbank zeigt, wie schnell Glaubwürdigkeit und Vertrauen zerstört werden können. Führungspersonen tun gut daran, Handlungen auch aufgrund ihres Einflusses auf ihre Glaubwürdigkeit zu beurteilen.

9. Disziplin

Disziplin war der Schlüsselbegriff im frühen Calvinismus. Im Katechismus waren die Regeln festgelegt, und sie wurden mit Zucht und Strenge durchgesetzt. Calvin war ein Subordinationsfanatiker, und er verlangte absoluten Gehorsam (s. 1, 1.3).

Auch hier liefert Max Weber die anerkannten Definitionen. «Disziplin soll heissen, die Chance, kraft geübter Einstellung für einen Befehl prompten, automatischen und schematischen Gehorsam bei einer angebbaren Vielheit von Menschen zu finden. ... Die Disziplin schliesst die ‹Eingeübtheit› des kritik- und widerstandslosen *Massen*gehorsams ein.»[1154] Und: «Gehorsam soll bedeuten: Dass das Handeln des Gehorchenden im wesentlichen so abläuft, als ob er den Inhalt des Befehls um dessen selbst willen zur Maxime seines Verhaltens gemacht habe, ... ohne Rücksicht auf die eigene Ansicht über den Wert oder Unwert des Befehls als solchen.»[1155]

In einem historischen Exkurs zeigt Max Weber auf, wie die Einführung von Disziplin das Militärwesen verändert hat. Das einexerzierte Heer der spartanischen Berufssoldaten habe zu völlig neuen Machtverhältnissen geführt. Der zweite grosse Erzieher zur Disziplin sei der ökonomische Grossbetrieb geworden. «Die höchsten Triumphe feiert die darauf aufgebaute rationale Abrichtung und Einübung von Arbeitsleistungen bekanntlich in dem amerikanischen System des ‹scientific managment›, welches darin die letzten Konsequenzen der Mechanisierung und Disziplinierung des Betriebes zieht.»[1156]

Der militärische Ursprung, Missbrauch von Disziplin bis zum «Kadavergehorsam», der einschränkende Charakter von Disziplin, das Infragestellen von institutionellen Autoritäten und die zunehmende Individualität haben den Begriff Disziplin negativ belegt. Disziplin hat mit der

Entwicklung des Zeitgeistes ständig an Wert verloren. In letzter Zeit ändern sich allerdings einige Anzeichen. Die unbestrittene Effizienz asiatischer Unternehmen basiert zu einem wesentlichen Teil auf hoher Disziplin. Ebenso die Erziehungsmethoden in diesen Ländern. Im Westen als provokativ empfundene Thesen über solche Methoden (Eltern als Wolfsväter und Tigermütter[1157]) haben eine Diskussion über den Wert von Disziplin in Gang gesetzt. Und plötzlich erscheinen Bücher wie *Die Macht der Disziplin* in den Bestsellerlisten.[1158]

Fakt ist: Je grösser und komplexer eine Organisation, desto wichtiger ist die Disziplin, auch heute noch. Eine High-Reliability-Organisation wie beispielsweise ein Kernkraftwerk, ein Flugzeugträger oder eine Bahnunternehmung sind ohne normierte Arbeitsabläufe und das strikte Einhalten von Regeln nicht denkbar.

Der moderne Mensch ist aber nicht mehr fraglos bereit, Regeln zu akzeptieren, deren Gehalt er nicht nachvollziehen kann. «Fügungsbereitschaft aus blosser Furcht» ist der «Führungsbereitschaft aus freier Neigung» gewichen.[1159] Selbst der Macht aus Prinzip ablehnende Buenaventura Durruti hat erkannt, dass er ohne Disziplin einen aussichtslosen Kampf führt, deshalb hat er für «freiwillige Disziplin» plädiert (s. 1, 5.3). Amundsen verwendet den gleichen Begriff, man könnte auch von Disziplin aus Einsicht sprechen. Sein Gegenspieler Scott hingegen ist noch einer der alten Schule, er verlangt blinden Gehorsam. Die Mitglieder seines Teams, in dieser alten Schule gross geworden, marschieren in die falsche Richtung, selbst wenn sie sich bewusst sind, dass sie das ins Verderben führt (s. 1, 4.3). In der *Benediktus-Regel* wird Disziplin als «Gehorsam ohne Zögern» umschrieben. Dem Herrn wohlgefällig ist solches Verhalten aber nur, wenn es mit Freude erbracht wird (vgl. 1, 1.1). Selbst im Fussball hat das Pendel von der Kreativität wieder in Richtung Disziplin ausgeschlagen. Louis van Gaal lehrt deshalb Disziplin, Disziplin, Disziplin (s. 1, 4.5).

Wer Disziplin einfordert, muss sich auch mit der Frage auseinandersetzen, was bei undiszipliniertem Verhalten geschieht. In den Zeiten, in denen Fügungsbereitschaft durch Furcht erzeugt wurde, spielte das Disziplinarreglement mit einem differenzierten Strafensystem eine grosse Rolle. Das hatte zur Folge, dass Verstösse wenn immer möglich vertuscht wurden. Das wiederum hat einen systematischen Lernprozess behindert. In einem System, das auf Disziplin aus Einsicht beruht, muss dieser Lernprozess im Vordergrund stehen.

Halten wir fest: Disziplin ist nach wie vor unverzichtbar. Es ist eine zentrale Führungsaufgabe, den Menschen einer Organisation den Wert von Disziplin begreiflich zu machen. Disziplin aus Einsicht wird so zu einem Element der Unternehmungskultur.

10. Loyalität

Loyalität ist ein positiv belegter und häufig verwendeter Begriff. Und doch ist kaum ein Wort aus diesem Vokabular so vielschichtig und problematisch. Tyrannen setzen Loyalität als Machtinstrument ein. Am Hof des Kaisers von Äthiopien war Loyalität das einzige und absolute Prinzip. «Im übrigen war es nicht so wichtig, ob ein Würdenträger seiner Aufgabe gewachsen war oder nicht, solange er nur loyal war.»[1160] Der Kaiser hat von seinen Untergebenen Zuneigung, Treue und bedingungslose Identifikation mit seinen Haltungen und Handlungen verlangt. Bei geringsten Zweifeln an der Loyalität wurde die Existenz des Abweichlers zerstört (s. 1, 3.3). Kaiserin Maria Theresia war ihrem Gatten mit grosser Zuneigung verbunden. Als sie sich endlich durchgerungen hatte, ihrem unfähigen Schwager das Kommando zu entziehen, wurde sie von ihrem Gatten gebeten, davon abzusehen. Aus Loyalität verzichtete sie auf die Massnahme (s. 1, 7.1). General Schwarzkopf tat sich schwer mit einer Loyalität, die Kritik an schlechten Vorgesetzten ausschloss (s. 1, 2.3). Für Lee Iacocca entwickeln loyal veranlagte Menschen Sentimentalitäten, die sie zu miserablen Führungskräften machen (s. 1, 6.3). Jack Welch hütete sich vor paternalistischer, feudaler und unklarer Loyalität (s. 1, 6.4). «The Boss» Shakleton dachte immer zuerst an seine Männer, deshalb, aber auch weil sie unerschütterliches Vertrauen in seine Entscheidungen hatten, waren sie ihm in bedingungsloser Loyalität ergeben (s. 1, 4.4).

«Der Begriff ‹Loyalität› geht über das französische *loyal* auf das lateinische *legalis* zurück und meint zunächst ‹gesetzmässig›. Loyal ist, wer gegenüber Staat und Gesellschaft pflichttreu ist, vertragstreu, redlich nach Treu und Glauben, aber auch im weitesten Sinne anständig, auch den Gegner respektierend.»[1161] Loyalität spielt sich in verschiedenen Sphären ab: in einer Zweierbeziehung, der Familie, einer Gruppe, einer Institution, einer Gemeinde, einer Nation, einer Glaubensgemeinschaft. «Liebe schliesst Loyalität ein, und zwar eine vorrangige Loyalität. ... Universelle Loyalität geht also irgendwie immer durch das Nadelöhr der konkreten und somit besonderen Loyalität.»[1162] Maria Theresia verzichtet aus einer konkreten Loyalität auf eine Entscheidung und fügt damit ihrem Land Schaden zu.

Im Konfliktfall zwischen konkreter und universeller Loyalität (der Loyalität für das Ganze) hat in einem professionellen Umfeld die universelle Loyalität Priorität. Wer in einem Konflikt Stellung für das grosse Ganze nimmt, kann dem Einzelnen oder der Gruppe gegenüber als illoyal erscheinen. «Der grösseren Loyalität haftet der Geruch des Verrats an.»[1163] Eine konkrete Loyalität kann – immer in einem professionellen Umfeld – nie absolut sein. Deshalb meint Reinhard K. Sprenger in seinem Buch über *Fussballstrategien für Manager*, man solle auf Loyalität überhaupt verzichten.[1164] Zumindest müsste man die Bedeutung von Loyalität etwas zurücknehmen und sie etwas bescheidener als eine Verpflichtung zur gegenseitigen Unterstützung definieren, vor allem in schwierigen Situationen. Oder noch bescheidener: als gegenseitige Achtung, Anstand und Integrität. Integrität im Sinne von: Es werden keine Spiele hinter dem Rücken der Beteiligten gespielt. Eine so verstandene Loyalität war der Kern der Führung von Amundsen und Shakleton. Beide konnten auf die Loyalität ihrer Männer zählen, aber sie waren auch ihnen gegenüber loyal. Zur Loyalität gegenüber Mitarbeitenden gehört auch die Fürsorgepflicht. In der *Benediktus-Regel* wird dafür das Bild des Hirten mit seiner Herde verwendet (s. 1, 1.1). Shakleton hat eindrücklich gezeigt, was «take care» unter extremsten Bedingungen bedeutet. Wer Hunger hat und seinen letzten Zwieback verschenkt, ist wirklich loyal.

Loyalität gegenüber Personen ist eine emotionale Angelegenheit, in der die Sympathie eine grosse Rolle spielt. Gegenseitige Sympathie ist die Basis für Freundschaft, und wahre Freundschaft führt zu gegenseitiger Loyalität im Sinne der oben zitierten vorrangigen Loyalität. Das kann zur Folge haben, dass man Ansichten und Werte des anderen zu verteidigen beginnt, obwohl man sie nicht vollumfänglich teilt. Etwas überspitzt könnte man sagen, dass Loyalität zu einem Reality Distortion Field führt

(s. 1, 6.6). Das ist im privaten Bereich die Essenz einer Partnerschaft. Im professionellen Umfeld können solche Beziehungen zu fatalen Fehlentscheidungen führen. Man muss sich sogar die Frage stellen, ob Freundschaft in einem Abhängigkeitsverhältnis nicht per se zu einem Interessenkonflikt führt.

Jede Führungsbeziehung ist durch ein Machtgefälle charakterisiert. Auch der kumpelhafte Chef bleibt ein Chef, «den man sich auch mal geteert und gefedert wünscht. ... Der kollegiale Chef ... ist kein Freund. Auch in flachen Hierarchien wird rebelliert.»[1165] Machtdistanz ist eine Realität. Es ist eine Frage des persönlichen Führungsstils, wie man diese Distanz dimensioniert. Grosse Machtdistanz führt zu höfischen Mustern und riskanten Loyalitätsbeziehungen. Ebenso riskant ist zu grosse Nähe. Felix Magath, ein nicht immer unumstrittener Fussballtrainer, meint dazu: «Je näher ich ihnen bin, desto weniger Freiheit habe ich, Entscheidungen zu fällen. Zum Beispiel die, wer spielen darf und wer auf der Bank sitzen muss. Denn jeder wird von Gefühlen beeinflusst. Seltsamerweise auch ich.»[1166]

Halten wir fest: Mit Loyalität muss sorgsam umgegangen werden. Die universelle Loyalität gegenüber der Institution hat Vorrang. Loyalitätsbeziehungen in einer Führungsbeziehung basieren auf gegenseitiger Unterstützung auch in schwierigen Zeiten. Dazu gehört das «take care» gegenüber den Mitarbeitenden. Machtdistanz ist ein Faktum. Wie gross sie sein soll, ist eine Frage des persönlichen Führungsstils. Nahestehende Personen in einem Abhängigkeitsverhältnis sind problematisch.

11. Kritik und Widerspruch

Der Umgang mit Kritik und Widerspruch ist nur in wenigen Porträts in Teil 1 ein explizites Thema. In der Kirche und in der Revolution wurden Kritiker zu Ketzern gestempelt und entsprechend behandelt. In der Armee und am Hof war Widerspruch eine nicht existierende Kategorie. Von den geschilderten Führungspersonen in Extremsituationen haben Roald Amundsen und Louis van Gaal Widerspruch nicht nur akzeptiert, sondern auch gefordert. Aufgrund ihrer Biografien hat man nicht den Eindruck, dass Henry Ford, Lee Iacocca und Jack Welch Kritik besonders herausgefordert hätten. Steve Jobs konnte man zwar widersprechen, aber man musste sich der Sache sehr sicher sein und über ein grosses «Einsteckvermögen» verfügen.

Persönliche Autorität fusst auf Selbstsicherheit, Überzeugung und Glauben. Da bleibt wenig Platz für Zweifel und Mehrdeutigkeit. Ohne ein grosses Ego ist persönliche Autorität schwer zu erhalten. Kurz, solche Persönlichkeiten tun sich grundsätzlich schwer mit Kritik. Wenn starke Autoritäten Loyalität einfordern, wird Kritik bald einmal als illoyal disqualifiziert. Mit dieser Frage beschäftigt sich zum Beispiel die katholische Kirche. Man müsse eben zwischen loyaler und illoyaler Kritik unterscheiden, je nachdem, ob die Kritik vom guten oder vom bösen Geist komme.[1167] «Wenn allerdings unter Loyalität zu verstehen ist, sich am Polieren der Fassade, am Klatschen und Fähnchenschwingen zu beteiligen, wird man ein offenes Wort immer als Illoyalität deuten.»[1168] Die katholische Kirche hat sich der rigorosesten Methode bedient, um jeglichen Widerspruch in Grundsatzfragen zu unterbinden. Per Dogma hat sie die Unfehlbarkeit des Papstes deklariert. *Ex cathedra* – Punkt.

An sich ist die Sache einfach. Widerspruch ist eine Notwendigkeit, um die Qualität von Entscheidungen zu verbessern. Es gilt daher namentlich bei der Entscheidungsfindung und beim Überprüfen einer Strategie, kritische Fragestellungen systematisch einzubauen. Das in Abschnitt 1, 2.4 geschilderte Beispiel, in dem es General Marshall wagt, dem US-Präsidenten zu widersprechen, zeigt zweierlei: dass es viel Mut braucht, um in ausgeprägten Hierarchien und angesichts von erdrückenden Persönlichkeiten zu widersprechen und dass dieser Widerspruch zu einer besseren Lösung geführt hat.

Ist der Entscheid gefällt, ist das letzte Wort gesprochen. Nun gilt es, sämtliche Energien auf die Umsetzung zu konzentrieren. Wer dann immer noch kritisiert, absorbiert unnötig Energien und wird zum Murrer. Bereits die *Benediktus-Regel* disqualifiziert Murren als inakzeptables Verhalten. Die Regel geht sogar noch weiter und verlangt, dass gefällte Entscheide nicht nur kritiklos, sondern mit Freude umgesetzt werden (s. 1, 1.1).

Im Wissen um diese Zusammenhänge bemühen sich starke Führungspersonen um eine Kultur, in der kritisches Hinterfragen zur Selbstverständlichkeit wird. Noch stärkere Führungspersonen sind in der Lage, auch ihr eigenes Verhalten kritisch zu beurteilen.

12. Motivation

Das Wort stammt vom lateinischen *movere* und bedeutet bewegen, antreiben. Motiv ist ein Grund, Motivation der innere Antrieb für eine Handlung oder eine Leistung.

Philosophie und Psychologie befassen sich seit Jahrhunderten mit den Ursachen menschlichen Strebens und Handelns. Als eingängiges Erklärungsmodell wird noch immer die Maslow'sche Bedürfnispyramide verwendet. Diese geht von einer Hierarchie der Bedürfnisse aus, mit den physiologischen Bedürfnissen an der Basis und der Selbstverwirklichung an der Spitze. Mit seinem berühmten Satz «Zuerst kommt das Fressen, dann die Moral» hat Bertolt Brecht die Essenz dieses Modells schon früh erkannt. Die wirtschaftliche Entwicklung und der Zeitgeist haben dazu geführt, dass heute die Bedürfnisse ganz oben auf der Pyramide im Vordergrund stehen: die individuellen Bedürfnisse und das Bedürfnis nach Selbstverwirklichung.

Das zweite Erklärungsmodell, das immer noch hohe Aktualität hat, ist das Zwei-Faktoren-Modell von Frederick Herzberg. Herzberg unterscheidet zwischen Hygienefaktoren und Motivatoren. Hygienefaktoren definieren Erwartungen (Gehalt, Arbeitsbedingungen, Sozialleistungen usw.). Wenn diese nicht erfüllt werden, entsteht Unzufriedenheit, zur Motivation tragen sie aber nicht bei. Motivatoren wie Erfolg, Anerkennung, Verantwortung haben hingegen eine direkte Antriebswirkung.

Die neuere Motivationsforschung hat ein weiteres Begriffspaar hinzugefügt: die Unterscheidung zwischen intrinsischer und extrinsischer Motivation. Die intrinsische Motivation kommt von innen, die extrinsische Motivation ist durch äussere Anreize gesteuert.

Kaum ein Bereich hat sich so intensiv mit Motivation auseinandergesetzt wie der Spitzensport, wo Psychologen heute eine fast so wichtige Rolle spielen wie die Trainer. Der Sportpsychologe James E. Loehr hat ein Schema «Wettkampfprofil» für eine Standortanalyse von Sportlern entwickelt. Der wichtigste Punkt unter den insgesamt 26 Faktoren ist die Motivation. «Aus der Intensität Ihrer Antriebsstärke lässt sich am besten voraussagen, wie weit Sie es in Ihrer Sportart bringen werden. Sie können sich in allen anderen Faktoren verbessern, solange Sie dazu motiviert sind. Fehlt es Ihnen jedoch an Motivation, bricht der ganze Lernprozess zusammen.»[1169]

Es ist unbestritten, dass zwischen Motivation und Leistung ein zentraler Zusammenhang besteht. Ebenso unbestritten ist, dass sich jedes Individuum selber motivieren muss. Die psychologische Forschung zeigt, dass intrinsische Motivation zu besseren Leistungen führt. Daraus lässt sich eine prioritäre Führungsaufgabe ableiten. Führung hat dafür zu sorgen, dass beste Voraussetzungen für die intrinsische Motivation vorhanden sind.

Was das konkret heisst, hängt von den Umständen ab. Gemeinhin gilt ein anspruchsvolles Ziel als wichtigster Antriebsfaktor. Das galt auch für Henry Ford: «Ein gemeinsames Ziel, an das man ehrlich glaubt und das man aufrichtig zu erreichen wünscht, ist das allmächtige, einigende Prinzip.»[1170] Tatsächlich können Ziele eine enorme Antriebswirkung entfalten, aber nicht immer. In Extremsituationen zeigt sich, dass ein entferntes Ziel lähmend wirkt und man sich mit Vorteil nur auf den nächsten Schritt konzentriert. Beim Fussball ist das augenfällig. Kaum ein Trainer lässt es zu, vom Titel zu sprechen. Man bemüht stattdessen immer wieder die Standardformel vom nächsten Spiel, das man gewinnen will.

Die überraschenden Erfolge revolutionärer Truppen über die gedrillten Preussen haben gezeigt, wie wichtig die «Sinnfrage» ist. Die Überzeugung, für eine richtige Sache zu kämpfen, ist ein enormer Motivator. Der Sinn, die Idee, die Vision, der Glaube, all diese Begriffe stehen für Phänomene, die eine starke intrinsische Motivation auslösen können. Die *Societas Jesu* hat bald ein halbes Jahrtausend überdauert. Und noch immer sind höchst begabte Männer bereit, im Dienste einer Idee das Gehorsamsgelübde gegenüber dem Papst abzulegen und arm und keusch für ihren Glauben zu kämpfen.

Die Motivation eines Einzelnen hängt von der Zusammensetzung eines Teams, seiner Rolle im Team und dem Team Spirit ab. Eine Rolle, die Entfaltungsmöglichkeiten und Verantwortung beinhaltet, fördert die Motivation. Wer einen substanziellen Beitrag zur Teamleistung erbringt, erntet Wertschätzung. Kaum eine Umfrage über die Bedürfnisse von Mitarbeitenden, in denen diese Wertschätzung nicht an oberster Stelle erscheint. Team Spirit ist das moderne Wort für die Moral der Truppe, um die sich Napoleon besonders gekümmert hat. Das Absingen eines aufputschenden Liedes wie der Marseillaise hatte offenbar eine enorme Wirkung auf die Motivation einer ganzen Truppe. Steve Jobs war zwar ein schwieriger Chef, trotzdem gelang es ihm, dem Team echten Korpsgeist zu verleihen. Shakleton hatte immer ein wachsames Auge auf die Stimmungen in seiner Mannschaft. Männer mit einem «Hänger» hatte er immer in seiner Nähe.

Napoleon hat erkannt, wie wichtig der Rhythmus von Anspannung und Entspannung ist. Er hat seine Truppen wenn immer möglich geschont. Wenn es aber darauf ankam, waren seine Soldaten zu fast übermenschlichen Leistungen fähig (s. 1, 2.2). In all den geschilderten Beispielen von Extremsituationen hat sich gezeigt, dass Menschen wesentlich mehr leisten können, als sie sich zutrauen.

Oft hört man, der grösste Motivator sei der Erfolg. Das stimmt in vielen Fällen. Eine Erfolgsserie einer Fussballmannschaft kann zu einem Lauf, zum Flow führen. Anderseits geht es in der anspruchsvollsten Führungsaufgabe während einer Krise nicht um Erfolg, sondern ums Überstehen oder gar Überleben. Permanenter Erfolg kann sich sogar zu einem Risikofaktor entwickeln, weil er sorglos, träge und veränderungsresistent macht. Daraus folgert Henry Ford konsequent: «Das Wort Erfolg möchte ich vermeiden, da es etwas nach Grabinschrift riecht.»[1171]

Eine hohe Motivation kann die Übertragung von Verantwortung bewirken. Amundsen hat auf diesem Prinzip eine «kleine Republik» auf seinem Schiff «Gjoa» errichtet und dadurch eine hohe freiwillige Disziplin erreicht.

Man kann immer wieder hören und lesen, es motiviere die Mitarbeitenden, wenn eine Führungsperson gut zuhören könne. Das stimmt in vielen Fällen, aber nicht immer. In schwierigen Situationen unter hohem Zeitdruck ist es entscheidender, dass sie die Marschrichtung unmissverständlich bekannt gibt. In solchen Situationen kann die Ansprache sehr motivierend sein. Wenn Weyprecht zu seinen Männern gesprochen hat, in einer Situation, die, nüchtern gesehen, hoffnungslos war, kehrte für einige Zeit wieder Zuversicht ein. Das war nur möglich, weil die Männer grosses Vertrauen in Weyprecht hatten und er Zuversicht vermitteln konnte (obwohl er in seinem Innern nicht mehr an eine Rettung glaubte, s. 1, 4.2).

Anerkennung, Lob und monetäre Anreize sind Instrumente, die extrinsisch wirken. Generell ist man der Auffassung, mit Anerkennung und Lob solle man eher zurückhaltend umgehen, weil sich sonst ihr Effekt schnell abnütze. Bezüglich der monetären Anreize gehen die Meinungen diametral auseinander. Auf der einen Seite stehen Tausende Männer, die sich auf Shakletons Stelleninserat gemeldet haben, obwohl die Entlohnung minimal war (s. 1, 4.4). Auch die Jesuiten waren und sind immer noch höchst motiviert, obwohl sie ein Armutsgelübde abgelegt haben. Auf der anderen Seite ist es eine Tatsache, dass Bonussysteme die Wirtschaftswelt erobert haben. Letztlich geht es darum, ob jemand, der eine Höchstleistung erzielen will, entsprechend belohnt wird, oder ob jemand, der eine maximale Belohnung erzielen will, dafür eine entsprechende Leistung erbringt. Es spricht einiges für Steve Jobs Haltung, gemäss der die Passion für Geld nie die gleiche Wirkung auf die Motivation hat wie die Passion für Produkt und Leistung (s. 1, 6.6).

Ebenso wichtig wie die Schaffung optimaler Voraussetzungen für die Motivation ist die Vermeidung von Motivationskillern. Davon gibt es viele. Noch immer wird subtil gedroht und damit Angst erzeugt. Angst lähmt, verhindert Kritik, fördert Anpassertum und Einschmeichler, aber nicht die Kreativität. Von grosser Bedeutung für die Motivation ist der Umgang mit Fehlern. Menschen machen Fehler, auf allen Stufen, selbst dort, wo grundsätzlich Nulltoleranz besteht. Souveräne Vorgesetzte reagieren stoisch auf Fehler ihrer Mitarbeiter, selbst wenn sie, wie Jack Welch, eine Fabrik in die Luft sprengen (s. 1, 6.4). Das Einzige, was sie interessiert, ist die Frage, was getan werden muss, um einen solchen Fehler in Zukunft zu vermeiden. Man sollte keine «Fehlerkultur» entwickeln, das heisst, Leute dazu ermutigen, Fehler zu machen, sondern eine Lernkultur. Taylor, Ford, Toyota haben die Bedeutung von Misserfolgen im kontinuierlichen Lernprozess erkannt. Scheitern ist persönlichkeitsbildend und hat eine enorme Motivationswirkung. «There's no success like failure», singt Bob Dylan.

Ein weitverbreiteter Motivationskiller sind häufige und schlecht umgesetzte Reorganisationen. Es ist Mode geworden, dass neue Führungspersonen mit einer Reorganisation ihre erste Duftmarke setzen. Das kann verheerende Folgen haben. Anstatt mit dem Markt und dem Produkt beschäftigen sich die Leute nur mit sich selber und ihrem Platz in der künftigen Organisation.

Ein Motivationskiller, der nicht auszurotten ist, ist die Bürokratie, die sich sogar ungehindert im Vormarsch befindet. In Teil 1 finden sich einige Rezepte, wie man dagegen vorgehen kann. Frederick Taylor hat neue Funktionen geschaffen, um die Meister und Vorarbeiter von allen Büroarbeiten zu entlasten (s. 1, 6.1). Henry Ford hat regelmässig einen «Hausputz» durchgeführt (s. 1, 6.2). Jack Welch hat während seiner langen Zeit bei General Electric unablässig gegen die Bürokratie gekämpft. Als wirkungsvollstes Instrument erwiesen sich die Workout-Veranstaltungen (s. 1, 6.4). Andere Methoden mit wechselnden Namen wie Gemeinkosten-Wertanalyse und Faktoren-Nutzwertanalyse wurden in jüngerer Zeit entwickelt.

Der Rhythmus von Anspannung und Entspannung fördert die Motivation, permanent höchste Anspannung bewirkt unweigerlich einen Motivationsabfall. Schon Taylor hat bewiesen, wie wichtig die Erholung ist. Die neuen Kommunikationsmittel haben die Tendenz verstärkt, eine 24-Stunden-Verfügbarkeit einzufordern. Es gibt Situationen, in denen dies zwingend ist, aber kaum je auf Dauer. Es werden jedenfalls bessere Ergebnisse erzielt, wenn die Spitzenbelastung gesteigert wird, dafür aber Erholungsphasen eingelegt werden.

Machen wir zum Schluss ein kleines Gedankenexperiment. Sie erhalten den Auftrag für eine Mission, die gefährlich ist und nur eine beschränkte Aussicht auf Erfolg hat. Welche Motivation hat die höchste Wahrscheinlichkeit, dass die Mission einen positiven Ausgang nimmt: Angst vor einer Entlassung im Fall eines Misserfolgs, Lob und Anerkennung im Fall eines Erfolgs, ein saftiger Sonderbonus im Fall eines Erfolgs, Loyalität gegenüber dem Auftraggeber oder die Überzeugung, dass die Aktion für die Institution von grösster Bedeutung ist? Es ist wohl unbestritten, dass der innere Antrieb für die Sache die stärkste Energie auslöst.

Halten wir fest: Mitarbeitende sind motiviert, wenn sie wissen, wohin die Reise geht, die Arbeitsbedingungen in Ordnung sind, die Arbeit Sinn macht, ein Klima der Offenheit, Leistungsbereitschaft und Kreativität herrscht und Vertrauen in die Führung vorhanden ist. Jede Führungsperson muss aber auch sich selber motivieren. Das Vorbild liefert uns Ernest Shakleton. Dieses Bild sollte man sich verinnerlichen: Selbst in den hoffnungslosesten Situationen trat er auf wie ein Preisboxer, der voller Zuversicht in den Ring tritt (s. 1, 4.4).

13. Antizipieren

Machiavelli hat die Bedeutung des Unerwarteten und des Zufalls hervorgehoben. Das hat sich in den letzten 500 Jahren nicht geändert. Seine Unterscheidung von *fortuna 1* und *fortuna 2* entspricht der heute gängigen Kategorisierung der Zukunft in *the known unknown* und *the unknown unknown*. Seine Maxime *gouverner, c'est prévoir* hat nichts an Aktualität eingebüsst (s. 1, 3.1). Antizipation ist eine der zentralsten Führungsaufgaben. Sich vorstellen, was geschehen könnte, und sich darauf vorbereiten, erfordert Neugier, Phantasie und Kreativität. Der wesentlichste Unterschied zwischen Amundsen und Scott war ihre Gewichtung der Antizipation und ihr Antizipationsvermögen. Amundsen konnte sich vorstellen, welchen Schwierigkeiten sie begegnen würden, wenn sie im Schneesturm ein Depot finden müssten. Ohne sein ausgeklügeltes Markierungssystem hätte seine Gruppe nicht überlebt (s. 1, 4.3). Jack Welch hat die Globalisierung und ihre Auswirkungen auf die Wettbewerbsfähigkeit bereits vor dem Fall des Eisernen Vorhangs antizipiert (s. 1, 6.4).

Clausewitz hat die Zukunft mit dem sprechenden Bild – «Nebel der Ungewissheit» –umschrieben. Ein anderer preussischer General hat die typische Entscheidungssituation charakterisiert: «Zu der Rechnung mit einer bekannten und einer unbekannten Grösse – dem eigenen und dem feindlichen Willen – treten noch dritte Faktoren, die sich vollends jeder Voraussicht entziehen, Witterung, Krankheiten und Eisenbahnunfälle, Missverständnisse und Täuschungen, kurz alle Entwicklungen, welche man Zufall, Verhängnis oder höhere Fügung nennen mag, die aber der Mensch weder schafft noch beherrscht.»[1172] Das führt zur nüchternen Folgerung von Clausewitz: «Je genauer und klüger man plant, desto wahrscheinlicher scheitert man ...»[1173] Deshalb, meint Nassim Nicholas Taleb, der Bestsellerautor von *Der schwarze Schwan*, fast 200 Jahre später, müsse man «nicht in Vorhersagen investieren, sondern in Vorbereitetsein».[1174] Denn: «Der Zufall begünstigt nur den vorbereiteten Geist.»[1175]

«The most important task of an organization's leader is to anticipate crisis»,[1176] sagt Peter Drucker. Das ist aber nur die Hälfte der Aufgabe. Ebenso wichtig wie die Auseinandersetzung mit möglichen Risiken ist die Antizipation von Opportunitäten. Die Erfahrung zeigt, dass Diskontinuitäten zunehmen. «Das Normale ist oft ohne Bedeutung. Nahezu alles im sozialen Leben wird durch die seltenen, aber folgenschweren Erschütterungen und Sprünge hervorgerufen.»[1177] Taleb empfiehlt eine «Hantelstrategie».[1178] Positiven Zufällen solle man sich maximal aussetzen. «Ergreifen Sie jede Gelegenheit und alles, was nach einer Gelegenheit aussieht.»[1179] Negativen Zufällen gegenüber müsse man sich aber «paranoid» verhalten.

Das Instrument, das diese «paranoide Seite» abdeckt, ist das Risikomanagement, eine Disziplin, die heute praktisch normiert ist. Wie die Erfahrung zeigt, sollte man dabei auch Faktoren im Auge haben, die in keiner Risikolandschaft auftauchen: Es geht (zu) lange gut, Euphorie, Masslosigkeit, Eitelkeit und Grossmannssucht.

14. Kultur

Unter Kultur verstehen wir gemeinsame Verhaltensmuster und Werte. Der Begriff war im Mittelalter in dieser Bedeutung nicht bekannt. Eher sprach man von Doktrin. Die Jesuiten haben in ihrer *Imago primi saeculi* die Kultur definiert, und die *Geistlichen Übungen* waren das Instrument, um sie umzusetzen. Die gleiche Funktion hatten für Calvin die *Institutio christianae religionis* und der *Katechismus*.

Wie um die Bedeutung des Begriffs Kultur noch zu steigern, wird heute für ausgeprägte Kulturen auch die Bezeichnung DNA verwendet. Toyota verfügt über eine solche DNA, und Steve Jobs hat Apple seine DNA eingepflanzt. Heute gibt es kaum eine Institution, die sich nicht um ihre Kultur kümmert.

Am Beispiel Toyota lassen sich die Kraft, aber auch die problematische Seite einer starken Kultur erläutern. Das Konsensprinzip und die kontinuierliche Verbesserung wurden jahrelang eingeübt. Dank dieser Kultur wurde Toyota in den Augen vieler zur besten Unternehmung der Welt. Die Dinge entwickelten sich so gut, dass die Firmenleitung das ehrgeizige strategische Ziel formulierte, die weltweit grösste Automobilunternehmung zu werden. Das damit ausgelöste rasante Wachstum stand aber nicht mehr im Einklang mit der Toyota-Kultur. Als sich zeigte, dass die Qualität der Produktion zu sinken begann, war der Ozeandampfer kaum zu drehen. Die Toyota-Kultur, die in den «normalen Zeiten» so hervorragend funktionierte, versagte in der Krise (s. 1, 6.5).

Was kann man daraus lernen? Erstens braucht es viel Zeit, um eine Kultur zu verinnerlichen. Zweitens besteht zwischen Kultur und Strategie ein Zusammenhang. Drittens kann eine Kultur, die in einer spezifischen Situation hervorragende Ergebnisse liefert, in einer anderen Lage versagen. Und viertens unterscheiden sich die Erfolg versprechenden Verhaltensmuster und Werte je nach Aktivitätsfeld. Mit der Google-Kultur lässt sich keine Eisenbahnunternehmung führen.

Kultur ist zu einem Modethema geworden, um das sich eine ganze Change-Management-Industrie kümmert. Neue Verantwortungsträger treten ihre Aufgabe oft mit der Deklaration an, zuerst die Kultur verändern zu wollen. Man mag sich dann fragen, ob sie das Wesen einer Kultur verstanden haben. Kultur ist kein Hebel, den man umlegen kann. Sie ist ein Ergebnis von oft jahrelangen Prozessen. Wer als Führungskraft neu in eine Organisation tritt, tut gut daran, zuerst die bestehende Kultur kennenzulernen. Das erfordert einigen Einsatz. So wenig die Kultur ein Hebel ist, so wenig kann man den Zustand auf einem Messgerät ablesen. Oft ist eine Kultur eher am Kaffeeautomaten zu begreifen als in offiziellen Meetings. Beim Erfassen einer Kultur sollte man sich besonders auf die Stärken konzentrieren. In einem Artikel «Stop Blaming your Culture» empfehlen die Autoren: «...look for those elements within your corporate culture that can give you the leverage you need to shift behavior.»[1180]

Eine Dimension einer Kultur spielt eine besondere Rolle: das Selbstbewusstsein. Steve Jobs ist es gelungen, mit seinen unerbittlichen Anforderungen eine extrem hohe Leistungsbereitschaft zu erzeugen. Dank dieser Leistungsbereitschaft hat Apple einen Grosserfolg nach dem anderen erwirkt. Daraus entwickelte sich ein enormes Selbstbewusstsein. Man ist stolz, bei Apple arbeiten zu können, obwohl der oberste Chef oft unausstehlich war (s. 1, 6.6).

Starke Persönlichkeiten prägen eine Kultur. Die Kultur von Apple ist die Kultur von Steve Jobs. Starke Persönlichkeiten können eine Kultur verändern, wenn sie über ein Führungsteam verfügen, das ihre Werte und Verhaltensmuster lebt. Margaret Thatcher hat die Kultur eines ganzen Landes gewandelt. Die Frauen an der Spitze von Xerox leben und pflegen eine *blue collar culture*. Jack Welch hatte eine klare Vorstellung über die Soll-Kultur von General Electric: die Vorteile einer grossen Unternehmung ausspielen und gleichzeitig die unmittelbare Atmosphäre des Lebensmittelladens um die Ecke pflegen. Es ist ihm in kurzer Zeit gelungen, die Leistungsorientierung und das Tempo von GE auf eine neue Stufe zu heben (s. 1, 6.4). Jede Krise ist auch eine Chance, dieser Allgemeinplatz gilt insbesondere in Bezug auf die Kultur. Es ist nie einfacher, eine Kultur zu verändern, als nach einer Krise. Ein eleganter Weg, Kulturen anzupassen, führt über Projekte. Während das tägliche Management einem nie endenden Marathon gleicht, haben Projekte eine Ziellinie. Bei Apple ist der allgemeine Energielevel ohnehin schon hoch. Apples Projekte haben aber wie bei einem Sportler auf der Zielgeraden in der Endphase nochmals ungeahnte Reserven mobilisiert.

Die immer globalere Geschäftswelt erfordert die Fähigkeit, mit anderen Kulturen umzugehen. Dafür braucht es Neugier, sich mit dem Neuen auseinanderzusetzen, und Respekt gegenüber einer anderen Kultur. Ein vorzügliches Beispiel für einen überaus sensiblen Umgang mit einer anderen kulturellen Welt ist General Schwarzkopf. Seine Sensibilität war ein Schlüsselfaktor für den Erfolg in seiner heiklen Mission.

Halten wir fest: Kulturen prägen die Schlagkraft einer Institution. Kulturen wachsen aus der Geschichte. Es sind zähflüssige Gebilde mit Beharrungscharakter. Welche Verhaltensmuster und Werte in einer konkreten Institution anzustreben sind, hängt von der Natur dieser Institution und ihrem Umfeld ab. Zuerst muss eine Führungsperson die Kultur einer Institution kennen und verstehen. Die Entwicklung einer Kultur sollte auf den vorhandenen Stärken basieren. Wer mit anderen Kulturen zu tun hat, muss diese zunächst begreifen und ihnen mit grossem Respekt begegnen.

15. Das oberste Führungsteam

Machiavelli hat auf die Bedeutung der Wahl der Minister für den Fürsten hingewiesen. Ein Fürst werde aufgrund der Klugheit der Männer beurteilt, die ihn umgeben. Deshalb solle man geschickte und treue Minister wählen. Die an den Höfen verbreitete Schmeichelei solle man vermeiden (s. 1, 3.1). Shakleton konnte auf seiner Odyssee auf ein kleines Führungsteam zählen, dem er blind vertraute. Lee Iacocca suchte sich für die Chrysler-Mission ein knappes Dutzend Topmanager, mit denen er den Turnaround schaffen konnte. Jack Welch widmete einen grossen Teil seiner Zeit der Auslese und Weiterbildung der obersten Kader von General Electric. Bereits Max Weber verwendete für die Führungselite den Begriff Leader. Eine kleine Gruppe führender Köpfe führe zu grösster Manövrierfähigkeit auch in grossen Organisationen. «Stets beherrscht das ‹Prinzip der kleinen Zahl› ... das ... Handeln.»[1181] Peter Drucker begründet das Prinzip: Gute Führung wirke sich nach dem Schneeballprinzip auf die ganze Organisation aus. Es sei daher effizienter, die Qualität des Kernteams der Leader zu heben als jene der gesamten Masse.[1182]

Die Jesuiten haben diese Zusammenhänge verstanden und die Konsequenz daraus gezogen. Sie suchten «Athleten» für den Aufbau eines «Stosstrupps der Besten». In einem rigorosen Ausleseprozess rekrutierten sie die «High Potentials». Um die Auswahl möglichst gross zu halten, verzichteten sie auf die damals üblichen Standesschranken. In Eliteschulen wurden die Zöglinge in einem langen und harten Prozess nicht nur überaus breit ausgebildet, sondern auch indoktriniert. Nur die Allerbesten erreichten die oberste Stufe. Sie legten ihr Gelübde ab und hatten sich auch unter grössten Gefahren als Missionare zu bewähren (s. 1, 1.2). Nach dem gleichen Prinzip hat Lenin seine revolutionäre Avantgarde entwickelt.

Lee Iacocca hat die Essenz des «Prinzips der kleinen Zahl» auf den Punkt gebracht. Ein kleines Team, das mit Überzeugung, Begeisterung und hohem Rhythmus den Takt angibt, zieht die Menschen an, die bereit sind, die Extra-Meile zu gehen. Das Umgekehrte gilt allerdings auch: Inkompetenz zieht oft Inkompetenz nach sich, oder, wie der Volksmund sagt, der Fisch beginnt am Kopf zu stinken. Weil die Qualität der Führungsteams so wichtig ist, hat Iacocca alle drei Monate eine systematisierte Beurteilung mit einem Führungsgespräch durchgeführt (s. 1, 6.3). Jack Welch war überzeugt, dass die Menschen wichtiger sind als jede Strategie. Deshalb suchte er Führungskräfte, die vom leidenschaftlichen Wunsch erfüllt waren, ihre Aufgaben zu bewältigen. Sein Selektionsprinzip war einfach. Die A-Player wurden intensiv gefördert, die B-Player standen unter Druck, nicht zum C-Player zu mutieren, und die C-Player wurden eliminiert (s. 1, 6.4). Noch radikaler war Steve Jobs. Für ihn gab es nur zwei Kategorien, die Genies und die Idioten. Er konnte nur Genies gebrauchen (s. 1, 6.6).

Am Beispiel von Napoleon zeigt sich, dass besonders starke, charismatische Persönlichkeiten sich bisweilen mit eher schwachen Personen umgeben. «Er sah sich als Hirn und Schaltzentrum seiner Schlachten. Aus dieser Sicht brauchten seine Generäle nicht selber zu denken, lediglich seine Befehle genau umzusetzen.»[1183] Deshalb verlor er seine letzte Schlacht bei Waterloo.

Heutige Institutionen sind keine Glaubensgemeinschaften mehr. Indoktrination ohne Widerspruch ist mit modernen Menschen nicht mehr machbar. Widerspruch und Zweifel sind vor allem während eines Entscheidungsprozesses unabdingbar. Deshalb müssen gerade sehr starke Persönlichkeiten darauf achten, dass sie sich nicht mit Jasagern umgeben

Halten wir fest: Eine kleine Kerntruppe von besonders befähigten Führungskräften mit komplementären Kompetenzen ist der Schlüssel für den Erfolg einer Institution. Die Stärke dieser Leader liegt in der Gestaltung und in der Umsetzung. Sie prägen die Kultur ihrer Institution. Führungskräfte von diesem Rang ziehen Menschen an, die ihrer Inspiration und ihrem Tempo folgen können. Die Auswahl von Talenten, ihre Aus- und Weiterbildung und ihr praktischer Einsatz haben oberste Priorität.

16. Entscheiden

«Nichts ist schwieriger und darum wertvoller als die Fähigkeit, zu entscheiden.»[1184] Diese Aussage Napoleons lässt sich noch ergänzen: «und die Entscheide umzusetzen». Jeder Entscheid geht von Annahmen über die Zukunft aus, und deshalb ist jeder Entscheid mit Risiken behaftet. Entscheide lassen sich nach der Komplexität der Entscheidungssituation und den Zeitverhältnissen kategorisieren. Der Nobelpreisträger Daniel Kahneman unterscheidet zwei Systeme der Entscheidungsfindung. «Das erste ist automatisch, assoziativ, intuitiv und schnell; das zweite ist bedächtiger, gründlicher, mühsamer und langsamer.»[1185]

Lew Tolstoi hat in *Krieg und Frieden* den Entscheidungsprozess der Koalition gegen Napoleon vor der Schlacht bei Austerlitz beschrieben (s. 1, 2.4). Das war ein mühsamer Prozess, bei dem sich die Entscheide im Nachhinein erst noch als falsch erwiesen. Auch Toyota hat sich dem System 2 verschrieben, einem «kleinteiligen, langsamen, mühseligen und zeitaufwändigen Entscheidungsprozess».[1186] In der Krise zeigte sich, wie überfordert Toyota mit diesem System war. Ganz nach System 1 ist Friedrich der Grosse verfahren, der seine Entscheide grundsätzlich allein fällte. «Friedrichs panikartige Handlung vom Januar 1756 legte die Schwächen eines Entscheidungssystems bloss, das einzig und allein von den Stimmungen und Wahrnehmungen eines einzelnen Mannes abhängig war.»[1187] Steve Jobs unterschied sich in der Entscheidungsfindung nicht von Friedrich dem Grossen. Er entschied allein, weil er der CEO war (s. 1, 6.6). General Schwarzkopf entschied ebenfalls allein, hörte sich aber vorher die Empfehlungen seines Generalstabs an. Wir können davon ausgehen, dass dieser nach System 2 vorgegangen ist, auch unter grossem Zeitdruck (s. 1, 2.3). Lee Iacocca hat von Robert McNamara eine elementare Lektion gelernt. Man sollte nie wichtige Entscheidungen treffen, ohne mindestens die Auswahl zwischen Vanille und Schokolade zu haben. Wenn es um mehr als 100 Millionen Dollar gehe, komme noch Erdbeer dazu (s. 1, 6.3).

Max Weber nennt ein System mit Entscheidungsgewalt eines Einzelnen «monokratisch». Dieses System kann durch den formalen Einbezug beratender Gremien abgeschwächt werden (System Generalstab). Um die Risiken einer Monokratie zu reduzieren, wurden verschiedene Formen der Kollegialität eingeführt. Kollegialorgane können nach dem Einstimmigkeitsprinzip (wie bei Toyota) oder nach dem Mehrheitsprinzip (wie die Schweizer Regierung) funktionieren. Ein Spezialfall der Kollegialität ist das Kollektivorgan mit einem Primus inter Pares. Materiell handle es sich dabei meist um ein monokratisches System, auch wenn der Primus nur nach Beratung entscheiden kann.[1188] Eine elegante Lösung fordert grundsätzlich den Konsens. Falls ein solcher nicht zustande kommt, entscheidet der Primus.

In der Wirtschaft war die kollegiale Führung, zum Beispiel durch ein kaufmännisch-technisches Gespann, lange Zeit verbreitet. Ihr Nachteil ist die gegenüber einer Einerspitze unklarere Zuordnung von Verantwortung. Deshalb läuft der universale Trend in Richtung CEO-Prinzip. Dabei ist der CEO allerdings kaum je ein Alleinherrscher wie Steve Jobs. In formalisierten Entscheidungsprozessen wird der Einbezug verschiedener Stellen gesichert. Die Regeln der Corporate Governance sorgen dafür, dass riskante Alleingänge vermieden werden.

Halten wir fest: In einem professionellen Kontext haben Entscheidungsprozesse grundsätzlich nach System 2 zu erfolgen, auch unter Zeitdruck. Es geht um Verantwortung, und daher hat *eine* Person für eine Entscheidung geradezustehen. Es geht um Qualität, deshalb muss dafür gesorgt werden, dass alle Perspektiven in die Entscheidungsfindung eingebunden werden. Nach Möglichkeit sollten immer mehrere Varianten zur Beurteilung vorliegen. In Krisen ist der Zeitfaktor entscheidend, deshalb muss dafür gesorgt werden, dass schlanke und schnelle Verfahren möglich sind. Allerdings können auch die sorgsamsten Verfahren den gerade in komplexen Situationen unverzichtbaren *coup d'œil* nicht garantieren (s. 1, 2.1; 2, 18). Es ist eine Aufgabe der Corporate-Governance-Organe, die Entscheidungsverfahren einer Institution kritisch zu begleiten.

17. Lernen

Es gibt drei Wege zu lernen: erstens durch Nachdenken, das ist die edelste, zweitens durch Nachahmen, das ist die leichteste, und drittens durch Erfahrung, das ist die bitterste Form. Diese Konfuzius zugeschriebene Weisheit kann ergänzt werden: Der bitterste Weg ist der effektivste.

Es gibt verschiedene Wege, um aus der Erfahrung zu lernen. Taylor hat den systematischen Lernprozess eingeführt. Henry Ford hat aufgrund dieser Erkenntnisse seinen Produktionsprozess gestaltet. Toyota hat das System verfeinert und weiterentwickelt. Der Gedanke lebt unter verschiedenen Begriffen wie Kaizen und KVP weiter (s. 1, 6.1). Letztlich geht es immer um einen Regelkreis mit Zielen, Messung, Analyse, Korrekturen. Ein Prozess, der nie aufhört.

Amundsen hat sich sein Leben lang neuen Situationen ausgesetzt, um zu lernen. Von seinen jugendlichen Überlebensübungen in den tief verschneiten, menschenleeren norwegischen Bergen bis zum Überwintern bei den Eskimos: Stück für Stück hat er sich so einen immensen Erfahrungsschatz zugelegt. Das kleinste Detail wurde sorgfältig konzipiert, ausgetestet und immer wieder verbessert (s. 1, 4.3).

Taleb empfiehlt in seiner Hantelstrategie ein hyperaggressives Vorgehen, um die durch positive Zufälle ausgelösten Chancen zu nutzen (s. 2, 1.3). Dafür müsse man nach der Methode von Trial and Error viel ausprobieren. Das führe unausweichlich auch zu Misserfolgen, und damit müsse man umgehen können. Taleb zitiert einen Kollegen, dessen Motto lautet: «Wir müssen es lieben, zu verlieren.»[1189] Wenn das Lernen durch Erfahrung bitter sein soll, dann sind die Lehren aus dem Scheitern die allerbittersten, aber auch die effektivsten. Iacocca hat seine Kraft für die Chrysler-Sanierung aus seinem Scheitern bei GM geholt. Jack Welch hat eine

Fabrik in die Luft gesprengt und seine Lehren daraus gezogen. Nach allgemeinem Urteil wäre Apple heute nicht das, was es ist, wenn Steve Jobs nach seinem Rauswurf nicht einige grosse Flops produziert hätte. «Nichts schwächt den Künstler, den Feldherrn, den Machtmenschen mehr als unablässiges Gelingen nach Willen und Wunsch; erst im Misserfolg lernt der Künstler seine wahre Beziehung zum Werk, erst an der Niederlage der Feldherr seine Fehler, erst an der Ungnade der Staatsmann die wahre politische Übersicht ... Nur das Unglück gibt Tiefblick und Weitblick in die Wirklichkeit der Welt.»[1190] Was im Sport gilt, ist auf viele andere Bereiche übertragbar: «Nirgends ist es augenscheinlicher als im Leistungssport, dass Durchsetzungsvermögen und die Fähigkeit zu kämpfen vor allem durch die Konfrontation und Krisen entwickelt werden. Es sind nicht die guten, sorgenfreien und lustigen Zeiten, die Stärke und Widerstandsfähigkeit im Sport oder in anderen Bereichen formen.»[1191] Erst die Gefahr legt die verborgensten Kräfte des Menschen frei (s. 1, 4.1).

Herausragende Führungspersonen sind besessene Verbesserer. Sie lernen systematisch und fragen bei jedem Erfolg und Misserfolg, was man daraus lernen kann, und ziehen die Schlüsse daraus.

18. Komplexität reduzieren

Clausewitz hat es *coup d'œil* genannt: «... die Fähigkeit, aus einer unübersehbaren Menge von Gegenständen und Verhältnissen die wichtigsten und entscheidenden durch den Takt des Urteils herauszufinden». Hier verlasse «die Tätigkeit des Verstandes das Gebiet der strengen Wissenschaft, der Logik und Mathematik, und wird, im weiten Verstande des Wortes, zur Kunst ...».[1192] Seither hat diese damals schon unübersehbare Menge an Informationen exponentiell zugenommen. Bereits kleine Institutionen sind «Systeme mit astronomischer Varietät».[1193] «The data deluge»[1194] macht den Nebel der Ungewissheit noch undurchdringlicher. Komplexitätsreduktion ist zwingend notwendig. Da hilft nur das Pareto-Prinzip, die 20-80-Regel, die besagt, dass mit 20 Prozent des Inputs 80 Prozent des Outputs erreicht werden können. Man kommt nicht darum herum, aber man muss sich stets bewusst sein: Es müssen die richtigen 20 Prozent sein, und man wird nie 100 Prozent erreichen. Das ist Teil des Risikos einer Entscheidung.

Es gibt viele Namen für das, was Clausewitz *coup d'œuil* nennt. Mustererkennung, Pattern Recognition, kristalline Intelligenz, konzeptionelle Kompetenz, Big Picture Thinking. Garr Reynolds, der amerikanische Präsentations-Guru, verwendet den Begriff «Symphonie»: «Die Fähigkeit, ... nicht im Zusammenhang stehende Bruchstücke zusammenzusetzen und das daraus entstehende Bild zu erklären ... Symphonie bedeutet, dass wir den ganzen Geist – Logik, Analyse, Darstellung, Intuition – nutzen, um das grosse Bild zu sehen, unsere Welt (bzw. das Thema) zu verstehen und zwischen wichtig und unwichtig zu unterscheiden. Somit dreht sich alles um die Frage, was zählt und was zu vernachlässigen ist.»[1195] Magnus Carlsen, die jüngste Nummer eins im Schach, beschreibt diese Fähigkeit: «Mit das Bedeutendste im Schach ist die Mustererkennung – die Fähigkeit, auf dem Brett typische Motive und Bilder zu erkennen, Stellungsmerkmale und ihre Konsequenzen. ... Kasparow kann mehr Varianten berechnen, dafür ist meine Intuition besser. Ich weiss direkt, wie eine Situation zu bewerten und welcher Plan nötig ist.»[1196] Für Goleman macht die kognitive Fähigkeit, Muster zu erkennen, den Unterschied zwischen einem Star-Performer und dem Durchschnitt.[1197]

Das Muster erkennen, das Unwesentliche vom Wesentlichen trennen, sich auf das Wesentliche konzentrieren, von der Komplexität zur Einfachheit, ohne zum Terrible Simplificateur zu werden: Das ist die Essenz der Dimension Gestaltung im Management (s. 2, 5). «Simplification is the ultimate sophistication», war das Leitmotiv von Steve Jobs. Henry Ford hat die Einfachheit zum Prinzip seiner Produktion gemacht. Für Lee Iacocca war Einfachheit das wichtigste Managementprinzip. Jack Welch besass die Gabe, komplexe Zusammenhänge grafisch darzustellen. «Fast alle Ideen kann man mittels eines Stocks in den Sand zeichnen.»[1198] Oder auf eine Serviette, wie Jack Welch die Strategie von General Electric.

Von Blaise Pascal ist das Zitat überliefert: «Ich hatte nicht die Zeit, mich kurz auszudrücken.» Er sagt damit das Gleiche wie Steve Jobs: Um zur Einfachheit zu gelangen, muss man sich durch die Tiefen der Komplexität kämpfen (s. 1, 6.6). Für den Philosophen Comte-Sponville ist Einfachheit eine Tugend. Er definiert Intelligenz als die «Kunst, das Komplizierte auf das Einfache zu reduzieren».[1199] Neben der Fähigkeit, Muster zu erkennen, braucht es den Mut, auf alles Überflüssige zu verzichten. Wie Steve Jobs, der sich nach seiner Rückkehr zu Apple auf gerade noch drei Punkte konzentriert hat (s. 1, 6.6).

Personen in hohen Führungsfunktionen, denen die Fähigkeit zum Big Picture Thinking abgeht, entwickeln einen fatalen Hang zum Mikromanagement. Das ist immer ein Alarmzeichen. Das heisst keineswegs, dass man sich nicht um Details kümmern sollte. Im Gegenteil. Viele der hier porträtierten Führungspersonen waren akribisch und detailversessen. Steve Jobs war ein genialer Big Picture Viewer, der sich um das geringste Detail persönlich gekümmert hat.

Die Reduktion auf das Wesentliche führt zur Fokussierung. Die Fokussierung ermöglicht die Konzentration der Kräfte. Die Einfachheit führt zu Botschaften, die verstanden werden. Klare Botschaften führen zu Überzeugung. Überzeugung bewirkt Motivation. Mustererkennung und Einfachheit: Das ist die Klammer zwischen den beiden Managementdimensionen Gestaltung und Umsetzung.

19. Kommunizieren

«Nicht was die Dinge sind, sondern wie sie erscheinen ...», ist der Ausgangspunkt der klassischen Rhetorik.[1200] *Perception is reality*, das ist die moderne Umschreibung dieser fundamentalen Tatsache. Die beste Strategie ist zum Scheitern verdammt, wenn sie nicht überzeugend vermittelt werden kann. «Man kann brillante Ideen haben, aber wenn man sie nicht vermitteln kann, dann nützt einem die ganze Grütze nichts.»[1201]

Homer gilt als Erfinder der Redekunst. Das homerische Bildungsziel war «ein Redner von Worten zu sein und ein Täter von Taten».[1202] Die alten Griechen und Römer waren sich dessen bewusst und stellten die Rhetorik ins Zentrum ihres Lehrgebäudes. Ziel war der «Übergang von der praktischen Beredsamkeit zu einer reflektierten Beredsamkeit ... aufgrund eines Kanons von Regeln, Exempeln und Übungen ...».[1203] Im Kern der Rhetorik stand die überzeugende Argumentation und die Einsicht, dass «das passende Wort ... das sicherste Zeichen für das richtige Denken» ist.[1204] Dabei geht es um den «vernunftgemässen Überzeugungswillen» und nicht die «propagandistische Überredungskunst».[1205] Zum *orator perfectus* wird man durch Naturanlagen (Scharfsinn, physische Vorzüge), Kenntnis der theoretischen Grundlagen (Methoden und Regeln) und ständige Übung.[1206] Je glaubwürdiger ein Redner, desto mehr Überzeugungskraft besitzt er.[1207] Redekunst bezieht die Zuhörer ein. Eine Rede wirkt dann, wenn sie von «Herz zu Herz» reicht. Das erreicht ein Redner, wenn er «*visiones*, Phantasiebilder» auslösen kann.[1208]

Eine Führungsperson ohne rhetorische Fähigkeiten war in der Antike nicht vorstellbar. Zum *orator perfectus* gehört auch die Erscheinung. Deshalb wurden auffällig hässliche Personen nicht in die Gesellschaft Jesu aufgenommen (s. I, 1.2). Machiavelli schreibt, ein Fürst müsse durch sein

Äusseres Ehrfurcht erwecken (s. 1, 3.1). Die Porträts in Teil 1 zeigen fast durchwegs die grosse Bedeutung kommunikativer Fähigkeiten. Das wohl eindrücklichste Beispiel für die (hier gar dämonische) Kraft der Rede ist Robespierre. Durruti wurde kraft seiner Reden zur Autorität in einer Gemeinschaft, die Autorität aus Prinzip ablehnte. Schon in der Antike war bekannt, dass zur Wirkung einer Rede auch der Kontext gehört: der Ort der Rede, die Stilmittel, kurz die Inszenierung. Der Erfolg von Apple beruht zu einem wesentlichen Teil auf den meisterhaften Inszenierungen von Steve Jobs.

Kommunikation wirkt innerhalb einer Institution und gegen aussen. Roald Amundsen wusste, dass es mit dem Erreichen des Südpols nicht getan war. Die Tat war erst vollbracht, nachdem die Welt Kenntnis davon hatte. Napoleon wusste um die grosse Bedeutung der externen Kommunikation und schuf mit seinen *Bulletins de la Grande Armée* ein wirkungsvolles Instrument für die Öffentlichkeitsarbeit. In seinen Mitteilungen manipulierte er die Wahrheit ohne Skrupel. Seine Kommunikation wurde damit zur Propaganda (s. 1, 2.2). Das Beispiel machte Schule, und noch im 20. Jahrhundert gab es einen einflussreichen Propagandaminister. Seither ist das Wort endgültig diskreditiert. In unseren Zeiten der immer absoluteren Transparenz hält man sich mit Vorteil an den Ratschlag des ehemaligen deutschen Kanzlerberaters Egon Bahr: «Alles, was man sagt, muss wahr sein, aber nicht alles, was wahr ist, muss man auch sagen.» Besondere Bedeutung erhält die externe Kommunikation in ausserordentlichen Situationen. Lee Iacocca hatte seinen Kopf für Praktiken bei Chrysler hinzuhalten, von denen er nichts gewusst hatte. Er hat das einzig Richtige getan: hinstehen, keine Ausflüchte, Verantwortung übernehmen, den Schaden so schnell und so unbürokratisch wie möglich beheben. Im Nachhinein stellte er fest, dass dieses Verhalten sein Image sogar noch verbessert hatte (s. 1, 6.3). Toyota hingegen bekam nicht nur die Produktionsprobleme nicht in den Griff, sondern verschlimmerte die Situation mit einer verharmlosenden Kommunikation (s. 1, 6.5). Als nach der Einführung des iPhone 4 Bedienungsstörungen auftraten, fasste Steve Jobs seine Botschaft in vier Sätzen mit insgesamt 18 Worten zusammen: «Wir sind nicht perfekt. Telefone sind nicht perfekt. Wir alle wissen das. Aber wir möchten zufriedene User haben.»[1209]

Bereits im Altertum wurden Institutionen durch Personen repräsentiert. «Was heute einige Marken mit Supermodels als Spokepersonen versuchen, hat die katholische Kirche mit dem Papst bis zur Perfektion getrieben.»[1210] Heute gilt erst recht, dass eine Institution in der Öffentlichkeit durch das Gesicht ihrer obersten Führung wahrgenommen wird.

Die kommunikativen Fähigkeiten sind für eine Führungsperson von herausragender Bedeutung, weil jede Umsetzung auf Kommunikation beruht. Es ist eigenartig, dass es trotz dieser Bedeutung in den heutigen Bildungsprogrammen, auch für Manager, nichts Analoges wie die Rhetorik gibt. Das ist umso erstaunlicher, weil unabhängig von einer natürlichen Begabung auch spezifische Kenntnisse und Fähigkeiten erworben und eingeübt werden müssen. Deshalb besuchte Lee Iacocca einen Kurs in öffentlichem Sprechen am Dale Carnegie Institute, um sich in den Finessen der Rhetorik unterrichten zu lassen.[1211] Ein wichtiger Faktor in der Kommunikation ist die Stimme. Margaret Thatcher hatte anfänglich eine schrille Stimme. Sie nahm Sprechunterricht bei einer Schauspieler-Legende und korrigierte diesen Umstand.[1212] Ursula von der Leyen antwortete auf die Frage, welche Fehler Frauen im Beruf machen: «Ich kann Ihnen nur sagen, woran ich als Allererstes gearbeitet habe: an meiner Stimme. Die wird nämlich gerne mal schrill, wenn ich mich mal aufrege.»[1213]

Halten wir fest: Eine Führungsperson muss gut kommunizieren können. Dazu braucht es eine gewisse Begabung. Wichtiger aber sind die Glaubwürdigkeit und die Fähigkeit, auch komplexe Tatbestände auf einfache und trotzdem nicht simplifizierende Botschaften zu reduzieren. Man muss so sprechen, dass man verstanden wird. Dazu muss man die Sprache variieren können. Wie General Schwarzkopf, der mit College-Absolventen anders gesprochen hat als mit Farmersöhnen (s. 1, 2.3). Vor allem: Kommunikation muss man lernen und üben, üben, üben.

20. Typen von Führungssituationen

Die Situationen, in denen sich die in Teil 1 porträtierten Führungspersonen befunden haben, lassen sich in drei Kategorien einteilen: die Evolution, die Revolution und den Überlebenskampf.

Die Evolution ist der «Standardmodus». Eine Institution ist etabliert. Die Märkte und das Umfeld verändern sich. Die Strategie wird laufend überprüft und angepasst. Strategische Projekte sind in Realisierung. Regelkreise sorgen für einen systematischen Lernprozess. Der Innovationsprozess ist institutionalisiert. Max Weber hat die Essenz dieses Typs mit der Metapher «ein starkes, langsames Bohren von harten Brettern mit Leidenschaft und Augenmass» treffend beschrieben.[1214] Beispiele für diesen Typ sind die Benediktiner, Ludwig XIV., Jack Welch, Toyota, Maria Theresia, Angela Merkel. Auch die Armeeführer sind diesem Typ zuzuordnen.

Die Revolution ist die Diskontinuität, der Bruch, der Paradigmenwechsel, der Aufbruch zu neuen Ufern, *la rupture*, wie die Franzosen so gerne sagen. Am Anfang steht eine Idee, heute oft Vision genannt, etwas völlig Neues. Beispiele dafür bieten die Jesuiten, Calvin, alle Revolutionäre, Frederick Taylor, Henry Ford, Steve Jobs, Margaret Thatcher.

Der Überlebenskampf ist die Krise, das Aussergewöhnliche. Beispiele dafür geben die im Abschnitt über Extremsituationen Porträtierten und Lee Iacocca bei Chrysler. Die Geschichte lehrt, dass jede Institution eine potenzielle Kandidatin für diesen Typ ist. Der Fall Toyota illustriert dieses Phänomen treffend.

Es stellt sich die Frage, ob diese Kategorien verschiedene Typen von Führungspersonen erfordern. Beginnen wir dort, wo es am offensichtlichsten ist: bei der Revolution. Ausgangspunkt für eine Revolution ist die revolutionäre Idee, die Vision. Der Begriff Vision hat drei verschiedene Bedeutungen: erstens übersinnliche Erscheinung, Offenbarung; zweitens Traumbild, Trugbild und drittens Wunschbild, Zukunftsentwurf. Die Propheten waren die ersten Visionäre der Geschichte. Es folgten die Revolutionäre, dann die Okkultisten wie Rudolf Steiner, die Wissenschaftler wie Einstein, und schliesslich hat der Begriff Eingang ins Managementvokabular gefunden. Ein echter Revolutionär braucht aber nicht nur eine Vision, sondern auch einen an Obsession grenzenden Umsetzungswillen. Der Paradigmenwechsel von Henry Ford war das Auto für jedermann, eine Idee, die dem Zeitgeist völlig zuwiderlief. Er realisierte seine Vision mit unerbittlicher Konsequenz und grossem Erfolg. Margaret Thatcher hatte eine klare Vorstellung von einer anderen Gesellschaft. Sie setzte sie so eisern um, dass sie zur Iron Lady wurde. Steve Jobs Visionen waren so stark, dass er bisweilen die Realität an die Vision anpasste. Sein Reality Distortion Field, die Maxime *think different* und ein obsessiver Realisierungswille machten ihn zum Revolutionär. Von seiner Persönlichkeitsstruktur her ist Frederick Taylor der interessanteste Visionär. Das Übersteigerte, Geniale ging ihm völlig ab. Er war eher einer der Menschen, die Lee Iacocca etwas abfällig als Erbsenzähler bezeichnete. Aber seine Visionen vom gemeinsamen Interesse von Unternehmern und Arbeitern und der Prozessoptimierung haben bis heute ihre Kraft nicht verloren.

Wer die Revolution machen will, braucht eine Vision und einen unerbittlichen Umsetzungswillen. Die Beispiele aus der Revolutionsgeschichte illustrieren, dass die *rupture* riskant ist. Die Geschichte der Wissenschaft wurde von unzähligen grossartigen Wissenschaftlern geschrieben, aber wenige bewirkten einen Paradigmenwechsel wie Einstein. Hans Magnus Enzensberger hat sich mit der Persönlichkeit solcher Menschen befasst. Er meint, viele unter ihnen hätten einen hohen Preis für «ihre Erfindungen und Entdeckungen, für ihre triebhafte Veränderung der Welt» bezahlt. Sie hatten «schwere Neurosen, schwere Defekte, oft sogar physische Symptome, und man ist versucht zu sagen, sie sind alle nahe am Wahnsinn [gewesen]».[1215] Man denkt an den etwas altertümlichen Begriff Genie und an das geflügelte Wort «zwischen Genie und Wahnsinn». Auch in der Wirtschaft sind wirkliche Visionäre selten. Es ist jedenfalls nur sehr wenigen Menschen geglückt, eine Delle in die Welt zu schlagen. Nun haben aber irgendwelche MBA-Funktionäre den Begriff Vision usurpiert, inflationär gebraucht und banalisiert. In vielen Managementschulen gehört die Vision zur Unternehmung wie die Strategie. Das tönt dann etwa so: Die Vision des Chefs der Lufthansa ist, «mehr Funktionen über die Gruppe hinweg zu zentralisieren».[1216]

Für die Evolution braucht es keine Visionäre, sondern ganz einfach gute Führungskräfte. Eine Anforderung müssen sie allerdings erfüllen: Sie müssen für den Überlebensmodus geeignet sein. Die Krise, das haben wir oben gesehen, erfordert Autorität, Unerschütterlichkeit, die Fähigkeit, rasch und eindeutig zu entscheiden und überzeugend zu kommunizieren. «Sichtbare Anzeichen von Schwäche oder negativen Emotionen irgendwelcher Art sind als Reaktion auf Stress nicht erlaubt.»[1217] Damit ist ein Problem verbunden. Die ausserordentliche Situation kann man nicht üben. Es zeigt sich erst in der Realität der Krise, wer wirklich krisentauglich ist.

Halten wir fest: Die Revolution gibt es, und in der Wirtschaft funktioniert sie in der Regel, ohne Leichen zu hinterlassen. Es ist aber unrealistisch, sie zum Massstab zu machen. Für die allermeisten Institutionen brauchen wir keine Visionäre, sondern Führungspersonen, welche die Evolution steuern und in der Lage sind, Krisen zu meistern.

21. Handwerk oder Kunst?

Eine Führungsperson braucht Wissen und Können für die beiden Bereiche des Managements, die Gestaltung und die Umsetzung. Wieweit sind diese Fähigkeiten erlernbar? Nach der einen These ist «Management weitgehend lernbar. Es ist ein Beruf und ein Handwerk».[1218] Das wäre klar, wenn das Wort «weitgehend» nicht wäre. Tatsächlich definiert dieser Autor weiter hinten Management «als die *Kunst* [Hervorhebung durch d. Verf.], mit komplexen Systemen erfolgreich umzugehen...».[1219] Clausewitz meint dasselbe, wenn er vom *coup d'œuil* spricht. Auch er spricht in diesem Zusammenhang von Kunst. Auch für Comte-Sponville ist die Fähigkeit, das Kompliziertere auf das Einfache zu reduzieren, eine Kunst (s. 2, 18). Die Fähigkeit, Muster zu erkennen, ist primär ein Talent, das durch kontinuierliches Üben entwickelt werden kann. Mustererkennung ist eine der wichtigsten Fähigkeiten einer Führungsperson, und deshalb ist Führung mehr als blosses Handwerk.

Wir sind dem Begriff Kunst noch in einem anderen Zusammenhang begegnet. Homer gilt als Erfinder der Redekunst (s. 2, 19). Die klassische Rhetorik war die Disziplin zur Entwicklung dieser Kunstform.

Ein weiterer Begriff deutet darauf hin, dass Führung mehr ist als blosses Handwerk. Der Soziologe der Macht, Heinrich Popitz, zitiert den Thrillerautor Eric Ambler, der vom «*Geheimnis* der Menschenführung» spricht (s. 2, 2). In der Krise entfalten sich urplötzlich Initiative, Mut und Tatkraft. Wie damals bei der grossen Flut in Hamburg. Der junge Innensenator Helmut Schmidt ergriff die Initiative und eignete sich Befugnisse an, die weit über seinen Kompetenzbereich hinausgingen. Das war die Geburtsstunde eines grossen Staatsmannes. Ambler beschreibt diesen Moment, in dem Menschen eine Eigenschaft in sich entdecken, von der sie keine Ahnung hatten. Es ist der Moment, in dem das «Alpha-Gen» an die Oberfläche kommt. Dabei handelt es sich um eine Begabung, die dem Durchschnitt abgeht und die kaum erlernbar ist. In einem anderen Zusammenhang spricht der Biograf von Robespierre vom *Geheimnis* der unmittelbaren Wirkung (s. 1, 5.1).

Worte wie Kunst und Geheimnis mögen in diesem Zusammenhang etwas weit greifen. Aber Führung ist definitiv mehr als blosses Handwerk. Es braucht dafür eine gewisse Begabung und daneben Wissen und viel, viel Praxis.

Teil 3

Das Muster für erfolgreiche Führung

Die Porträts in Teil 1 und die Reflexionen in Teil 2 zeigen, dass Führung eine komplexe Angelegenheit ist. Es gibt unzählige Charaktere, Methoden und Vorgehensweisen, die zum Erfolg führen. Die gemeinsamen prägenden Merkmale sind nicht offensichtlich. Zweimal sind wir in diesen Ausführungen einem Muster für gute Führung begegnet. Für Max Weber sind es drei Eigenschaften, die eine erfolgreiche Führungsperson auszeichnen: Leidenschaft, Verantwortungsgefühl und Augenmass (s. 2, 5). Jacob Burckhardt fokussiert noch mehr und nennt Aktivität und Ausdauer als die Merkmale überlegener Menschen (s. 1, 7.1).

Die vielen Geschichten über Führung enthalten einen gemeinsamen Nenner. Erfolgreich führen kann nur, wer Gefolgschaft erzeugt. Ob Fussballtrainer, Expeditionsleiter oder CEO, wer sein Team nicht hinter sich weiss, führt einen aussichtslosen Kampf. Um Gefolgschaft erzeugen zu können, braucht es Autorität. Persönliche Autorität führt zu Glaubwürdigkeit, und Glaubwürdigkeit schafft Vertrauen (s. 2, 2). Alle Autorität nützt indessen nichts, wenn der Erfolg dauerhaft ausbleibt.

Persönliche Autorität beruht auf Haben, Wissen und Können. Welche Elemente dazu entscheidend beitragen, lässt sich aus der Fülle der Beispiele herausdestillieren. Sieben Faktoren charakterisieren die erfolgreiche Führungsperson: Sachverstand, Leidenschaft, das «Alpha-Gen», Tatkraft, Einfachheit, Team-Building und Beharrlichkeit. Damit prägt die Führungsperson auch die Kultur ihrer Institution (s. 2, 14).

Das ergibt folgendes Muster:

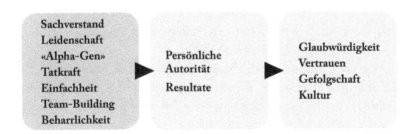

Erinnern wir uns: Ein Muster funktioniert nach der 20-80-Regel, deckt also nie 100 Prozent ab.

1. Glaubwürdigkeit als Basis

Es besteht weit herum Einigkeit: Glaubwürdigkeit ist das wertvollste Gut einer Führungsperson. Der Begriff wird nicht nur für Personen, sondern auch für Brands verwendet. Die Glaubwürdigkeit eines Brands ist hoch, wenn das «Markenversprechen» eingelöst wird. Auch in der Führung hat Glaubwürdigkeit etwas mit Versprechen zu tun, mit den Erwartungen an eine Führungsperson. Wer zu Beginn einer Führungstätigkeit mit eher bescheidenen Erwartungen konfrontiert wird, hat es oft leichter. Eine besondere Bürde sind übersteigerte Erwartungen wie beispielsweise im Fall des amerikanischen Präsidenten Obama.

Glaubwürdigkeit ist das Ergebnis des Zusammenwirkens der sieben Schlüsselfaktoren. Glaubwürdigkeit hat man nicht, sie muss erarbeitet werden. Das geht selten von heute auf morgen. Verlieren kann man sie allerdings in kürzester Zeit. Vor allem, wenn klare Erwartungen unerfüllt bleiben. Glaubwürdigkeit wird am Verhalten, nicht an Worten gemessen. Die Mitarbeitenden von heute haben ein gutes Sensorium für Inkonsistenz. Auch eine Führungsperson darf Fehler machen. Das kann ihre Glaubwürdigkeit sogar erhöhen, aber nur, wenn sie zum Fehler steht und die notwendigen Lehren daraus zieht.

Wie die Geschichten von Nationalbank- und Weltbankpräsidenten, Ministern und Staatspräsidenten zeigen, gibt es unzählige Fallstricke. Gefährdet sind insbesondere charismatische Führungspersonen, die Gefolgschaft primär auf ihren Erfolgen aufbauen. Das Beispiel von Napoleon zeigt, dass man sich buchstäblich zu Tode siegen kann.

Nicht nur der Zwang, permanent Erfolg zu erzielen, führt zu Risiken. Führung ist ohne Macht nicht machbar. Aber im Umgang mit der Macht liegen mannigfache Gefahren. Kapuscinski hat in seiner düsteren Geschichte gezeigt, wie sehr Macht die Persönlichkeit verändert, und das kaum je zu ihrem Vorteil (s. 1, 3.3). Er vertritt die These, dass es einen engen Zusammenhang zwischen Macht und der Gier nach Geld gibt. Alfred Andersch geht davon aus, dass Macht grundsätzlich böse ist. Deshalb brauche es das Bewusstsein vom schlechten Gewissen der Macht (s. 1, 5.4). Es ist offensichtlich, dass Machtpositionen mit Versuchungen verbunden sind. Vor allem gilt es, sich vor seiner Eitelkeit zu hüten. Nur zu schnell ist man bereit, Privilegien der Macht auf seine eigene Person zu beziehen. Man muss nur einmal in die Augen von Politikern blicken, die im Konvoi mit Blaulicht durch den Verkehr gelotst werden, um diesen Mechanismus zu verstehen. Da hilft nur, sich dieser Gefahren stets bewusst zu sein, und der Hinweis in der *Benediktus-Regel*, dass die Mässigung die Mutter aller Tugenden ist.

Wer glaubwürdig sein will, braucht ein Gespür für Symbole. So wie Shakleton, der dafür gesorgt hat, dass er den schlechtesten Schlafsack zugelost erhielt (s. 1, 4.4). Es ist immer wieder erstaunlich, wie wenig sensibel Führungspersonen reagieren. Wer zum Staatspräsident gewählt wird, tut besser daran, Einladungen auf Jachten von Grossindustriellen zu verzichten. Wer eine Bahnunternehmung führt, sollte sich eher nicht mit einem Dienstwagen transportieren lassen. Einladungen zu Jagdpartien in fernen Landen lassen sich für Politiker selten geheim halten. Wenn sie bekannt werden, erhöht sich die Glaubwürdigkeit kaum. Auch nur vor Ansätzen höfischen Verhaltens muss man sich hüten (s. 1, 3.4). Man sollte sich immer bewusst sein, dass man als Führungsperson unter spezieller Beobachtung steht. Das kann bedeuten, dass die Privatsphäre eingeschränkt ist. Eine Person, die in der Öffentlichkeit steht und Zoten reisst, kann sich nicht damit entschuldigen, dass das im privaten Kontext geschehen sei. Machiavelli konnte dem Fürsten noch raten, sich tugendhaft zu äussern, ohne diese Tugenden wirklich zu besitzen. In der heutigen Zeit der immer totaleren Transparenz hüte man sich vor solchen Diskrepanzen.

Eine wesentliche Rolle für die Glaubwürdigkeit einer Führungsperson spielt der Typ der Führungssituation (s. 2, 20). Im Revolutionsmodus sind Vision, Überzeugung, Glaube und Tatkraft die Quellen der Glaubwürdigkeit. Im Standardmodus geht es darum, die Evolution konsequent voranzutreiben und sich auf positive und negative Zufälle vorzubereiten. Im Überlebensmodus sichert sich eine Führungsperson die Glaubwürdigkeit durch die richtigen Entscheide, Tatkraft und Zuversicht.

2. Die sieben Schlüsselfaktoren

2.1 Sachverstand

Der Sachverstand ist die Summe des Wissens und Könnens einer Person. Magellan war der beste Navigator seiner Zeit. Napoleon und General Schwarzkopf kannten ihr Metier durch und durch. Roald Amundsen wusste seit seiner frühesten Jugend, was er wollte, und hat während seines ganzen Lebens systematisch Erfahrungen gesammelt. Henry Ford und Steve Jobs haben schon als Jugendliche in dem Bereich, in dem sie später zu Meistern wurden, experimentiert. Zu den Erfahrungen gehören auch Niederlagen. Erst wer gelernt hat zu verlieren, wird einmal gewinnen.

Malcolm Gladwell hat untersucht, was Menschen zu «Überfliegern» macht. Seine Befunde haben bestätigt, was die Redewendung «ohne Fleiss kein Preis» ausdrückt. Ohne einen Mindesteinsatz von 10 000 Stunden an Vorbereitung und Übung ist keine Meisterleistung zu erbringen.[1220] Die Benediktiner haben es schlicht ausgedrückt: «Meister ist, wer sein Metier kennt.»[1221] In der klassischen Rhetorik galt: «Aus der Erkenntnis der Sachen muss die Rede blühen.»[1222] Der Dirigent Daniel Barenboim meint: «In meinen Augen wird zu viel über Charisma und Persönlichkeit gesprochen. Ein Dirigent muss keine spezielle Aura besitzen, er muss in erster Linie sehr viel wissen.»[1223]

Sachverstand ist keine hinreichende, aber eine zwingend notwendige Dimension, um eine Führungsverantwortung gut erfüllen zu können. Grundsätzlich gilt, dass es leichter ist, sich aufbauend auf solidem Sachverstand Managementfähigkeiten anzueignen als umgekehrt. So werden beispielsweise die erfolgreichsten Hochschulen nicht von Generalmanagern geführt, sondern von Wissenschaftlern, die gleichzeitig begabte Manager sind. Wer die Branche wechselt, muss sich bewusst sein, dass er sich sehr viel Branchen-Know-how aneignen muss. Lee Iacocca hat es mit seinem schönen Bild vom Saxofonspieler erläutert, der auch nicht einfach zum Klavier wechselt, weil er ein guter Musiker ist (s. 1, 6.3). Ein Branchenwechsel auf der Topebene ist riskant. Es braucht stabile Verhältnisse, um sich während einer oft recht langen Einführungszeit einen Azubi leisten zu können. Das Beispiel von Apple steht als Mahnmal. Zwei von aussen kommende Manager mit hervorragendem Leistungsausweis haben die Firma an den Rand des Abgrundes getrieben. Es ist jedenfalls auffallend, dass viele der langfristig erfolgreichsten Firmen eine grosse Konstanz auf ihrer obersten Führungsebene aufweisen. Solche Firmen rekrutieren ihre Topmanager meist aus den eigenen Reihen. Damit sichern sie nicht nur den Sachverstand, sondern auch die Kontinuität der Unternehmungskultur.

Die vorgestellten Beispiele von Führungspersonen aus der Wirtschaft sind nicht repräsentativ. Trotzdem fällt auf, dass sie meistens über eine technische Ausbildung verfügen. Die Xerox-Chefin Ursula Burns empfiehlt jungen Frauen, den Ingenieurberuf zu ergreifen (s. 1, 7.2). Es ist bekannt, dass die Ingenieurberufe in den aufstrebenden Ländern einen wesentlich höheren Stellenwert haben als in Europa, wo nur noch ein verschwindend kleiner Teil der Gymnasiumsabgänger einen technischen Beruf wählt. Das sind Anzeichen, dass die Wirtschaft im «alten Europa» in eine Sachverstands-Krise schlittern könnte.

Kurz: ohne Sachverstand keine persönliche Autorität. Wenn ein Bergführer seine Gäste im Wettersturz auf den sicheren Grund zurückführen will, zählt nur noch sein Können. Auch die Intuition, die im Entscheidungsverfahren eine grosse Rolle spielt, beruht auf Erfahrungen. Über die Jahre erworbenes Wissen und Können verdichtet sich zu dem, was der Volksmund so treffend Erfahrungsschatz nennt.

2.2 Leidenschaft

Ein hohes Ziel mit aller Konsequenz erreichen zu wollen, ist mehr als ein rationaler Akt. Erst Überzeugung, Leidenschaft, Zuversicht und Optimismus lassen Akzeptanz zur Glaubwürdigkeit werden und entwickeln Wissen zu Glauben. Für Max Weber ist leidenschaftliche Hingabe an eine Sache eine entscheidende Qualität einer Führungskraft (s. 2, 5). Leidenschaft als treibender Faktor zieht sich wie ein roter Faden durch die Porträts in Teil 1. Es war die leidenschaftliche Hingabe für die Sache, welche die revolutionären Truppen Frankreichs gegen die überlegenen und bis zur Perfektion gedrillten Truppen Preussens zum Sieg geführt hat. Wenn sie dazu noch die Marseillaise sangen, waren sie noch schwerer aufzuhalten.

Am Anfang steht die Überzeugung vom rechten Weg. Wer von seinen Dispositionen nicht restlos überzeugt ist, kann nicht andere überzeugen. Wer seine Überzeugung emotionslos wie ein Buchhalter vermittelt, hat Mühe, Gefolgschaft zu erzeugen. Durruti war nur ein mittelmässiger Redner, aber dank seiner Leidenschaft und seinem Optimismus konnte er die Massen begeistern und mitreissen. Ohne die obsessive Leidenschaft von Steve Jobs wäre Apple nie zu dem geworden, was die Firma heute ist. Selbst in hoffnungslosen Situationen hat das Feuer in Shakleton gebrannt, und deshalb konnte er seiner Mannschaft wieder neue Zuversicht einimpfen (s. 1, 4.4). Vor allem in solch kritischen Situationen gilt: «Wenn du ihnen keine Hoffnung gibst, werden sie dir nicht folgen» (s. 1, 4.6). Man kann diesen Satz noch ergänzen: Wenn sie dir nicht folgen, hast du verloren.

Glaubwürdigkeit entsteht im Zusammenspiel von Ratio und Emotion. Die richtigen Entscheide zu treffen, erfordert Sachverstand und Urteilsfähigkeit. Sie umzusetzen, ist ohne emotionale Komponente kaum möglich. Glaubwürdig sind Menschen, die ihre beiden Gehirnhälften gleichgewichtig einsetzen können. Wer vorwiegend über seine linke Gehirnhälfte operiert, nur rational und logisch denkt und handelt, erreicht die Herzen der ihm anvertrauten Menschen nicht. Er bleibt ein Bürokrat, ein Erbsenzähler im Sinne von Iacocca. Ebenso einseitig ist jemand, der sich zu sehr von seinen Emotionen leiten lässt. Wer seinen Gefühlen unkontrolliert zu viel Raum lässt, öffnet Irrationalität und Inkonsistenz Tür und Tor. Auch in diesem Bereich haben Sportpsychologen Pionierarbeit geleistet. Sie unterscheiden zwischen positiven und negativen Emotionen. Ohne Hoffnung auf Erfolg sind Sportler, die aus Angst vor dem Scheitern ihre Emotionen unterdrücken. Besser, aber immer noch negativ sind Gefühle der Wut, Rache und Ärger.[1224] «Wenn Ärger im Menschen ist, so macht er selten das Klügste, sondern gewöhnlich das Dümmste», so hat es Jeremias Gotthelf ausgedrückt.[1225] Auch Clausewitz hat sich ausführlich mit der Kraft der Emotionen auseinandergesetzt. Emotionslose Menschen hätten oft keinen starken, anhaltenden Antrieb. Ihr Gegenstück seien Menschen mit «aufbrausenden, aufflammenden Gefühlen».[1226] Diesen fehle aber das notwendige «Gleichgewicht des Gemüts».[1227] Hervorragende Führungspersonen hätten ein starkes Gemüt, «welches bei den stärksten Regungen im Gleichgewicht bleibt, so dass trotz den Stürmen in der Brust der Einsicht und Überzeugung wie der Nadel des Kompasses auf dem sturmbewegten Schiff das feinste Spiel gestattet ist».[1228]

Man pflegt hin und wieder von der Seele einer Institution zu sprechen, vor allem im Zusammenhang mit ihrem Brand. Dieser abstrakte Begriff bringt zum Ausdruck, dass es um mehr geht als um die Ratio. Ohne dieses «mehr» werden die Herzen der Menschen nicht erreicht. Leidenschaft ist eine wesentliche Quelle der Glaubwürdigkeit. Sie betrifft die Sache. Steve Jobs war die Seele von Apple. Seine Leidenschaft galt seinen Produkten. In seinem Vermächtnis hat er auf den Zusammenhang zwischen Produkt und Geld hingewiesen. Es sei ein riesiger Unterschied, ob Energie und Leidenschaft zur Erreichung der Ziele eingesetzt würden und dabei Geld verdient werde oder ob es gerade umgekehrt laufe (s. 1, 6.6). Der Sportler, der vom Sieg oder der epochalen Leistung träumt, verfügt über einen völlig anderen Antrieb als ein Läufer, der nur für Geld rennt. Wer seine Motivation aus seinem Gehalt und einem grossen Bonus schöpft, ist nicht in der Lage, sein höchstes Leistungsniveau zu erreichen. Man kann zwar durchaus mit Leidenschaft sein Einkommen maximieren. Glaubwürdig wird man damit nicht.

2.3 «Alpha-Gen»

Mit «Alpha-Gen» bezeichnen wir weder eine biologische Eigenschaft noch eine anerkannte psychologische Kategorie, weshalb wir den Begriff in Anführungszeichen setzen. Er steht für die Quelle der «autoritätsstiftenden Kraft» (s. 2, 2). Wer über das «Alpha-Gen» verfügt, dem hat sich das «Geheimnis der Menschenführung» erschlossen (s. 2, 2). Stefan Zweig spricht vom «geborenen Führer». Wenn ein solcher fehle, sinke die Disziplin (s. 2, 4.1). Die Träger des «Alpha-Gens» sind selbstbewusst und haben den Mut, in entscheidenden Momenten die Fahne zu ergreifen und voranzuschreiten. Sie zeichnen sich durch Entschlusskraft, Durchsetzungsvermögen und die Bereitschaft, Verantwortung zu übernehmen, aus.

Braucht es dafür Charisma? Max Weber versteht darunter «eine als ausseralltäglich ... geltende Qualität einer Persönlichkeit».[1229] Dem Träger von Charisma nähert er sich mit folgenden Umschreibungen: konkreter Gestaltungswille, *die* grosse revolutionäre Kraft, er muss Wunder tun,[1230] die in seiner Person verkörperte Sendung,[1231] schöpferische Macht[1232]. Charisma entwickelt sich in ausserordentlichen Situationen. «Jedes aus dem Gleis des Alltags herausfallende Ereignis lässt charismatische Gewalten, jede aussergewöhnliche Fähigkeit charismatischen Glauben aufflammen, der dann im Alltag an Bedeutung wieder verliert.»[1233] Deshalb sei es «das Schicksal des Charismas, mit zunehmender Entwicklung institutioneller Dauergebilde zurückzutreten».[1234] Weber weist mehrfach darauf hin, dass eine charismatische Herrschaft labil ist.[1235] Der Archetyp des Charismatikers ist Napoleon. Sein Aufstieg und sein Fall demonstrieren die Ambivalenz des Begriffs. Es liegt in der Natur des Charismatikers, sich zu überschätzen. Die mit dem Charisma verbundenen Risiken sind wohl auch der Grund, weshalb Malik den Begriff auf seine Liste der gefährlichen Managementwörter gesetzt hat. «Geschichtlich haben charismatische Führer fast immer Katastrophen bewirkt – in allen Bereichen. Echte Führer brauchen kein Charisma.»[1236] Das ist wohl etwas apodiktisch. Der Archetyp des Charismatikers in der Wirtschaft ist Steve Jobs, und der hat Apple nicht in die Katastrophe geführt.

So umschriebenes Charisma geht weit über das hinaus, was wir hier als «Alpha-Gen» bezeichnen. Aber gesundes Selbstvertrauen und ein gewisses Ego gehören zum «Alpha-Gen». Ohne sie ist eine anspruchsvolle Führungsaufgabe nicht zu machen. Dass der Grat zwischen Selbstbewusstsein, Arroganz, Eitelkeit und Überheblichkeit schmal ist, haben wir gesehen. Es gibt eine dunkle Seite der Autorität (s. 2, 2). Dessen muss man sich als Führungsperson bewusst sein. Auch die Organe der Corporate Governance müssen diesen Aspekt stets im Auge behalten.

Die Beispiele in Teil 1 zeigen noch etwas Erstaunliches: Charakter, Temperament und die sogenannte soziale Kompetenz einer Führungsperson sind nicht entscheidende Faktoren. Sie spielen im Standardmodus eine wohl grössere Rolle, aber wenn die Situation kritisch wird, sind andere Fähigkeiten, namentlich Sachverstand und Autorität, wichtiger. Erst recht, wenn die Revolution angestrebt wird. Wir erinnern uns, Steve Jobs war alles andere als ein umgänglicher Mensch, milde ausgedrückt.

Talent ist nach Malcolm Gladwell der erste Faktor für überdurchschnittliche Leistungen. Talent ist eine natürliche, angeborene Begabung. Davon brauche es nicht ein Übermass, aber es muss einen bestimmten Schwellenwert überschreiten. «Ein Basketballspieler muss lediglich *gross genug* sein. Dasselbe gilt für die Intelligenz: Sie hat eine Schwelle.»[1237] Eine zu stark ausgeprägte Begabung kann sich sogar hinderlich auswirken, weil solche Menschen oft zu wenig Fleiss entwickeln. Das «Alpha-Gen» ist eine derartige natürliche Begabung. Auch für das «Alpha-Gen» gilt die Schwellentheorie. Ein übermässig aufgepumptes Ego kann nicht nur den Arbeitseifer behindern, sondern ist ein Risiko an sich.

2.4 Tatkraft

«An ihren Taten sollt ihr sie erkennen», steht in der Bibel. Der persische Mystiker Hafis hat geschrieben: «Am Ende erntet jeder nur die Früchte seiner Tat.» Doktor Faust sagt: «Die Tat ist alles, nichts der Ruhm.» Die *Benediktus-Regel* weist der Tat den obersten Stellenwert zu (s. 1, 1.1). «Ein Abt, der würdig ist, ein Kloster zu leiten ... muss der Bezeichnung ‹Oberer› durch seine Taten gerecht werden.»[1238] Und: «Er zeige mehr durch das Beispiel als durch Worte, was gut und heilig ist.»[1239] In allen Kulturkreisen ist die gute Tat der zentrale Massstab für die Beurteilung eines Menschen.

Für die Tat braucht es zweierlei: den richtigen Entscheid und die Kraft, ihn durchzusetzen. Dazu braucht es Mut, und deshalb ist Mut seit Jahrtausenden eine Kardinaltugend (s. 2, 4). «Mut ist nicht Wissen, sondern Entschlossenheit, nicht Meinen, sondern Handeln.»[1240] Führen bedeutet Verantwortung übernehmen. Verantwortung heisst, für seine Handlungen und Unterlassungen Rechenschaft ablegen. Der Massstab ist einzig und allein die Tat (oder die Unterlassung einer Tat). Bei einer glaubwürdigen Führungsperson stimmen Rede, Taten und Verhalten überein. Die Führungsperson wirkt durch ihr Vorbild. «Führung durch das Beispiel» ist von den Benediktinern bis heute einer der obersten Führungsgrundsätze geblieben.

Die eindrücklichsten Beispiele für Tatkraft finden sich im Kapitel über Führung in Extremsituationen. Der Entscheid, in einer praktisch ausweglosen Situation sein Schiff, die letzte Oase in einer feindlichen Welt, zu verlassen, braucht sehr viel Mut. Ihn durchzusetzen eine enorme Überzeugungskraft. Nur dank ihrer Konsequenz (und ihrem Sachverstand) konnten Weyprecht und Shakleton ihre Männer retten. In den ausserordentlichen Lagen ist der Handlungsdruck besonders gross. Es sind dies oft Situationen, in denen Führungskräfte einsam sind. Unter starkem emotionalem Druck wirkt die Handlung befreiend. Wenn dazu noch der Zeitdruck kommt, steigt allerdings das Risiko von Fehlentscheiden. Deshalb ist die Krise der ultimative Test für die Führungsqualität.

Im Überlebensmodus erhält die Tat noch mehr Gewicht. Es braucht Mut, in kritischen Situationen die Fahne hochzuhalten, zu handeln und voranzugehen. Wer vorangeht, sitzt nicht in der Etappe oder im Chefbüro. Die grossen Feldherren befanden sich in der Schlacht vorne bei ihrer Truppe. Das gilt nicht nur in Schlachten. Wer Gefolgschaft sucht, muss nahe bei den Menschen einer Institution sein. Nur so entwickelt man die notwendige Sensibilität für den Team Spirit. «In der Zentrale wird nichts verkauft», sagte sich Jack Welch, und deshalb verbrachte er einen grossen Teil seiner Zeit draussen in den Betrieben.

Die skizzierten Revolutionäre eignen sich kaum als generelle Vorbilder. Eindrücklich ist aber, wie sehr sie auf die (revolutionäre) Tat fokussiert waren. Direkter als Lenin mit seinem *Was tun?* kann man das nicht ausdrücken. Und die suggestive Wirkung von Robespierres Reden beruhte vornehmlich auf ihrem direkten Bezug zur Aktion.

Oben haben wir gesehen, dass Mut und Klugheit ein Paar bilden, umhüllt von der Klammer Augenmass (s. 2, 6) Die Tat allein reicht nicht aus, es muss die richtige Handlung zur richtigen Zeit sein. Dazu gehört das Gespür für Dringlichkeit, auch in Situationen, in denen das nicht offensichtlich ist. So wie Jack Welch, der General Electric für die Globalisierung fit gemacht hat, bevor das zum allgemeinen Trend wurde. Man sagt, die Höhlenmenschen hätten sich erst bewegt, als der Bär vor der Höhle gestanden sei. Es braucht klare Perspektiven, eine überzeugende Argumentation und ein erhebliches Mass an persönlicher Autorität, um die Menschen einer Organisation in Bewegung zu setzen, bevor der Handlungsbedarf für jedermann offensichtlich ist. In vielen Institutionen ist die Organisation der Innovation überlebenswichtig. Dazu braucht es geeignete organisatorische Vorkehrungen und Prozesse. Aber entscheidend ist auch hier die Tatkraft.

Für jede Führungsperson gilt: Allein die Tat legitimiert ihren Führungsanspruch.

2.5 Einfachheit

«Simplicity is the ultimate sophistication.» Dieses Leitmotiv von Steve Jobs und Apple weist der Einfachheit einen hervorragenden Platz zu. Etwas weniger plakativ, aber nicht minder aussagekräftig ist der Satz aus einem Outdoor-Katalog: «Perfektion ist nicht dann erreicht, wenn man nichts mehr hinzufügen kann, sondern wenn man nichts mehr wegnehmen kann.» Daraus lässt sich eine klare Handlungsanweisung ableiten: alles Überflüssige weg. Auf das, was bleibt, ist der Fokus «wie ein Laserstrahl» zu richten.

Einfachheit ist aus drei Gründen ein Schlüsselfaktor. Zum Ersten, weil wir in einer Welt mit «unendlicher Varietät» leben und daher die Reduktion der Komplexität zwingend ist (s. 2, 18). Henry Ford baute ein einfaches Auto mit normierten Teilen. Für den Autobauer von heute bedeutet Einfachheit, auf einer Plattformstruktur eine möglichst grosse Vielfalt anzubieten. Niemand hat die Einfachheit als oberstes Prinzip so konsequent gelebt wie Steve Jobs. Seine Reduktion des Produkteportfolios auf die Dimensionen Endkunde/Professional und Desktop/Portable sowie die Elimination aller anderen Produkte hat Apple in neue Dimensionen vorstossen lassen (s. 1, 6.6).

Zum Zweiten, weil Einfachheit die Konzentration der Kräfte ermöglicht. Fokussieren heisst, sich nicht verzetteln, sondern die Kräfte auf das wirklich Relevante bündeln. Auch in dieser Beziehung war Jobs von unerbittlicher Konsequenz. Es braucht viel Selbstbewusstsein, um von den zehn wichtigsten Punkten seiner obersten Manager sieben zu streichen (s. 1, 6.6). In einem *NZZ Folio* zum Thema Anwälte wird beschrieben, wie sich eine grosse Kanzlei auf den Pitch für einen Milliardendeal vorbereitete. Die Juristen analysierten den Fall tagelang, bis sie die Essenz auf einem einzigen A3-Blatt zusammengefasst haben.[1241]

Zum Dritten, weil ohne Einfachheit überzeugende Kommunikation nicht möglich ist. Wenn die Entscheide gefallen sind und die Umsetzung ansteht, braucht es eindeutige, nachvollziehbare und merkbare Botschaften im Sinne von erstens, zweitens, drittens. Deshalb nennt Garr Reynolds sein Buch *ZEN oder die Kunst der Präsentation*.[1242] Er empfiehlt, auf alles Überflüssige zu verzichten. Das kulminiert im «Fahrstuhltest»: Man müsse die Kernaussagen auch in einem komplexen Fall während einer Fahrt im Fahrstuhl vermitteln können, und dafür habe man maximal 45 Sekunden Zeit. Die wichtigsten Prinzipien für eine Präsentation seien Einschränkung und Einfachheit. Viele Geschichten in Teil 1 belegen, wie wichtig die gute Rede zur richtigen Zeit ist und dass es für eine gute Rede weder Charisma noch Eloquenz braucht, aber Überzeugung, Leidenschaft und klare Botschaften. Die Reduktion eines Sachverhalts auf die Essenz einer unmissverständlichen Botschaft ist weniger eine Sache des Talents, sondern vielmehr harte Arbeit. Dazu gehört die Auseinandersetzung mit der Sprache. Auch hier gilt das Prinzip des Minimalismus. Die vier Sätze von Steve Jobs' Krisenkommunikation sind von beispielhafter Kürze (s. 2, 19). Das zweite Prinzip neben der Einfachheit ist die Verständlichkeit. Deshalb muss jedes Wort gewogen werden. Wenn immer möglich verwendet man konkrete Begriffe, die bei den Zuhörern Bilder erzeugen.

Steve Jobs würde übrigens noch einen vierten Grund anfügen: Einfachheit ist ultimative Ästhetik. Und: Ästhetik prägt einen Brand. Ganz in diesem Sinne empfiehlt Garr Reynolds, bei Präsentationen dem Grundsatz «keine Dekoration, dafür wunderbares Design» zu folgen.[1243]

Einfachheit erfordert die Begabung, Muster zu erkennen. So wie Jack Welch, der die komplexesten Zusammenhänge so stark vereinfachte, bis er sie auf einem persönlich gezeichneten Diagramm einleuchtend und einprägsam dargestellt hatte (s. 1, 6.4). Wir wiederholen uns: «Fast alle Ideen kann man mittels eines Stocks in den Sand zeichnen.»[1244]

Einfachheit spielt in allen drei Typen von Führungssituationen eine zentrale Rolle. Von ganz besonderer Bedeutung ist sie in der Krise. Da ist die bedingungslose Fokussierung auf die Schlüsselfaktoren überlebenswichtig. Die Erfahrung zeigt indessen, dass kaum ein Managementprinzip so häufig verletzt wird wie jenes der Einfachheit. Davon zeugen überladene Agenden, überladene Sitzungen, überladene Projekte, überladene Dossiers...

2.6 Team-Building

Führung ist keine Ein-Frau- oder Ein-Mann-Show. Steve Jobs wäre ohne Steve Wozniak nicht an die Spitze gekommen. Zum Sachverstand von Jobs gehörte, dass er wusste, wo seine Grenzen waren und wo er sich verstärken musste. Er mass sich selbst grösstes Urteilsvermögen in Designfragen zu. Trotzdem engagierte er mit Jonathan Ive einen Weltklassedesigner. Ernest Shakleton holte sich den besten Navigator in sein Team. Kaiserin Maria Theresia wählte mit dem Grafen Kaunitz einen hervorragenden ersten Mitarbeiter aus.

Nach dem «Gesetz der kleinen Zahl» braucht es selbst für eine grosse Organisation nur ein kleines oberstes Führungsteam, um der Kultur ihren Stempel aufzudrücken (s. 2, 15). Exzellente Leute ziehen exzellente Leute nach. Das Umgekehrte gilt auch. Jack Welch hat es auf den Punkt gebracht: «Menschen sind wichtiger als Strategien.» Nicht grossartige Strategien machen den Erfolg, sondern grossartige Menschen (s. 1, 6.6). Um diese Menschen zu finden, zu fördern und zu halten, investieren Führungspersonen einen erheblichen Teil ihrer Zeit für die Arbeit mit dem Führungsnachwuchs. Die Rekrutierung des obersten Führungsteams ist die wichtigste Managementaufgabe überhaupt. Personalentscheidungen sind nicht nur von grösster Bedeutung, sie sind auch risikobehaftet. Man kann jemand noch so gut durchleuchten, wie sich eine Person in einer spezifischen Konstellation verhält, bleibt immer hypothetisch. Selbst Personen, die man gut zu kennen glaubt, sind immer wieder zu Überraschungen fähig. Deshalb ist es ebenso wichtig, nach den besten Leuten zu suchen, wie allfällige personelle Fehlentscheide umgehend zu korrigieren.

Mitglieder eines obersten Führungsteams sollten über die sieben Schlüsselfaktoren verfügen, die in diesem Kapitel behandelt werden. Besondere Aufmerksamkeit ist dem «Alpha-Gen» zu schenken. Es ist eine unabdingbare Voraussetzung für eine oberste Führungsfunktion. Die Risiken übergrosser Egos sollte man aber stets im Auge behalten. Trotz ausgeprägten Selbstbewusstseins muss eine Führungsperson in der Lage sein, ihre Defizite (die bei allem Sachverstand immer bestehen) zu erkennen. Im obersten Führungsteam müssen sich die Stärken komplementär ergänzen. Die Werte und das Verhalten des Teams sollten möglichst homogen sein. Homogen heisst nicht harmonisch. Auch wenn es nur ein, zwei Hände voll Menschen sind, sie alle haben das «Alpha-Gen», und da werden, ja müssen hin und wieder die Fetzen fliegen. Es geht darum, Widerspruch als Teil der Kultur zu institutionalisieren. Auf den entscheidenden Punkt hat Reinhard K. Sprenger in seinem Buch *Fussballstrategien für Manager* hingewiesen: Wie schafft man es, dass exzellente Menschen wirklich füreinander arbeiten?[1245] Die Klammer, und da sind wir wieder bei Steve Jobs, ist das gemeinsame Produkt oder ein gemeinsames Projekt.

Wer ein Hochleistungsteam leitet, muss differierende Ansichten zur Synthese bringen und verschiedenste Typen hinter eine einmal beschlossene Marschrichtung vereinigen können. Die Zeiten, in denen man nach der Devise eines legendären Fussballtrainers, «es kann jeder sagen, was *ich* will», herrschen kann, sind vorbei. Max Weber weist darauf hin, dass charismatische Persönlichkeiten die Tendenz haben, «eine Art von charismatischer Aristokratie ... nach dem Prinzip des Jüngertums und der Gefolgschaftstreue» zu errichten.[1246] Das würde nicht zu einem Hochleistungsteam, sondern zu Ansätzen höfischer Strukturen führen. Auch deshalb ist gegenüber allzu charismatischen Personen Skepsis geboten.

Team-Building erfordert vier Fähigkeiten. Erstens, sich selber präzise analysieren zu können, um die komplementären Profile zu definieren. Zweitens die Gabe, die Menschen zu finden, die nicht nur über das notwendige Wissen, Können und Wollen verfügen, sondern auch in die Kultur passen. Drittens die Lust an einem Diskurs, zu dem Widerspruch wie das Salz in der Suppe gehört. Und viertens die Fähigkeit zur Synthese und zum Einschwören des Teams auf die gemeinsame Aktion.

2.7 Beharrlichkeit

«By endurance we conquer», war das Motto von Ernest Shakleton. Für Jacob Burckhardt war Ausdauer eine Eigenschaft überlegener Menschen. All die Geschichten über Führung in Extremsituationen zeigen, dass Menschen zu Ausserordentlichem fähig sind und dass eine starke Führung Unglaubliches bewirken kann. Führung ist wie ein Marathonlauf, der nie aufhört. Dafür braucht es Ausdauer und mentale Stärke, weil es keine Ziellinie gibt und oft mehr Frustration als Erfolg. Das Umfeld ändert sich permanent und damit die Perspektive auf eine ohnehin ungewisse Zukunft. Nie darf die Aufmerksamkeit nachlassen. Wie im Marathonlauf ist die Phase, in der es hervorragend läuft, gefährlich. Der erfahrene Läufer weiss, dass der Hammermann dauernd lauert und in der Euphorie besonders gerne zuschlägt. Nur Menschen mit einer dauerhaft hohen Motivation sind in der Lage, diesen Ansprüchen zu genügen.

Beharrlichkeit heisst, dass man nie nachlässt. Vor allem nicht im Bestreben, immer besser zu werden. Von Roald Amundsen über Henry Ford bis zu Steve Jobs, sie alle waren besessene Verbesserer. Ihr Credo war, dass sich alles immer noch besser machen lässt und dass dieser Prozess nie aufhört. Jedes Detail eines Materials, eines Produktes, eines Prozesses lässt sich verbessern. Besessene Verbesserer institutionalisieren einen kontinu-

2. Die sieben Schlüsselfaktoren

ierlichen Verbesserungsprozess. Sie schauen über den Tellerrand, und sie sind neugierig. Roald Amundsen lernte bei den Eskimos. Henry Ford liess sich von den Schlachthöfen in Chicago inspirieren, Toyota von den amerikanischen Supermarktketten. Steve Jobs erkannte, dass die Zukunft der IT-Branche im Xerox PARC entwickelt wurde. Seine minimalistische Philosophie basierte auf den Grundsätzen des Zen-Buddhismus. Besessene Verbesserer wollen Fehler vermeiden, sie wissen aber, dass Fehler geschehen. In solchen Momenten interessiert sie einzig und allein, was man daraus lernen kann.

Die Porträts in Teil I dieses Buches lassen den Schluss zu, dass Schicksalsschläge und Krisen eine Führungspersönlichkeit vollends formen. Stefan Zweig meint, dass erst die Gefahr die verborgensten Kräfte eines Menschen freilegt (s. I, 4.1). Ein Kapitän legt seine Reifeprüfung mit dem Überstehen seines ersten schweren Sturmes ab. Schicksalsschläge machen die echten Führungspersonen stärker, sagt auch Machiavelli. Diese echten Leader hätten eine Haltung des «Enfin, les difficultés commencent!» (s. I, 3.1). Gerade in Zeiten dieser Prüfungen ist Beharrlichkeit eine entscheidende Eigenschaft.

Mit der gleichen Beharrlichkeit hat Jack Welch gegen die Bürokratie gekämpft. Je grösser eine Institution, desto anfälliger ist sie für bürokratische Phänomene. Keine Frage, ein gewisses Niveau an Bürokratie ist unvermeidlich. Die ganzen Diskussionen um Corporate Governance und Compliance führen unweigerlich zu mehr Administration. Also gilt es, das Notwendige zu akzeptieren und es so optimal wie möglich zu organisieren. Vor allem sollten die Personen, die am meisten zur Wertschöpfung beitragen, so weit wie möglich von bürokratischen Prozessen entlastet werden. Alles Überflüssige muss vermieden werden. Es wird trotzdem wuchern, und deshalb braucht es Prozeduren, um es wieder abzuschneiden. Vor allem gilt auch hier: Im Kampf gegen die Bürokratie darf man nie resignieren.

Führung ist wie ein Marathon, der nie aufhört, und das ist wie Leistungssport. Und deshalb gibt es kein besseres Schlusswort für dieses Buch:
«Nirgends ist es offensichtlicher als im Leistungssport, dass es nicht vorbei ist und dass Sie niemals, niemals aufgeben dürfen.»[1247]

Anmerkungen

Teil 1   Vom Abt bis zum CEO

1 Einleitung/Führung in der Kirche

1.1   Die *Benediktus-Regel*

1. Alexander, Caroline: Die Endurance, Shakletons legendäre Expedition in die Antarktis, Berlin 1998.
2. Morell, Margot, und Caparell, Stephanie: Shakletons Führungskunst. Was Manager von dem grossen Polarforscher lernen können, Hamburg 2003.
3. Popitz, Heinrich: Phänomene der Macht, Tübingen 1992, S. 186.
4. Steidle, Basilius OSB (Hrsg.): Die Benediktus-Regel, lateinisch-deutsch, Beuron 1980, S. 8.
5. Ebd., S. 34.
6. Ebd., S. 63.
7. Ebd., S. 65.
8. Ebd.
9. Ebd.
10. Ebd., S. 67.
11. Ebd.
12. Ebd., S. 175.
13. Ebd.
14. Ebd.
15. Ebd., S. 69.
16. Ebd.
17. Ebd., S. 71.
18. Ebd.

19   Ebd., S. 69 ff.
20   Ebd., S. 71 ff.
21   Ebd., S. 175.
22   Ebd., S. 77.
23   Ebd.
24   Ebd., S. 77 ff.
25   Ebd., S. 115.
26   Ebd., S. 121.
27   Ebd., S. 161.
28   Ebd.

1.2   Die Jesuiten

29   Wright, Jonathan: Die Jesuiten – Mythos, Macht, Mission, Essen 2005/06, S. 23. Wright bezieht sich in diesem Zitat auf P. Matthieu, Histoire de France, Paris 1631.
30   Wright, a. a. O., S. 35.
31   www.jesuiten.org
32   Hoffmann, Michael: Vom Montmartre 1534 zur Formula Instituti 1539, Hauptseminararbeit im Fach Kirchengeschichte, Jena 1997, S. 17, auf: www.hoffmannfamilie.net
33   Wright, a. a. O., S. 55.
34   Ebd., S. 54.
35   Ebd., S. 54 f.
36   Ebd., S. 56.
37   Ebd., S. 57.
38   Ebd., S. 62.
39   Ebd., S. 60.
40   Ebd., S. 55.
41   Ebd., S. 60.
42   Ebd.
43   Ebd., S. 61.
44   Ebd.
45   Ebd., S. 62.
46   Ebd., S. 56.
47   Ebd.
48   Satzungen der Gesellschaft Jesu, München 1997, zitiert nach Wright, a. a. O., S. 82.
49   Ebd., S. 58.
50   Ebd., S. 57.
51   Ebd., S. 75.
52   Ebd., S. 103.

53 Ebd., S. 67.
54 www.jesuiten.org
55 Wright, a. a. O., S. 54.
56 Ebd., S. 66 f.
57 Ebd., S. 151.
58 Ebd., S. 160.
59 Ebd., S. 18.
60 Ebd., S. 181.
61 Newman, John Henry, zitiert nach Wright, a. a. O., S. 181.
62 Wright, a. a. O., S. 218.
63 Ebd., S. 273.
64 www.stimmen-der-zeit.de
65 Weber, Max: Wirtschaft und Gesellschaft, zweiter Halbband, Tübingen 1956, S. 887.

1.3 Calvin

66 Wright, a. a. O., S. 37.
67 Zweig, Stefan: Castellio gegen Calvin oder Ein Gewissen gegen die Gewalt, Frankfurt am Main 1999, S. 25.
68 Birnstein, Uwe: Der Reformator. Wie Johannes Calvin Zucht und Freiheit lehrte, Berlin 2009, S. 18.
69 Zweig, a. a. O., S. 26 f.
70 Ebd., S. 38.
71 Birnstein, a. a. O., S. 97.
72 Weber, Max: Die protestantische Ethik und der Geist des Kapitalismus, München 2006, S. 145.
73 Zweig, a. a. O., S. 36.
74 Ebd., S. 27.
75 Ebd., S. 28.
76 Ebd.
77 Ebd., S. 30.
78 Ebd., S. 31.
79 Ebd., S. 32.
80 Ebd., S. 56.
81 Ebd.
82 Weber, Protestantische Ethik, S. 146.
83 Ebd., S. 171.
84 Zweig, a. a. O., Ebd. S. 44.
85 Ebd.
86 Ebd., S. 54.
87 Ebd., S. 47.

88 Ebd.
89 Ebd., S. 54.
90 Ebd., S. 62.
91 Ebd., S. 59.
92 Ebd., S. 61.
93 Ebd., S. 63
94 Birnstein, a. a. O., S. 77 f.
95 Weber, Protestantische Ethik, S. 145.
96 Weber, ebd., S. 145 f.
97 Ebd., S. 149.
98 Ebd.
99 Ebd., S. 155.
100 Zweig, a. a. O., S. 219.
101 Weber, Protestantische Ethik, S. 179.
102 Ebd., S. 183.
103 Ebd.
104 Ebd., S. 184.
105 Zweig, a. a. O., S. 13.
106 Ebd., S. 227.

1.4 Besonderheiten der Führung in der Kirche
107 Malik, Fredmund: Führen, Leisten, Leben: Wirksames Management für eine neue Zeit, Stuttgart 2003, S. 55.

2 Führung in der Armee

2.1 Die Preussen
108 Clark, Christopher: Preussen, Aufstieg und Niedergang 1600–1947, München 2008, S. 532.
109 Ebd., S. 760.
110 Ebd., S. 764.
111 Ebd.
112 Ebd., S. 766
113 Ebd., S. 9.
114 Ebd.
115 Ebd., S. 24.
116 Ebd., S. 58.
117 Ebd., S. 64.
118 Ebd.
119 Ebd., S. 67.

120 Ebd., S. 379.
121 Ebd., S. 71.
122 Ebd., S. 90.
123 Ebd., S. 111.
124 Ebd., S. 112.
125 Ebd., S. 169.
126 Ebd., S. 164.
127 Ebd., S. 123.
128 Ebd., S. 124.
129 Ebd., S. 125
130 Ebd., S. 10.
131 Ebd., S. 128.
132 Der Spiegel 45/2011.
133 Clark, a. a. O., S. 221.
134 Ebd., S. 222.
135 Ebd., S. 285.
136 Ebd.
137 Ebd., S. 671.
138 Ebd., S. 220.
139 Ebd.
140 Ebd., S. 234.
141 Ebd., S. 244.
142 Fragen an die deutsche Geschichte, Ideen, Kräfte, Entscheidungen von 1800 bis zur Gegenwart. Historische Ausstellung im Reichstagsgebäude in Berlin, Katalog, Bonn 1986, S. 35.
143 Clark, a. a. O., S. 240 ff.
144 Ebd., 244.
145 Ebd., S. 238.
146 Ebd., S. 316.
147 Ebd., S. 333.
148 Ebd., S. 365.
149 Ebd., S. 377.
150 Ebd., S. 431.
151 Ebd., S 380 f.
152 Clausewitz von, Carl: Vom Kriege, Auswahl, Stuttgart 1980, S. 191.
153 Clausewitz, nach: Oetinger, Bolko von (Hrsg.): Clausewitz – Strategie Denken, München 2001, S. 178.
154 Clark, a. a. O., S. 432.
155 Ebd., S. 434.
156 Clausewitz, a. a. O., S. 65.
157 Ebd., S. 66.

158 Zwygart, Ulrich: Wie entscheiden Sie? Entscheidungsfindung in schwierigen Situationen – mit Fallbeispielen von Hannibal über John F. Kennedy bis Jack Welch, Bern 2007, S. 63.
159 Clark, a. a. O., S. 595.
160 Ebd., S. 614.
161 Ebd.
162 Ebd., S. 616.
163 Ebd., S. 682.
164 Ebd., S. 686 f.
165 Ebd., S. 746.
166 Ebd., S. 761.
167 Ebd., S. 762.

2.2 Napoleon
168 Willms, Johannes: Napoleon. Eine Biographie, München 2008, S. 384.
169 Ebd., S. 377.
170 Ebd., S. 31.
171 Ebd., S. 510.
172 Ebd., S. 20.
173 Gladwell, Malcolm: Überflieger. Warum manche Menschen erfolgreich sind – und andere nicht, Frankfurt am Main 2009.
174 Willms, a. a. O., S. 49.
175 Ebd, S. 65.
176 Ebd., S. 72.
177 Ebd., S. 263.
178 Ebd., S. 77.
179 Ebd., S. 50.
180 Ebd., S. 529.
181 Ebd., S. 72.
182 Ebd., S. 74.
183 Ebd., S. 435.
184 Ebd., S. 88.
185 Ebd., S. 72.
186 Ebd., S. 434
187 Ebd., S. 89.
188 Ebd., S. 435.
189 Sieburg, Friedrich: Robespierre, München 1963, S. 258.
190 Ebd., S. 72.
191 Ebd., S. 196.
192 Ebd., S. 148.
193 Ebd., S. 378.

194 Ebd., S. 507.
195 Ebd., S. 420.
196 Ebd., S. 460.
197 Ebd., S. 165.
198 Ebd., S. 318.
199 Ebd., S. 140.
200 Ebd., S. 251.
201 Ebd., S. 359 ff.
202 Ebd., S. 427.
203 Ebd., S. 75.
204 Ebd., S. 332.
205 Ebd., S. 332.
206 Ebd., S. 333.
207 Ebd., S. 676.
208 Ebd., S. 45.
209 Zitiert nach Seibt, Gustav: Goethe und Napoleon. Eine historische Begegnung, München 2009, S. 126.
210 Willms, a. a. O., S. 578.
211 Seibt, a. a. O., S. 199.
212 Ebd., S. 218.
213 Willms, a. a. O., S. 346.
214 Seibt, a. a. O., S. 54.
215 Willms, a. a. O., S. 93.
216 Ebd., S. 505.
217 Ebd., S. 569.
218 Seibt, a. a. O., S. 195.

2.3 Die US Army

219 Schwarzkopf, H. Norman: Man muss kein Held sein, München 1992.
220 Ebd., S. 85.
221 Ebd., S. 7.
222 Ebd., S. 8.
223 Ebd., S. 87.
224 Ebd., S. 88.
225 Ebd., S. 90.
226 Ebd., S. 118.
227 Ebd., S. 110.
228 Ebd., S.111.
229 Ebd., S. 108.
230 Ebd.

231 Ebd., S. 203 ff.
232 McNamara, Robert S.: Vietnam. Das Trauma einer Weltmacht, Hamburg 1996.
233 Schwarzkopf, a. a. O., S. 237 f.
234 Ebd., S. 239.
235 Ebd., S. 243.
236 Ebd., S. 455.
237 Ebd.
238 Ebd., S. 269.
239 Ebd.
240 Ebd., S. 285.
241 Ebd., S. 318.
242 Ebd., S. 324.
243 Ebd., S. 364 ff.
244 Ebd., S. 371.
245 Ebd., S. 412.
246 Ebd., S. 430.

2.4 Besonderheiten der Führung in der Armee

247 Zwygart, a. a. O., S. 63.
248 Ebd., S. 64.
249 Ebd., S. 343.
250 Tolstoi, Lew: Krieg und Frieden, München 2010, S. 455 ff.
251 Schwarzkopf, a. a. O., S. 527.
252 McNamara, a. a. O.
253 Ebd., S. 228.
254 Ebd., S. 316.
255 Ebd., S. 362.
256 Ebd., S. 336 f.
257 Ebd., S. 485.
258 Ebd., S. 432.
259 Ebd.
260 Ebd., S. 345.
261 Zwygart, a. a. O., S. 129.

3 Führung an den Höfen

3.1 Machiavelli

262 Noll, Peter, und Bachmann, Hans Rudolf: Der kleine Machiavelli. Handbuch der Macht für den alltäglichen Gebrauch, München 1992.

263 Riklin, Alois: Die Führungslehre von Niccolò Machiavelli, Bern 1996.
264 Ebd., S. 7.
265 Machiavelli, Niccolò: Vom Staate – Vom Fürsten – Kleine Schriften, Hamburg 2010, S. 449.
266 Ebd.
267 Ebd., S. 441.
268 Ebd., S. 445.
269 Ebd.
270 Ebd., S. 446.
271 Ebd.
272 Ebd., S. 451.
273 Ebd., S. 448.
274 Ebd., S. 449.
275 Ebd., S. 457.
276 Ebd., S. 449.
277 Ebd., S. 450.
278 Ebd., S. 144 f.
279 Ebd., S. 468.
280 Ebd.
281 Ebd.
282 Ebd., S. 470 f.
283 Ebd., S. 473 ff.
284 Riklin, a. a. O., S. 65.
285 Machiavelli, a. a. O., S. 474.
286 Ebd., S. 474 f.
287 Ebd., S. 476.
288 Riklin, a. a. O., S. 66.

3.2 Ludwig XIV.
289 Elias, Norbert: Die höfische Gesellschaft, Frankfurt am Main 2002, S. 354.
290 Ebd., S. 11.
291 Ebd., S. 257.
292 Ebd., S. 11.
293 Ebd., S. 8.
294 Ebd., S. 75.
295 Ebd., S. 78.
296 Ebd., S. 77.
297 Ebd., S. 138.
298 Ebd., S. 85.
299 Ebd., S. 88.

300 Ebd., S. 91.
301 Der Spiegel 22/2011, S. 124.
302 Ebd., S. 143 f.
303 Ebd., S. 145.
304 Ebd., S. 147.
305 Ebd., S. 146.
306 Ebd., S. 149.
307 Ebd., S. 124.
308 Ebd., S. 206.
309 Ebd., S. 342.
310 Ebd., S. 179.
311 Ebd., S. 179 ff.
312 Ebd., S. 221.
313 Ebd., S. 210.
314 Ebd., S. 206.
315 Ebd., S. 202.
316 Ebd., S. 237.
317 Ebd., S. 222.
318 Ebd., S. 335.
319 Ebd., S. 217.
320 Ebd., S. 217.
321 Ebd., S. 218.
322 Ebd., S. 218.
323 Ebd., S. 220.
324 Elias, a. a. O., S. 321.

3.3 Haile Selassie: der König der Könige

325 Kapuscinski, Ryszard: König der Könige. Eine Parabel der Macht, Frankfurt am Main 1995.
326 Ebd., S. 244.
327 Ebd., S. 11.
328 Ebd., S. 17.
329 Ebd., S. 18.
330 Ebd., S. 48.
331 Ebd., S. 49.
332 Ebd., S. 45.
333 Ebd., S. 73.
334 Ebd., S. 74.
335 Ebd., S. 85.
336 Ebd., S. 88.
337 Ebd., S. 15.

338 Ebd., S. 141.
339 Ebd., S, 157.
340 Ebd., S. 254 f.
341 Ebd., S. 94.
342 Ebd., S. 231 f.

3.4 Höfisches in der heutigen Zeit

343 Elias, a. a. O., S. 125.
344 Ebd.
345 Ebd., S. 125 f.
346 Kershaw, Ian: Das Ende, Kampf bis zum Untergang, NS-Deutschland 1944/46, München 2011.
347 Der Spiegel 46/2011, S. 52.
348 Kapuscinski, a. a. O., S. 256.
349 Iacocca, Lee: Eine amerikanische Karriere, Düsseldorf 1985, S. 72.
350 Ebd., S. 131.
351 Ebd., S. 134.
352 NZZ executive, 10./11.3.2012, S. 11.
353 Der Spiegel 21/2011, S. 77.
354 Noll, Bachmann, a. a. O., S. 38.
355 Ebd., S. 102.
356 NZZ 124/2011, S. 56.

3.5 Besonderheiten der Führung am Hof

357 Ebd., S. 221.
358 Ebd., S. 208.
359 Ebd., S. 218.
360 Ebd., S. 209.
361 Ebd., S. 209.
362 Ebd., S. 211.
363 Ebd., S. 212.
364 Ebd., S. 212.
365 Ebd., S. 214.
366 Ebd., S. 216.
367 Ebd., S. 217.
368 Willms, a. a. O., S. 90.
369 Ebd., S. 377.

4 Führung in Extremsituationen

4.1 Magellan

370 Zweig, Stefan: Magellan. Ein Mann und seine Tat, Frankfurt am Main 2007, S. 9 f.
371 Ebd., S. 191.
372 Ebd., S, 275.
373 Ebd., S. 102.
374 Ebd., S. 84.
375 Ebd., S. 142.
376 Ebd.
377 Ebd., S. 150.
378 Ebd., S. 116.
379 Ebd., S. 250.
380 Ebd., S. 177.
381 Ebd., S. 210.

4.2 Carl Weyprecht

382 Nadolny, Sten: Die Entdeckung der Langsamkeit, München 1985.
383 Ransmayr, Christoph: Die Schrecken des Eises und der Finsternis, Frankfurt am Main 1998, S. 86.
384 Ebd., S. 32 f.
385 Ebd., S. 88.
386 Ebd., S. 102.
387 Ebd., S. 115.
388 Ebd., S. 118.
389 Ebd., S. 139.
390 Ebd., S. 142.
391 Ebd., S. 248 f.
392 Ebd., S. 250.
393 Ebd.
394 Ebd., S. 252.
395 Ebd., S. 255.

4.3 Das Rennen um den Südpol

396 Huntford, Roland: Scott & Amundsen. Dramatischer Kampf um den Südpol, München 2000.
397 Ebd., S. 89 f.
398 Ebd., S. 102 ff.
399 Ebd., S. 55.
400 Ebd., S. 109.

401 Ebd.
402 Ebd., S. 155.
403 Ebd., S. 358.
404 Ebd., S. 230.
405 Ebd., S. 258.
406 Ebd., S. 212.
407 Ebd., S. 123.
408 Ebd., S. 334.
409 Ebd., S. 146.
410 Ebd., S. 115, 304, 395.
411 Ebd., S. 115.
412 Ebd., S. 397.
413 Ebd., S. 63.
414 Ebd., S. 81.
415 Ebd., S. 367.
416 Ebd., S. 64.
417 Ebd., S. 291.
418 Ebd., S. 473.
419 Ebd., S. 442.
420 Ebd., S. 331, 375.
421 Ebd., S. 75.
422 Ebd., S. 502.
423 Ebd., S. 363.

4.4 Ernest Shakleton

424 Alexander, Caroline: Die Endurance, Shakletons legendäre Expedition in die Antarktis, Berlin 1998, S. 142.
425 Huntford, a. a. O., S. 207.
426 Ebd., S. 208.
427 Alexander, a. a. O.
428 Shakletons legendäre Expedition in die Antarktis, The Endurance, Verschollen im Packeis, DVD, 2006.
429 Morell, Margot, und Capparell, Stephanie: Shakletons Führungskunst. Was Manager von dem grossen Polarforscher lernen können, Hamburg 2003.
430 Alexander, a. a. O., S. 72.
431 Ebd., S. 22.
432 Ebd., S. 78.
433 Ebd., S. 16.
434 Ebd., S. 21.
435 Morell, Capparell, a. a. O., S. 87.

436 Alexander, a. a. O., S. 66.
437 Ebd., S. 64.
438 Ebd., S. 26.
439 Ebd., S. 23.
440 Ebd., S. 104.
441 Ebd., S. 127.
442 Shakletons legendäre Expedition, DVD
443 Alexander, a. a. O., S. 122.
444 Ebd., S. 136.
445 Ebd., S. 204.

4.5 Fussballtrainer
446 Bode, Marco, Interview in: Frankfurter Allgemeine Zeitung, Nr. 106, Zusatzbund, S. 6.
447 Klopp, Jürgen, Interview in: Der Bund, 26.2.2011, S. 22.
448 Jeandupeux, Daniel, in: Der Bund, 27.9.2011, S. 18.
449 Bode, a. a. O., S. 6
450 NZZ, 7.12.2011, S. 52.
451 Ebd.
452 Ebd.
453 Jeandupeux, a. a. O., S. 18.
454 Klopp, a. a. O., S. 22.
455 Der Spiegel 39/2011, S. 119.
456 Der Bund, 6.12.2011, S. 17.
457 Van Gaal, Louis: Biografie, Dresden 2010, S. 158.
458 NZZ, 21.10.2009, S. 47.
459 NZZ, 8.3.2011, S. 47.
460 Ebd.
461 NZZ, 23.9.2011.
462 Sonntag, 2.10.2011, S. 34.
463 Van Gaal, a. a. O., S. 99.
464 Der Bund, 6.12.2011, S. 17.
465 Ebd., S. 55.
466 Ebd., S. 79.
467 Kanu, Nwankwo, in: Van Gaal, a. a. O., S. 267.
468 NZZ am Sonntag, 17.4.2011, S. 44.
469 Sprenger, Reinhard K.: Gut aufgestellt. Fussballstrategien für Manager, Frankfurt am Main 2008, S. 132.
470 Der Bund, 24.3.2011, S. 17.

4.5 Besonderheiten der Führung in Extremsituationen
471 Der Bund, 20.10.2010, S. 7.
472 Ebd.
473 Gladwell, Malcolm: Überflieger, Frankfurt am Main 2009, S. 182 f.
474 Zinman, David, «Zum Führen braucht es nicht viele Worte», in: Sonderbeilage NZZ, 1.6.2011, S. 3.
475 Van Gaal, a. a. O., S. 220.
476 Ebd., S. 145.
477 Loehr, James E.: Die neue mentale Stärke, sportliche Bestleistung durch mentale, emotionale und psychische Konditionierung, München 1998, S. 24 ff.
478 Ebd., S. 34.
479 NZZ, 14.10.2011, S. 52.
480 Die Weltwoche 7/2003, S. 77.

5 Führung in der Revolution

5.1 Robespierre
481 Sieburg, Friedrich: Robespierre, München 1963, S. 43.
482 Pernoud, Georges, und Fleisser, Sabine (Hrsg.): Die Französische Revolution in Augenzeugenberichten, München 1976, S. 19.
483 Ebd., S. 20.
484 Sieburg, a. a. O., S. 66.
485 Zweig, Stefan: Joseph Fouché, Bildnis eines politischen Menschen, Frankfurt am Main 1999, S. 25.
486 Ebd.
487 Sieburg, a. a. O., S. 76.
488 Pernoud et al., a. a. O., S. 403.
489 Sieburg, a. a. O., S. 123 f.
490 Ebd., S. 101 f.
491 Ebd., S. 102.
492 Ebd.
493 Ebd., S. 101 ff.
494 Ebd., S. 184.
495 Zweig, Fouché, a. a. O., S. 73.
496 Sieburg, a. a. O., S. 207.
497 Zweig, Fouché, a. a. O., S. 9.
498 Ebd., S. 12.
499 Sieburg, a. a. O., S. 38.

500 Ebd., S. 153.
501 Zweig: Fouché, a. a. O., S. 73.
502 Soboul, Albert: Die grosse französische Revolution, Frankfurt am Main 1973, S. 290.
503 Ebd., S. 26.
504 Sieburg, a. a. O., S. 27.
505 Musulin, Janko (Hrsg.): Proklamationen der Freiheit, Dokumente von der Magna Charta bis zum ungarischen Volksaufstand, Frankfurt am Main 1963, S. 75.
506 Sieburg, a. a. O., S. 96.
507 Sieburg, a. a. O., S. 96 f.
508 Ebd., S. 113.
509 Ebd., S. 117.
510 Soboul, a. a. O., S. 336.
511 Sieburg, a. a. O., S. 25.
512 Musulin, a. a. O., S. 88.
513 Sieburg, a. a. O., S. 144.
514 Ebd., S. 162.
515 Ebd., S. 68 f.
516 Ebd., S. 76.
517 Ebd.
518 Ebd., S. 77.
519 Ebd., S. 88.

5.2 Lenin

520 Hofmann, Werner: Ideengeschichte der sozialen Bewegung, Berlin 1971, S. 209.
521 Ebd., S. 211.
522 Lenin, W. I.: Was tun? Brennende Fragen unserer Bewegung, Berlin 1974, S. 8.
523 Gross, Babette: Willi Münzenberg. Eine politische Biographie, Stuttgart 1967, S. 80.
524 Ebd., S. 81.
525 Buber-Neumann, Margarete: Kriegsschauplätze der Weltrevolution, Stuttgart 1967, S. 42.
526 Ebd., S. 44.
527 Lenin, a. a. O., S. 7.
528 Ebd., S. 173.
529 Ebd., S. 173.
530 Lenin-Studienausgabe, Band 1, Frankfurt am Main 1969, S. 136.
531 Buber-Neumann, a. a. O., S. 55.

532 Gross, a. a. O., S. 82 f.
533 Lenin, a. a. O., S. 9.
534 Stalin, Josef W.: Zu den Fragen des Leninismus, Frankfurt am Main 1970, S. 135.
535 Ebd., S. 140 f.
536 Ebd., S. 140.
537 Reed, John: Zehn Tage, die die Welt erschütterten, Berlin 1973, S. 180 f.
538 Solschenizyn, Alexander: Lenin in Zürich, Zürich 1975, S. 106.
539 Egger, Heinz: Die Entstehung der kommunistischen Partei der Schweiz, Zürich 1952, S. 85.

5.3 Buenaventura Durruti

540 Enzensberger, Hans Magnus: Der kurze Sommer der Anarchie, Buenaventura Durrutis Leben und Tod, Frankfurt am Main 1977, S. 149.
541 Ebd., S. 77.
542 Ebd., S. 76.
543 Joll, James: Die Anarchisten, Frankfurt am Main 1966, S. 39.
544 Ebd., S. 107.
545 Ebd.
546 Enzensberger, a. a. O., S. 55.
547 Ebd., S. 63.
548 Ebd., S. 81.
549 Ebd., S. 82.
550 Ebd., S. 127.
551 Ebd., S. 135.
552 Ebd., S. 136.
553 Ebd., S. 137.
554 Ebd., S. 139.
555 Ebd., S. 137.
556 Ebd., S. 139.
557 Ebd.
558 Ebd., S. 279.
559 Ebd., S. 98.
560 Ebd., S. 235.
561 Ebd., S. 76.
562 Ebd., S. 146.
563 Ebd., S. 97.
564 Ebd., S. 167.
565 Ebd.
566 Ebd.

567 Rosenberg, Arthur: Geschichte des Bolschewismus, Frankfurt am Main 1966, S. 154.
568 Enzensberger, a. a. O., S. 212.
569 Ebd., S. 150.
570 Ebd., S. 192.
571 Ebd., S. 153.
572 Ebd., S. 219.
573 Ebd., S. 226.

5.4 Besonderheiten der Führung in der Revolution

574 Joll, a. a. O., S. 9.
575 Ebd., S. 17.
576 Enzensberger, Hans Magnus: «Das Ende der Konsequenz», in: Politische Brosamen, Frankfurt am Main 1985, S. 13.
577 Ebd., S. 15.
578 Solschenizyn, a. a. O., S. 133.
579 Hamel, Gary: Das Ende des Managements, Unternehmungsführung im 21. Jahrhundert, Berlin 2008.
580 Ebd., S. 118 f.
581 Ebd., S. 128.
582 Sieburg, a. a. O., S. 158.
583 Blanning, Tim: Triumph der Musik. Von Bach bis Bono, München 2010, S. 286.
584 Andersch, Alfred: Efraim, Zürich 1967, S. 157.

6 Führung in der Wirtschaft

6.1 Frederick W. Taylor

585 Hebeisen, Walter: F. W. Taylor und der Taylorismus, über das Wirken und die Lehre Taylors und die Kritik am Taylorismus, Zürich 1999, S. 37.
586 Ebd., S. 65.
587 Ebd., S. 90.
588 Ebd., S. 113.
589 Ebd., S. 149 f.
590 Ebd., S. 31 f.
591 Ebd., S. 61.
592 Ebd., S. 143.
593 Ebd., S. 46.
594 Ebd., S. 87.

595 Ebd., S. 97 f.
596 Ebd., S. 109 f.
597 Ebd., S. 157.
598 Drucker, Peter F., zitiert nach Hebeisen, a. a. O., S. 170.
599 Hebeisen, a. a. O., S. 121.
600 The Cult of Three Cultures, in: strategy+business, issue 24, S. 25.

6.2 Henry Ford

601 Ford, Henry: Mein Leben und Werk, Leipzig 1923, S. VII.
602 Ebd., S. 27.
603 Ebd., S. 26.
604 Ebd., S. 32.
605 Ebd., S. 38.
606 Ebd., S. 42.
607 Ebd., S. 58.
608 Ebd., S. 59.
609 Ebd., S. 2 f.
610 Ebd., S. 8.
611 Ebd., S. 11.
612 Ebd., S. 14.
613 Ebd., S. 163.
614 Ebd., S. 22 f.
615 Ebd., S. 15 f.
616 Ebd., S. 165.
617 Ebd., S. 170.
618 Ebd., S. 171.
619 Ebd., S. 187.
620 Ebd., S. 83.
621 Ebd.
622 Penzel, Matthias: Objekte im Rückspiegel sind oft näher, als man denkt, orange-press GmbH 2011, S. 120.
623 Ford, a. a. O., S. VIII.
624 Ebd., S. 126.
625 Ebd., S. 89.
626 Ebd., S. 94.
627 Ebd., S. 93.
628 Ebd., S. 94.
629 Ebd., S. 101.
630 Ebd., S. 120.
631 Ebd., S. 117.
632 Ebd., S. 129.

633 Ebd., S. 131.
634 Ebd., S. 122.
635 Ebd., S. 111.
636 Ebd.
637 Ebd., S. 135.
638 Ebd., S. 136.
639 Ebd., S. 145.
640 Ebd., S. 151.
641 Ebd.
642 Ebd., S. 153.
643 Ebd., S. 160.
644 Ebd., S. 159.
645 Ebd., S. 22.
646 Ebd., S. 173.
647 Ebd., S. 203.
648 Ebd., S. 54.
649 Ebd., S. 98 ff.
650 Ebd., S. 113.
651 Ebd., S. 23.
652 Ebd., S. 60.
653 Ebd., S. 168.
654 Ebd., S. 112.
655 Ebd., S. 114.
656 Ebd., S. 115.
657 Ebd., S. 115.
658 Ebd., S. 116.
659 Ebd., S. 109.
660 Ebd., S. 308.
661 Ebd., S. 310.
662 Ebd., S. 317.
663 Ebd., S. 192 f.
664 Ebd., S. 189.
665 Ebd., S. 189.
666 Ebd., S. 193.
667 Ebd., S. 321.
668 Ebd., S. 314.
669 Ebd., S. 183.
670 Ebd., S. 184.
671 Ebd., S. 295.
672 Der Spiegel 46/2011, S. 52.

6.3 Lee Iacocca

673 Iacocca, Lee: Eine amerikanische Karriere, Düsseldorf 1985, S. 64.
674 Penzel, a. a. O., S. 158.
675 Iacocca, Amerikanische Karriere, a. a. O., S. 133.
676 Ebd., S. 195.
677 Ebd., S. 201.
678 Ebd., S. 239.
679 Iacocca, Lee: Mein amerikanischer Traum, Talking Straight, Düsseldorf 1988, S. 71.
680 Iacocca, Amerikanische Karriere, S. 57.
681 Ebd., S. 58.
682 Ebd., S. 202.
683 Ebd., S. 89.
684 Ebd.
685 Ebd., S. 73.
686 Ebd., S. 77.
687 Iacocca, Amerikanischer Traum, a. a. O., S. 99 f.
688 Ebd., S. 215.
689 Ebd., S. 214.
690 Ebd., S. 102.
691 Ebd., 297.
692 Ebd., S. 101.
693 Iacocca, Amerikanische Karriere, a. a. O., S. 62 ff.
694 Ebd., S. 68.
695 Ebd., S. 67.
696 Ebd.
697 Ebd., S. 81.
698 Ebd., S. 77 f.
699 Ebd., S. 228.
700 Ebd., S. 94.
701 Ebd., S. 104.
702 Ebd., S. 334.
703 Ebd., S. 189.
704 Ebd., S. 290.
705 Ebd., S. 293.
706 Ebd., S. 298.
707 Ebd., S. 238.
708 Iacocca, Amerikanischer Traum, a. a. O., S. 139.
709 Iacocca, Amerikanische Karriere, a. a. O., S. 214.
710 Iacocca, Amerikanischer Traum, a. a. O., S. 110 ff.
711 www.snopes.com/politics/soapbox/iacocca.asp

712 Iacocca, Amerikanischer Traum, a. a. O., S. 160.
713 Ebd., S. 161 f.
714 Ebd., S. 187.
715 Ebd.
716 Ebd.
717 Ebd., S. 188.
718 Ebd.
719 Ebd., S. 115.
720 Ebd., S. 119.
721 Ebd., S, 127.
722 Ebd., S. 122 f.
723 Ebd., S. 299.
724 Ebd., S. 220.
725 Ebd., S. 133.
726 Ebd., S. 135.
727 Ebd.
728 Ebd., S. 137.
729 Ebd.
730 Ebd., S. 107.
731 Iacocca, Amerikanische Karriere, a. a. O., S. 152.
732 Iacocca, Amerikanischer Traum, a. a. O., S. 241.
733 Ebd., S. 242.
734 Ebd., S. 95.
735 Ebd., S. 97.
736 Ebd., S. 172.
737 Ebd., S. 97.
738 Iacocca, Amerikanische Karriere, a. a. O., S. 183.
739 Ebd., S. 199.
740 Ebd., S. 183.

6.4 Jack Welch

741 Welch, Jack: Was zählt. Die Autobiografie des besten Managers der Welt, München 2005, S. 42.
742 Ebd., S. 43.
743 Ebd.
744 Ebd., S. 122.
745 Ebd., S. 123 ff.
746 Ebd., S. 140.
747 Ebd., S. 135.
748 Ebd., S. 124.
749 Ebd., S. 404.

750 Ebd., S. 123.
751 Ebd., S. 118.
752 Ebd., S. 400.
753 Ebd., S. 14.
754 Ebd., S. 392.
755 Ebd., S. 393.
756 Ebd., S. 36.
757 Ebd., S. 12.
758 Ebd., S. 105.
759 Ebd., S. 139.
760 Ebd., S. 406.
761 Ebd., S. 142.
762 Ebd.
763 Ebd., S. 143.
764 Ebd.
765 Ebd., S. 150.
766 Ebd., S. 438.
767 Ebd., S. 68.
768 Ebd., S. 65.
769 Ebd., S. 138.
770 Ebd., S. 170.
771 Ebd., S. 171.
772 Ebd., S. 172 ff.
773 Ebd.
774 Ebd., S. 68.
775 Ebd., S. 179.
776 Ebd.
777 Ebd., S. 188.
778 Ebd., S. 237.
779 Ebd., S. 386.
780 Ebd., S. 191.
781 Ebd.
782 Ebd., S. 217.
783 Ebd., S. 218.
784 Ebd., S. 223.
785 Ebd., S. 405.
786 Ebd., S. 224 ff.
787 Ebd., S. 209.
788 Ebd., S. 311.
789 Ebd., S. 209.
790 Ebd., S. 312.

791 Ebd., S. 311.
792 Ebd., S. 338 ff.
793 Ebd., S. 341 f.
794 Ebd., S. 439.
795 Ebd., S. 343.
796 Ebd., S. 350.
797 Ebd., S. 348.
798 Ebd., S. 352.
799 Ebd., S. 106.
800 Ebd.
801 Ebd., S. 107.
802 Ebd., S. 150 f.
803 Ebd., S. 197.
804 Ebd., S. 198.
805 Ebd.
806 Ebd., S. 387.

6.5 Toyota

807 Liker, Jeffrey K.: Der Toyota-Weg, 14 Managementprinzpien des weltweit erfolgreichsten Automobilkonzerns, Augsburg 2006, S. 42.
808 Ebd., S. 43.
809 Ebd.
810 Ebd., S. 44.
811 Ebd., S. 46.
812 Ebd.
813 Ebd., S. 47.
814 Ebd.
815 Ebd., S. 48 f.
816 Ebd.
817 Ebd., S. 50.
818 Ebd., S. 51.
819 Ebd., S. 51 f.
820 Ebd., S. 30.
821 Ebd., S. 41.
822 Ebd., S. 212.
823 Ebd., S. 38 f.
824 Ebd., S. 26.
825 NZZ Nr. 181 2005, S. 21.
826 NZZ-Folio 10/2009, S. 38.
827 Ebd., S. 42.
828 Ebd.

829 Liker, a. a. O., S. 71 ff.
830 Ebd., S. 30.
831 Ebd., S, 35.
832 Ebd., S. 10.
833 Ebd., S. 13.
834 Ebd., S. 249.
835 Ebd., S. 35.
836 Ebd., S. 36.
837 Ebd., S. 127 f.
838 S. auch: Toyota – Weltmarktführer dank abgeschottetem Heimmarkt, in NZZ, 25.4.2008, S. 30.
839 Ebd., S. 335.
840 Ebd.
841 Ebd., S. 333.
842 Ebd., S. 213.
843 Ebd., S. 211 ff.
844 Ebd., S. 211.
845 Ebd., S. 39.
846 Ebd.
847 Der Spiegel 3/2008, S. 116.
848 Ebd.
849 NZZ, 9.5.2011, S. 30.
850 NZZ, 6.10.2009, S. 27.
851 Der Bund, 2.12.2011, S. 2.
852 Ebd.
853 Ebd.
854 Der Spiegel 9/2010, S. 78.
855 NZZ, 8.2.2010, S. 18.
856 Ebd.
857 NZZ, 20.4.2011, S. 25.
858 Ebd.
859 NZZ, 6.4.2010, S. 25.
860 Ebd.
861 Ebd.
862 NZZ, 9.2.2011, S. 29.
863 Süddeutsche Zeitung, 10./11.12.2011, S. 29.
864 NZZ, 11.3.2011, S. 29.

6.6 Steve Jobs
865 Der Spiegel 41/2011.
866 Isaacson, Walter: Steve Jobs, München 2011, S. 22.

867 Ebd., S. 24.
868 Ebd., S. 35.
869 Ebd.
870 Ebd., S. 36.
871 Ebd., S. 42.
872 Ebd., S. 49.
873 Ebd., S. 51.
874 Ebd., S. 59.
875 Ebd., S. 63.
876 Ebd., S. 66.
877 Ebd., S. 65.
878 Ebd., S. 66.
879 Ebd., S. 80.
880 Ebd., S. 83.
881 Ebd., S. 103.
882 Ebd., S. 124 f.
883 Ebd., S. 125.
884 Ebd., S. 129.
885 Ebd., S. 136.
886 Ebd., S. 138.
887 Ebd., S. 180.
888 Ebd., S. 223.
889 Ebd., S. 262.
890 Ebd., S. 357.
891 Ebd., S. 16.
892 Ebd., S. 81.
893 Ebd., S. 175.
894 Ebd., S. 139.
895 Ebd., S. 387.
896 Ebd., S. 169.
897 Ebd., S. 168.
898 Ebd., S. 482.
899 Ebd., S. 105.
900 Ebd., S. 153 ff.
901 Ebd., S. 154.
902 Ebd., S. 155.
903 Ebd.
904 Ebd., S. 403.
905 Ebd., S. 460.
906 Ebd., S. 395.
907 Ebd., S. 397.

908 Ebd., S. 446.
909 Ebd., S. 657.
910 Ebd., S. 593.
911 Ebd., S. 123.
912 Ebd., S. 218.
913 Ebd., S. 447.
914 Ebd., S. 172.
915 Ebd., S. 60.
916 Ebd., S. 380.
917 Ebd., S. 146.
918 Ebd.
919 Ebd., S. 193.
920 Ebd., S. 224.
921 Ebd., S. 147.
922 Ebd., S. 132.
923 Ebd., S. 88.
924 Der Spiegel 41/2011, S. 70.
925 Isaacson, a. a. O., S. 148 f.
926 Ebd., S. 152.
927 Ebd., S. 173.
928 Ebd., S. 152.
929 Ebd., S. 203.
930 Ebd., S. 391.
931 Ebd., S. 397.
932 Ebd., S. 412.
933 Ebd., S. 418.
934 Ebd., S. 428.
935 Ebd., S. 197.
936 Ebd., S. 416.
937 Ebd., S. 429.
938 Ebd., S. 538.
939 Ebd.
940 Ebd., S. 661.
941 Ebd., S. 247.
942 Ebd., S. 57.

6.7 **Besonderheiten der Führung in der Wirtschaft**
943 Iacocca, Amerikanische Karriere, S. 13.
944 Ebd., S. 87.
945 Der Spiegel 41/2011, S. 70.
946 Hebeisen, a. a. O., S. 109.

947 Ford, a. a. O., S. 107.
948 Iacocca, Amerikanische Karriere, S. 124.
949 Isaacson, a. a. O., S. 426.
950 Gladwell, a. a. O., S. 180 ff.
951 Liker, a. a. O., S. 277.
952 Ebd., S. 279.
953 Ebd., S. 278.
954 Isaacson, a. a. O., S. 611.
955 Iacocca, Amerikanischer Traum, S. 135.
956 Welch, a. a. O., S. 390.
957 Ford, a. a. O., S. 154.
958 Ebd., S. 207.
959 Wolfe, Tom: Fegefeuer der Eitelkeiten, München 1988.
960 Ebd., S. 21.
961 Ebd., S. 76.
962 Ebd., S. 77.
963 Ebd., S. 79.
964 Ford, a. a. O., S. 173.
965 Iacocca, Amerikanische Karriere, S. 14.
966 Welch, a. a. O., S. 135 ff.
967 Isaacson, a. a. O., S. 661.
968 manager magazin 4/2007, S. 38.
969 Der Spiegel 8/2008, S. 86.
970 Süddeutsche Zeitung, 29.7.2005, S. 3.

7 Frauen führen

7.1 Maria Theresia

971 Vallotton, Henry: Maria Theresia. Die Frau, die ein Weltreich regierte, München 1981, S. 18 f.
972 Ebd., S. 22.
973 Ebd., S. 47 f.
974 Ebd., S. 94.
975 Ebd., S. 95.
976 Ebd., S. 100.
977 Ebd., S. 112.
978 Ebd., S. 143 f.
979 Ebd., S. 240.
980 Ebd., S. 185.
981 Ebd., S. 278.

982 Ebd., S. 20.
983 Ebd., S. 21.
984 Ebd., S. 27.
985 Ebd., S. 26.
986 Ebd., S. 27.
987 Ebd., S. 43.
988 Ebd., S. 293.
989 Ebd., S. 24.
990 Ebd., S. 295.
991 Ebd., S. 294.
992 Ebd., S. 123.
993 Ebd., S. 118.
994 Ebd., S. 33.
995 Ebd., S. 53.
996 Ebd., S. 87.
997 Ebd., S. 296 f.
998 Ebd., S. 292.
999 Ebd., 113 f.
1000 Ebd., S. 299.
1001 Ebd., S. 24.
1002 Ebd.
1003 Ebd., S. 90.
1004 Ebd., S. 112.
1005 Ebd., S. 45.
1006 Ebd., S. 87.
1007 Ebd., S. 281.
1008 Ebd., S. 300.
1009 Ebd.

7.2 Frauen in Politik und Wirtschaft

1010 Moore, Charles, in: Die Weltwoche, 5.12, S. 44.
1011 Popitz, a. a. O., S. 48.
1012 Ebd., S. 47.
1013 Der Spiegel 48/2011, S. 32.
1014 Ebd., S. 33.
1015 Ebd. S. 34.
1016 Ebd.
1017 Ebd., S. 35.
1018 Der Spiegel 48/2011, S. 32 ff.
1019 Ebd.
1020 Der Spiegel 3/2012, S. 92.

1021　Ebd.
1022　www.zdnet.de
1023　NZZ am Sonntag, 18.9.2011, S. 41.
1024　Ebd.
1025　Ebd.
1026　Ebd.
1027　NZZ, 24.1.2012, S. 54.
1028　Der Spiegel 2/2012, S. 131.
1029　Ebd.
1030　NZZ, 21.2.2011, S. 15.
1031　NZZ am Sonntag, 18.9.2011, S. 41.

7.3　Besonderheiten der Führung durch Frauen

1032　Schaufler, Birgit: Frauen in Führung. Von Kompetenzen, die erkannt und genutzt werden wollen, Bern 2000, S. 31.
1033　Ebd., S. 21.
1034　Ebd.
1035　Ebd., S. 18.
1036　Bauer-Jelinek, Christine: Die helle und die dunkle Seite der Macht. Wie Sie Ihre Ziele durchsetzen, ohne Ihre Werte zu verraten, Salzburg 2009, S. 133 f.
1037　Ebd., S. 134.
1038　Ebd., S. 135.
1039　Schaufler, a. a. O., S. 35 f.
1040　Ebd., S. 21.
1041　Bauer-Jelinek, a. a. O., S. 133.
1042　Ebd., S. 29.
1043　Ebd., S. 32.
1044　Ehrhardt Ute: Gute Mädchen kommen in den Himmel, böse überall hin. Warum Bravsein uns nicht weiterbringt, Frankfurt am Main 1994.
1045　Ebd., S. 31.
1046　Ebd., S. 70.
1047　Ebd., S. 218 f.
1048　Bauer-Jelinek, a. a. O., S. 165.
1049　Stephan, Cora: Frauen an die Macht? – Über ein Missverständnis, in: NZZ, 8.2.2011, S. 21.
1050　Schaufler, a. a. O., S. 20.
1051　Ebd., S. 42 f.
1052　Ebd., S. 43.
1053　Kunz O'Neill, Christine: Frauen in der Führung, Mythen und Fakten, Aarau 2004, S. 27.

1054 Ebd., S. 39 ff.
1055 Bauer-Jelinek, a. a. O. S. 137.
1056 Der Spiegel 2/2012, S. 28.
1057 Ebd.
1058 Ebd., S,. 30.
1059 Der Spiegel 6/2011, S. 21.
1060 Kunz O'Neill, a. a. O., S. 16.
1061 Bauer-Jelinek, S. 140 f.
1062 Kunz O'Neill, a. a. O., S. 19.
1063 Ebd., S. 59 ff.
1064 Ebd., S. 69.
1065 Ebd., S. 41.

Teil 2 Die grossen Themen der Führung

1 Macht

1066 Weber, Max: Wirtschaft und Gesellschaft, Tübingen 1956, S. 38.
1067 Popitz, Heinrich: Phänomene der Macht, Tübingen 1992, S. 15.
1068 Ebd., S. 17.
1069 Ebd., S. 136.
1070 Ebd., S. 18.
1071 Jepsen, Maria, in: Schaufler, a. a. O., S. 36.
1072 Popitz, a. a. O., S. 19.
1073 Ebd., S. 17.
1074 Weber, Max: Politik als Beruf, in: Ausgewählte Schriften, Potsdamer Internet-Ausgabe, 1999, S. 436.
1075 Ebd.
1076 Popitz, a. a. O., S. 23 ff.
1077 Ebd., S. 33.
1078 Ebd., S. 232.
1079 Weber, Wirtschaft und Gesellschaft, S. 38.
1080 Ebd., S. 159.
1081 Blanning, Tim: Triumph der Musik, Von Bach bis Bono, München 2010, S. 60.
1082 Popitz, a. a. O., S. 234.
1083 Ebd., S. 157.
1084 Weber, Politik als Beruf, a. a. O., S. 437.
1085 Bauer-Jelinek, a. a. O., S. 13.

2 Autorität

1086 Popitz, a. a. O., S. 104.
1087 Ebd., S. 105.
1088 Ebd., S. 105 f.
1089 Ebd., S. 107.
1090 Ebd., S. 108 ff.
1091 Ebd., S. 119.
1092 Ebd., S. 119 f.
1093 Ebd., S. 120 f.
1094 Ebd., S. 122.
1095 Ebd., S. 132 f.
1096 Ebd., S. 252 f.
1097 Ebd., S. 122.
1098 Ebd., S. 235.
1099 Moore, Charles, a. a. O. S. 46.
1100 Ebd., S. 148.
1101 Ebd., S. 138.
1102 Avolio, B. J., and Bass, B. M.: Multifactor Leadership Questionnaire, Manual, Lincoln 2004, S. 3 ff.
1103 Ebd.
1104 Klaus, Jonas, und Heilmann, Tobias, in: Von der Kunst, die Mitarbeiter zu «verwandeln», in: Sonderbeilage NZZ, 1.6.2011, S. 7.
1105 Ebd.
1106 Popitz, a. a. O., S. 147.
1107 Ebd., S. 131.
1108 Goleman, Daniel: Working with Emotional Intelligence, New York 1998.
1109 Popitz, a. a. O., S. 131.
1110 Zweig, Castellio gegen Calvin, a. a. O., S. 13.

3 Hierarchie

1111 Weber, Wirtschaft und Gesellschaft, a. a. O., S. 703.
1112 Mika, Bascha, in: Die Weltwoche 8.11, S. 50.
1113 NZZ-Folio 1/2011, S. 85.
1114 Gladwell, Malcolm: Tipping Point. Wie kleine Dinge Grosses bewirken können, München 2002, S. 213 ff.
1115 Dobelli, Rolf, in: Sonntags-Zeitung, 29.1.2012, S. 20.
1116 Der Bund, 20.10.2010, S. 7.

4 Menschenbild

1117 Der Spiegel 6/2012, S. 64.
1118 Ebd.

5 Verantwortung

1119 Weber, Politik als Beruf, a. a. O., S. 441.
1120 Ebd., S. 444.
1121 Ebd., S. 441.
1122 Comte-Sponville, André: Ermutigung zum unzeitgemässen Leben. Ein kleines Brevier der Tugenden und Werte, Hamburg 1995, S. 56.
1123 Blocher, Christoph, NZZ, 17.12.2011, S. 15.
1124 Historisches Wörterbuch der Philosophie, Bd. 10, Basel 1998, S. 261.
1125 Ebd., S. 435.
1126 Malik, Fredmund: Führen Leisten Leben. Wirksames Management für eine neue Zeit, Stuttgart 2003, S. 60.
1127 Gladwell, Malcom: Tipping Point, a. a. O., S. 39.
1128 Drucker, Peter: The Daily Drucker, New York 2004, S. 110.

6 Moral, Ethik, Tugend, Werte

1129 Comte-Sponville, André: Kann Kapitalismus moralisch sein?, Zürich 2009, S. 17.
1130 Das Magazin 8/2012, S. 4.
1131 Ebd., S. 75.
1132 Ebd., S. 28.
1133 Ebd., S. 48.
1134 Ebd., S. 46.
1135 Brodbeck, Karl-Heinz: Ethik und Moral. Eine kritische Einführung, eBook, Würzburg 2003, S. 33.
1136 Ebd., S. 42.
1137 Comte-Sponville, Ermutigung zum unzeitgemässen Leben, a. a. O., S. 15.
1138 Ebd., S. 49 f.
1139 Ebd., S. 52.
1140 Ebd., S. 72 f.
1141 Ebd., S. 73.
1142 Ebd., S. 77.
1143 Ebd., S. 80.

1144 Ebd., S. 80.
1145 Ebd., S. 81.
1146 Ebd., S. 58.
1147 Ebd., S. 29.
1148 Ebd., S. 262.
1149 io new management 3/2010, S. 13.
1150 Ebd., S. 14.
1151 Nida-Rümelin, Julian: Verantwortung, Stuttgart 2011, S. 171 f.

8 Glaubwürdigkeit und Vertrauen

1152 Weber, Wirtschaft und Gesellschaft, a. a. O., S. 440.
1153 Clausewitz, Vom Kriege, a. a. O., S. 79.
1154 Weber, Wirtschaft und Gesellschaft, S. 38.

9 Disziplin

1155 Ebd., S. 159.
1156 Ebd., S. 873.
1157 NZZ, 19.1.2012, S. 7.
1158 Baumeister, Roy, und Tierney, John: Die Macht der Disziplin, Frankfurt am Main 2012.
1159 Popitz, a. a. O., S. 105.

10 Loyalität

1160 Kapuscinski, a. a. O., S. 74.
1161 Mertes, Klaus: Widerspruch aus Loyalität, Würzburg 2009, S. 13.
1162 Ebd., S. 17.
1163 Ebd., S. 20.
1164 Sprenger, a. a. O., S. 147.
1165 Das Magazin 25/2007, S. 14 ff.
1166 Der Spiegel 2/2010, S. 131.

11 Kritik und Widerspruch

1167 Mertes, a. a. O., S. 10.
1168 Ebd., S. 26.

12 Motivation

1169 Loehr, a. a. O., S. 43 ff.
1170 Ford, a. a. O., S. 310.
1171 Ebd.

13 Antizipieren

1172 Oetinger et al., a. a. O., S. 152.
1173 Ebd., S. 97.
1174 Taleb, Nassim Nicholas: Der Schwarze Schwan. Die Macht höchst unwahrscheinlicher Ereignisse, München 2008, S. 256.
1175 Oetinger et al., a. a. O., S. 152.
1176 Drucker, a. a. O., S. 112.
1177 Taleb, a. a. O., S. 10.
1178 Ebd., S. 253 ff.
1179 Ebd., S. 256.

14 Kultur

1180 Katzenbach, Jon, and Harshak, Ashley: «Stop Blaming your Culture», in: strategie + business, published by Booz & Company, Issue 62, 2011, S. 35.

15 Das oberste Führungsteam

1181 Weber, Wirtschaft und Gesellschaft, a. a. O., S. 1083.
1182 Drucker, a. a. O., S. 109.
1183 Zwygart, a. a. O., S. 63.

16 Entscheiden

1184 Ebd., S. 14.
1185 NZZ, 4.1.2012, S. 23.
1186 Liker, Jeffrey K., a. a. O., S. 335.
1187 Clark, Christopher, a. a. O., S. 238.
1188 Weber, Wirtschaft und Gesellschaft, a. a. O., S. 202.

17 Lernen

1189 Taleb, a. a. O., S. 252.
1190 Zweig, Fouché, a. a. O., S. 107.
1191 Loehr, a. a. O., S. 155.

18 Komplexität reduzieren

1192 Oetinger et al., a. a. O., S. 63.
1193 Malik, Fredmund: Management. Das A und O des Handwerks, Frankfurt am Main 2005, S. 38.
1194 The Economist, 5.3.2010, S. 11 ff.
1195 Reynolds, Garr: ZEN oder die Kunst der Präsentation, München 2008, S. 17.
1196 Der Spiegel 11/2010, S. 124 ff.
1197 Goleman, a. a. O., S. 33.
1198 Reynolds, a. a. O., S. 49.
1199 Comte-Sponville, a. a. O., S. 191.

19 Kommunizieren

1200 Ueding, Gert: Klassische Rhetorik, München 2005, S. 21.
1201 Iacocca, Amerikanische Karriere, S. 34 f.
1202 Ebd.
1203 Ebd., S. 11.
1204 Ebd., S. 23.
1205 Ueding, Gert: Moderne Rhetorik. Von der Aufklärung bis zur Gegenwart, München 2000, S. 28.
1206 Ueding, Klassische Rhetorik, a. a. O., S. 43.
1207 Ebd., S, 35.

1208 Ueding, Moderne Rhetorik, a. a. O., S. 40.
1209 Isaacson, a. a. O., S. 611.
1210 Sevcik, Thomas: «Die Kirche, der Megabrand», in: persönlich, Juli/August 2006, S. 48.
1211 Iacocca, Amerikanischer Traum, S. 81.
1212 Die Weltwoche 5.12, S. 49.
1213 Der Spiegel 15/2009, S. 30.

20 Typen von Führungssituationen

1214 Weber, Politik als Beruf, a. a. O., S. 449.
1215 Enzensberger, Hans Magnus, in: du, September 1999, S. 22.
1216 NZZ, 9.2.2012, S. 33.
1217 Loehr, a. a. O., S. 118.

21 Handwerk oder Kunst

1218 Malik, Management, a. a. O., S. 12.
1219 Ebd., S. 32.

Teil 3   Das Muster für erfolgreiche Führung

2 Die sieben Schlüsselfaktoren

2.1   Sachverstand
1220 Gladwell, Überflieger, a. a. O., S. 36 ff.
1221 Dornek, Johanna: Benediktinische Impulse, Münsterschwarzach 2005, S. 3.
1222 Ueding, Gert: Klassische Rhetorik, a. a. O., S. 42.
1223 Barenboim, Daniel, in: Das Magazin 34/2011, S. 8.
1224 Loehr, a. a. O., S. 51 ff.

2.2   Leidenschaft
1225 Zitiert nach NZZ-Folio 4/2012, S. 36.
1226 Clausewitz, a. a. O., S. 75.
1227 Ebd., S. 76.
1228 Ebd., S. 77.

2.3 «Alpha-Gen»
1229 Weber, Wirtschaft und Gesellschaft, a. a. O., S. 179 ff.
1230 Ebd., S. 835.
1231 Ebd., S. 838.
1232 Ebd., S. 864.
1233 Ebd., S. 852.
1234 Ebd.
1235 Ebd., S. 841.
1236 Malik, Fredmund: Gefährliche Managementwörter: und warum man sie vermeiden sollte, Frankfurt am Main 2004, S. 16.
1237 Gladwell, Überflieger, a. a. O., S. 73.

2.4 Tatkraft
1238 Steidle, a. a. O., S. 63.
1239 Ebd., S. 65.
1240 Comte-Sponville, Ermutigungen, a. a. O., S. 8.

2.5 Einfachheit
1241 NZZ-Folio 4/2012, S. 22.
1242 Reynolds, Garr: ZEN oder die Kunst der Präsentation, München 2008.
1243 Ebd., S. 6.
1244 Ebd., S. 49.

2.6 Team-Building
1245 Sprenger, a. a. O., S. 130.
1246 Weber, Wirtschaft und Gesellschaft, a. a. O., S. 839.

2.7 Beharrlichkeit
1247 Loehr, a. a. O., S. 155.

Literaturverzeichnis

Alexander, Caroline: Die Endurance, Shakletons legendäre Expedition in die Antarktis, Berlin 1998
Andersch, Alfred: Efraim, Zürich 1967
Avolio, B. J., and Bass, B. M.: Multifactor Leadership Questionnaire, Manual, Lincoln 2004

Bauer-Jelinek, Christine: Die helle und die dunkle Seite der Macht. Wie Sie Ihre Ziele durchsetzen, ohne Ihre Werte zu verraten, Salzburg 2009
Baumeister, Roy, und Tierney, John: Die Macht der Disziplin, Frankfurt am Main 2012
Birnstein, Uwe: Der Reformator. Wie Johannes Calvin Zucht und Freiheit lehrte, Berlin 2009
Blanning, Tim: Triumph der Musik, Von Bach bis Bono, München 2010
Brodbeck, Karl-Heinz: Ethik und Moral. Eine kritische Einführung, eBook, Würzburg 2003
Buber-Neumann, Margarete: Kriegsschauplätze der Weltrevolution, Stuttgart 1967

Clark, Christopher: Preussen, Aufstieg und Niedergang 1600–1947, München 2008
Clausewitz von, Carl: Vom Kriege, Auswahl, Stuttgart 1980
Comte-Sponville, André: Kann Kapitalismus moralisch sein?, Zürich 2009
Comte-Sponville, André: Ermutigung zum unzeitgemässen Leben. Ein kleines Brevier der Tugenden und Werte, Hamburg 1995

Dornek, Johanna: Benediktinische Impulse, Münsterschwarzach 2005
Drucker, Peter: The Daily Drucker, New York 2004

Egger, Heinz: Die Entstehung der kommunistischen Partei der Schweiz, Zürich 1952

Ehrhardt, Ute: Gute Mädchen kommen in den Himmel, böse überall hin. Warum Bravsein uns nicht weiterbringt, Frankfurt am Main 1994

Elias, Norbert: Die höfische Gesellschaft, Frankfurt am Main 2002

Enzensberger, Hans Magnus: Der kurze Sommer der Anarchie, Buenaventura Durrutis Leben und Tod, Frankfurt am Main 1977

Enzensberger, Hans Magnus: Politische Brosamen, Frankfurt am Main 1985

Ford, Henry: Mein Leben und Werk, Leipzig 1923

Fragen an die deutsche Geschichte, Ideen, Kräfte, Entscheidungen von 1800 bis zur Gegenwart. Historische Ausstellung im Reichstagsgebäude in Berlin, Katalog, Bonn 1986

Gladwell, Malcolm: Tipping Point. Wie kleine Dinge Grosses bewirken können, München 2002

Gladwell, Malcolm: Überflieger. Warum manche Menschen erfolgreich sind – und andere nicht, Frankfurt am Main 2009

Goleman, Daniel: Working with Emotional Intelligence, New York 1998

Gross, Babette: Willi Münzenberg. Eine politische Biographie, Stuttgart 1967

Hamel, Gary: Das Ende des Managements, Unternehmungsführung im 21. Jahrhundert, Berlin 2008

Hebeisen, Walter: F. W. Taylor und der Taylorismus, über das Wirken und die Lehre Taylors und die Kritik am Taylorismus, Zürich 1999

Historisches Wörterbuch der Philosophie, Bd. 10, Basel 1998

Hoffmann, Michael: Vom Montmartre 1534 zur Formula Instituti 1539, Hauptseminararbeit im Fach Kirchengeschichte, Jena 1997, S. 17, auf: www.hoffmannfamilie.net

Hofmann, Werner: Ideengeschichte der sozialen Bewegung, Berlin 1971

Huntford, Roland: Scott & Amundsen. Dramatischer Kampf um den Südpol, München 2000

Iacocca, Lee: Eine amerikanische Karriere, Düsseldorf 1985

Iacocca, Lee: Mein amerikanischer Traum, Talking Straight, Düsseldorf 1988

Isaacson, Walter: Steve Jobs, München 2011

Joll, James: Die Anarchisten, Frankfurt am Main 1966

Kapuscinski, Ryszard: König der Könige. Eine Parabel der Macht, Frankfurt am Main 1995

Katzenbach, Jon, and Harshak, Ashley: «Stop Blaming your Culture», in: strategie + business, published by Booz & Company, Issue 62, 2011
Kershaw, Ian: Das Ende, Kampf bis zum Untergang, NS-Deutschland 1944/46, München 2011
Kunz O'Neill, Christine: Frauen in der Führung, Mythen und Fakten, Aarau 2004

Lenin, W. I.: Was tun? Brennende Fragen unserer Bewegung, Berlin 1974
Lenin-Studienausgabe, Band 1, Frankfurt am Main 1969
Liker, Jeffrey K.: Der Toyota-Weg, 14 Managementprinzpien des weltweit erfolgreichsten Automobilkonzerns, Augsburg 2006
Loehr, James E.: Die neue mentale Stärke, sportliche Bestleistung durch mentale, emotionale und psychische Konditionierung, München 1998

Machiavelli, Niccolò: Vom Staate – Vom Fürsten – Kleine Schriften, Hamburg 2010
Malik, Fredmund: Führen, Leisten, Leben: Wirksames Management für eine neue Zeit, Stuttgart 2003
Malik, Fredmund: Gefährliche Managementwörter: und warum man sie vermeiden sollte, Frankfurt am Main 2004
Malik, Fredmund: Management. Das A und O des Handwerks, Frankfurt am Main 2005
McNamara, Robert S.: Vietnam. Das Trauma einer Weltmacht, Hamburg 1996
Mertes, Klaus: Widerspruch aus Loyalität, Würzburg 2009
Morell, Margot, und Capparell, Stephanie: Shakletons Führungskunst. Was Manager von dem grossen Polarforscher lernen können, Hamburg 2003.
Musulin, Janko (Hrsg.): Proklamationen der Freiheit, Dokumente von der Magna Charta bis zum ungarischen Volksaufstand, Frankfurt am Main 1963

Nadolny, Sten: Die Entdeckung der Langsamkeit, München 1985
Nida-Rümelin, Julian: Verantwortung, Stuttgart 2011
Noll, Peter, und Bachmann, Hans Rudolf: Der kleine Machiavelli. Handbuch der Macht für den alltäglichen Gebrauch, München 1992

Oetinger, Bolko von (Hrsg.): Clausewitz – Strategie Denken, München 2001

Penzel, Matthias: Objekte im Rückspiegel sind oft näher, als man denkt, orange-press GmbH 2011
Pernoud, Georges, und Fleisser, Sabine (Hrsg.): Die Französische Revolution in Augenzeugenberichten, München 1976
Popitz, Heinrich: Phänomene der Macht, Tübingen 1992

Ransmayr, Christoph: Die Schrecken des Eises und der Finsternis, Frankfurt am Main 1998
Reed, John: Zehn Tage, die die Welt erschütterten, Berlin 1973
Reynolds, Garr: ZEN oder die Kunst der Präsentation, München 2008
Riklin, Alois: Die Führungslehre von Niccolò Machiavelli, Bern 1996
Rosenberg, Arthur: Geschichte des Bolschewismus, Frankfurt am Main 1966

Schaufler, Birgit: Frauen in Führung. Von Kompetenzen, die erkannt und genutzt werden wollen, Bern 2000
Schwarzkopf, H. Norman: Man muss kein Held sein, München 1992
Seibt, Gustav: Goethe und Napoleon. Eine historische Begegnung, München 2009
Shakletons legendäre Expedition in die Antarktis, The Endurance, Verschollen im Packeis, DVD, 2006
Sieburg, Friedrich: Robespierre, München 1963
Soboul, Albert: Die grosse französische Revolution, Frankfurt am Main 1973
Solschenizyn, Alexander: Lenin in Zürich, Zürich 1975
Sprenger, Reinhard K.: Gut aufgestellt. Fussballstrategien für Manager, Frankfurt am Main 2008
Stalin, Josef W.: Zu den Fragen des Leninismus, Frankfurt am Main 1970
Steidle, Basilius OSB (Hrsg.): Die Benediktus-Regel, lateinisch-deutsch, Beuron 1980

Taleb, Nassim Nicholas: Der Schwarze Schwan. Die Macht höchst unwahrscheinlicher Ereignisse, München 2008
Tolstoi, Lew: Krieg und Frieden, München 2010

Ueding, Gert: Klassische Rhetorik, München 2005
Ueding, Gert: Moderne Rhetorik. Von der Aufklärung bis zur Gegenwart, München 2000

Vallotton, Henry: Maria Theresia. Die Frau, die ein Weltreich regierte, München 1981
Van Gaal, Louis: Biografie, Dresden 2010

Weber, Max: Die protestantische Ethik und der Geist des Kapitalismus, München 2006
Weber, Max: Politik als Beruf, in: Ausgewählte Schriften, Potsdamer Internet-Ausgabe, 1999
Weber, Max: Wirtschaft und Gesellschaft, Tübingen 1956
Welch, Jack: Was zählt. Die Autobiografie des besten Managers der Welt, München 2005

Willms, Johannes: Napoleon. Eine Biographie, München 2008
Wolfe, Tom: Fegefeuer der Eitelkeiten, München 1988
Wright, Jonathan: Die Jesuiten – Mythos, Macht, Mission, Essen 2005/06

Zweig, Stefan: Castellio gegen Calvin oder Ein Gewissen gegen die Gewalt, Frankfurt am Main 1999
Zweig, Stefan: Joseph Fouché, Bildnis eines politischen Menschen, Frankfurt am Main 1999
Zweig, Stefan: Magellan. Ein Mann und seine Tat, Frankfurt am Main 2007
Zwygart, Ulrich: Wie entscheiden Sie? Entscheidungsfindung in schwierigen Situationen – mit Fallbeispielen von Hannibal über John F. Kennedy bis Jack Welch, Bern 2007

Beiträge und Interviews aus folgenden Zeitungen und Zeitschriften:
Das Magazin
Der Bund
Der Sonntag
Der Spiegel
Die Weltwoche
du
Frankfurter Allgemeine Zeitung
io new management
manager magazin
Neue Zürcher Zeitung (NZZ)
NZZ am Sonntag
NZZ-Folio
persönlich
Sonntags-Zeitung
strategie + business
Süddeutsche Zeitung
The Economist

Internetquellen:
www.jesuiten.org
www.snopes.com/politics/soapbox/iacocca.asp
www.stimmen-der-zeit.de
www.zdnet.de

Personen- und Sachregister

Abramowitsch, Roman 84
Abramson, Jill 175
Alexander, Caroline 81, 83
Alpha-Gen 241, 253 f.
Ambler, Eric 9, 188, 240
Amelio, Gil 152
Amundsen, Roald 75 ff., 80 f., 89, 195, 203, 207, 210, 212, 220, 229, 235, 249, 260 f.
Anarchie 88, 100 ff., 106 f., 152, 191
Andersch, Alfred 108, 183, 185, 247
Angst 184, 188, 200, 217
Antizipation 37, 78, 132, 173, 200, 220 f.
Arroganz 85, 133, 254
Askese 21, 24, 26, 30, 95, 104, 108
Authentizität 90
Autorität 26 f., 50, 62, 70 f., 73, 78 f., 88 f., 100, 104 f., 106 f., 169, 187 ff., 196, 203, 212, 235, 239, 245
autoritativ 187
Autonomie 33, 36, 48, 51, 133

Bachmann, Hans-Rudolf 63
Bahr, Egon 235
Bandaraneike, Sirimavo 172
Barenboim, Daniel 249
Beckham, David 85
Beharrlichkeit 169
Belohnung 57
Benedikt von Nursia 13, 27

Benediktus-Regel 13 ff., 254
Berthier, Louis-Alexandre 39
Beurteilung von Führungskräften 124, 134 f.
Birnstein, Uwe 23
Bismarck, Otto von 34
Bode, Marco 85
Bolschewiken 96 ff.
Brecht, Bertolt 214
Brupbacher, Fritz 99
Burckhardt, Jacob 169
Burns, Ursula 174, 176, 250
Bürokratie 138, 145 f., 148, 191, 218
Bush, George H. W. 50

Calvin, Johannes 22 ff., 93, 106, 195, 197, 206
Capet, Louis 92
Carlos I. 68
Carlsen, Magnus 231
Charisma 21, 38, 47, 65 f., 96, 155, 157, 185, 204, 245, 253, 259
Clausewitz, Carl von 33 f., 47, 205, 220, 231, 240, 252
Collins, Jim 146
Compliance 202, 261
Compte-Sponville, André 199 ff., 232, 240
Cook, Frederick 75
Corneille 19

Corporate Governance 17, 185, 228, 254, 261
Corporate Social Responsability 145

Danton, Georges 92, 95, 104
Delegation 126
Descartes, René 19
Dialog 21
Disziplin 24, 29, 31, 43, 46, 71, 73, 79, 86 f., 89, 98, 105 f., 119, 206 ff., 216, 253
Dogma 94, 105 f.
Drohung 184, 217
Drucker, Peter f. 114, 131, 221, 225
Durruti, Buenaventura 100 ff., 107, 184 f., 193, 197, 207, 235, 251
Dylan, Bob 218

Edison, Thomas Alva 130
Einfachheit 117 f., 126, 132 f., 153, 232, 256 ff.
Einstein, Albert 238
Eitelkeit 184, 186, 247, 254
Elias, Norbert 55, 61, 64 ff., 204
Elisabeth, Zarin 170
Eliteorganisation 96
Eliteschule 18, 27, 29, 106
Emotionale Intelligenz 190, 203
Entscheidung 15, 27, 32, 45, 47 f., 50, 66, 125, 139, 143 ff., 155, 160, 172, 189, 191, 194, 200, 204, 209, 213, 227 f., 231, 239, 255
Enzensberger, Hans Magnus 106, 238
Erfahrung 77, 119, 250
Erfolg 39, 51, 53, 66, 84 f., 113, 120, 122, 148, 162, 214, 216, 223, 245 f., 260
Erholung 218
Ethik 199
Etikette 576, 58, 63, 66 f., 170

Fehler 217, 230, 246, 261
Ferguson, Alex 85 ff.
Fink, Thorsten 85, 87
Fokus 150, 153,
Ford, Edsel 116
Ford, Henry 115 ff., 128, 140 f., 158 ff., 196, 212, 215 f., 218, 229, 232, 237, 249, 260 f.
Ford, Henry II 62, 123, 125
Fouché, Joseph 93
Franklin, John 72, 76,
Franz I. von Lothringen 164 ff.
Freiheit 26 f., 183, 196
Friedrich I. 30
Friedrich II. (der Grosse) 31 f., 47 f., 164 ff., 176, 227
Friedrich III. 30
Friedrich Wilhelm I. 30
Friedrich Wilhelm II. 32
Friedrich Wilhelm (der grosse Kurfürst) 29
Führungsstil 173, 178, 211
Fürsorgepflicht 17, 177, 210

Gaal, Louis van 85 f., 89, 207, 212
Gadiesh, Orit 175
Gandhi, Indira 172
Gefolgschaft 189 f., 203, 245, 251, 255
Gehorsam 16, 20, 23, 25 ff., 28, 30, 35 f., 46, 62, 70, 76, 79, 88, 184, 193, 206 f., 215
Gerechtigkeit 13, 119, 177, 200
Gesinnungsethik 197
Gestaltungskraft 183
Gewalt 24, 39, 50, 107, 172
Gewinn 117, 119 f., 148, 161
Gladwell, Malcolm 36, 192, 249, 254
Glaube 106, 120, 152, 189, 195, 203 f., 212, 215, 245, 247, 251
Glaubwürdigkeit 178, 189 f., 202 f., 204 f., 236, 245 ff., 251 f., 255

Goebbels, Josef 35
Goethe, Johann Wolfgang von
　40 f.
Goleman, Daniel 190, 232
Gore, Bill 191
Gotthelf, Jeremias 252
Gross, Christian 87
Grübel, Oswald 204
Guardiola, Josep 87
Gustav II. Adolf 65

Habgier 61, 161 f.
Hafis 254
Haile Selassie 59 ff., 209
Haltung 82, 103
Heine, Heinrich 28
Hemingway, Ernest 102
Herrschaft 53, 59, 184 f.
Herzfeld, Frederick 214
Heterarchie 49, 192
Hierarchie 20, 49, 88, 103, 105, 136 f.,
　152, 158, 177 f., 191 ff., 213
Hitler, Adolf 62
Hitzfeld, Ottmar 87
Hof 52 ff., 260
Hoffnung 74, 90, 184, 200, 251
Hofstede, Gerd 88, 159
Homer 234
Humor 42, 51, 79, 201
Huntford, Roland 76, 79, 81

Iacocca, Lee 62, 123 ff., 145, 157 ff., 193,
　196, 209, 212, 225 ff., 232, 235 f., 237 f.,
　250 f.
Idee 94 f., 106, 108, 133, 137 f., 157, 197,
　215, 237
Ideologie 103, 106, 197
Ignatius von Loyola 18, 22
Image 53, 65, 128
Individualität 89, 196
Initiative 89

Innovation 142, 189, 237, 256
Insubordination 27, 71, 193
Intuition 125, 156, 232, 250
Ive, Jonathan 258

Jeandupeux, Daniel 84
Jesuiten 18 ff., 27, 47, 106, 215, 217,
　225
Jobs, Steve 148 ff., 157 ff., 189, 193,
　203, 216, 222 f., 226 f., 230, 232,
　235, 237, 249, 251 ff., 256 ff.
Joseph II. 167, 171
Just in Time 141

Kahneman, Daniel 227
Kaizen 114, 121, 141, 229
Kant, Immanuel 202
Kapuscinski, Ryszard 59, 246
Kaunitz-Rietberg, Wenzel 166,
　169, 258
Karl VI. 164
Karl VII. 165
Karl von Lothringen 169
Kershaw, Ian 62, 123
Klinsmann, Jürgen 85
Klopp, Jürgen 84 f.
Klugheit 200 f., 256
Koestler, Arthur 102
Kommunikation 160, 188, 202, 218,
　234 ff.
Komplexität 48, 153, 230 ff.
Konsens-Management 130, 144 f., 157,
　191, 194, 222
Kontinuierlicher Verbesserungsprozess
　(KVP) 114, 121, 139, 141, 158, 222, 229,
　260
Kontrolle 85
Krise 78, 83, 126, 139, 147, 160, 163, 188,
　194, 204, 216, 222 ff., 227 f., 230, 237,
　239, 255, 257
Kritik 79, 89, 212 f., 217

Kultur 43, 45 f., 49, 59, 88, 114, 133, 143, 147, 174, 176, 180, 193, 208, 213, 222 ff., 259
Kutusow, Michail 49

Lean Production 121, 141, 144
Leidenschaft 137, 154, 157, 173 f., 203, 251 f., 257
Lenin (Wladimier Iljitsch Uljanow) 96 ff., 104, 106 f., 197, 225, 256
Lernen 77, 89, 120, 131, 134, 137, 140, 144, 151, 207 f., 222, 229 f., 237
Leyen, Ursula von der 179, 236
Liker, Jeffrey K. 142 ff.
Loach, Ken 102
Lob 121, 217
Lohn 119 ff., 126, 128, 131, 134 f., 140, 142, 158, 160, 168
Loyalität 28, 35 f., 38, 43, 46, 60 ff., 65, 82, 84, 124, 134, 159, 169, 209 ff., 212
Ludwig XIV. 55 ff., 104, 237
Ludwig XVI. 92
Lula da Silva, Luiz 173
Luxemburg, Rosa 98

Machiavelli, Niccolò 52 ff., 170, 183, 195, 220, 225, 234, 261
Macht 52, 57, 59 ff., 66, 85, 94, 96, 100, 103 f., 106, 108, 172 f., 176 ff., 183 ff., 191, 194, 197 f., 207, 209, 211, 230, 246 f.
Machtdistanz 55, 58, 64, 86, 88, 159, 173, 211
Magath, Felix 85, 211
Magellan 68 ff., 249
Malik, Fredmund 26, 253
Malraux, André 102
Marat, Jean-Paul 92
Maria Theresia 164 ff., 176, 209 f., 237, 258

Marketing 117, 125, 150, 158
Marktforschung 118, 158
Markulla, Mike 150
Marshall, George C. 51, 213
Maslow'sche Bedürfnispyramide 214
Mässigung 16, 21, 30, 200 f., 247
McNamara, Robert S. 49 f., 125, 227
McNish, Harry 82 f.
McQueen, Steve 123
Medien 84, 127 f., 147
Meir, Golda 172
Menschenbild 17, 23, 26 f., 32, 34, 36, 51 f., 64, 79, 108, 158, 194 ff.
Merkel, Angela 173, 179, 237
Meuterei 68, 71, 79, 88 f.
Misserfolg 120, 151, 217, 229, 230
Mission 19, 22, 27
Molière 19
Moltke, Helmuth von 34
Monetäre Anreize 217, 252
Monti, Mario 132
Moore, Charles 172
Moral 64, 117, 199 ff.
Moral der Truppe 33, 37 f., 43 f., 46, 86, 195, 216
Motivation 16, 22, 77, 144, 156, 160, 214 ff., 260
Motivation, extrinsisch 214
Motivation, intrinsisch 214 f.
Mourinho, José 86 f.
Mulcahy, Anne 174
Mustererkennung 34, 230 f., 240, 245, 258
Mut 37, 105, 188, 200, 213, 232, 240, 255

Nadolny, Sten 72
Nansen, Fritjof 75, 77
Napoleon 32 f., 36 ff., 47 f., 66, 201, 216, 226 f., 235, 246, 249, 253
Noll, Peter 52, 63
Norman, Greg 139

Oates, Lawrence 76
Ohno, Taiichi 141
Optimismus 82, 89, 105, 107, 170, 205, 251
Orwell, George 102

Papst Pius VII.
Pareto-Prinzip 231
Pascal, Blaise 21, 232
Peary, Robert Edwin 75
Picasso, Pablo 102
Pompadour, Madame 170
Popitz, Heinrich 9, 183 f., 187, 240
Powell, Colin 50
Preussen 28 ff.
Process Engeneering 114, 143
Produktivität 112, 114, 120, 157
Profit 117, 126, 156, 163
Propaganda 39, 100, 234 f.
Protokoll 63

Ransmayr, Christoph 72
Raskin, Jeff 151
Reed, John 99
Reynolds, Garr 231, 257 f.
Rhetorik 234, 249
Riklin, Alois 52
Risikomanagement 221
Robespierre, Maximilien de 91 ff., 104, 106 f., 189, 197, 235, 241
Rometty, Virginia 174
Roosevelt, Franklin D. 51
Rousseau, Jean-Jacques 91, 94
Rousseff, Dilma 173

Sachverstand 77, 188, 249 f.
Sanktion 16
Schanhorst, Johann David von 33
Schavan, Annette 179
Schmidt, Helmut 108, 241

Schrempp, Jürgen 163
Schröder, Kristina 179
Schwarzkopf, Norman H. 42 ff., 201, 209, 224, 227, 236, 249
Scott, Robert Falcon 75 ff., 80 f., 88, 188, 195, 203, 207, 220
Scully, John 151
Selbstbewusstsein 85 f., 133, 188, 212, 223, 254
Shakleton, Ernest 9, 80 ff., 201, 205, 209 f., 216, 219, 225, 247, 251, 258, 260
Shareholder-Value 122, 129, 161, 163, 201
Sinnfrage 46 f., 215
Solschenizyn, Alexander 99
Speer, Albert 62
Sprenger, Reinhard K. 87, 210, 259
Stalin, Josef 98
Steiner, Rudolf 238
Strafe 57, 100, 168, 184, 207
Strategie 44, 105, 132, 134, 136, 203, 213, 226, 239
Streep, Meryl 172

Taleb, Nicholas N. 220, 229
Talent 27, 37, 41, 180, 254, 257
Tatkraft 170, 240, 247, 254 ff.
Taylor, Frederick W. 109 ff., 118, 123, 140, 157 ff., 196, 218, 229, 237
Taylorismus 109 ff., 141, 160
Team 86, 89, 134, 143, 153 ff., 169, 180, 207, 216, 225 f., 258 ff.
Team-Spirit 216, 255
Terror 24, 93, 100 f., 108
Thatcher, Denis 172
Thatcher, Margaret 172, 189, 223, 235, 237
Tolstoi, Lew 40, 48, 227
Toyoda, Akio 146 ff.

Toyoda, Eiji 140
Toyoda, Kiichiro 139 f.
Toyoda, Sakichi 139 f.
Transaktionale Führung 189
Transformationale Führung 189
Trotzki, Leo 97, 103
Tugend 53, 64, 78, 94 f., 107, 197, 199 ff., 232

Überzeugung 99, 188, 212, 233 f., 247, 251 f., 257
Urzua, Luis 89
Utopie 95

Veränderung 134, 184
Verantwortung 13 ff., 43, 75, 84, 131, 177, 183, 197 f., 200, 214, 216, 228, 253, 255
Verantwortungsethik 197
Verbiest, Ferdinand 20
Vertrauen 78, 82, 189, 204 f., 217, 219, 245
Vision 86, 100, 106 ff., 151 f., 189 f., 215, 237 f., 247
Voigt, Wilhelm 36
Völler, Rudi 85

Watanabe, Ken 146
Weber, Max 10, 23, 25 f., 65, 183 f., 197 f., 204, 206, 225, 228, 237, 245, 253, 259
Weil, Simone 105
Welch, Jack 130 ff., 145, 159 f., 193, 209, 212, 218, 220, 223, 225 f., 229, 232, 237, 255 f., 258, 261
Werte 199 ff.
Wertschätzung 216
Westmoreland, William C. 50
Wettkampf-Ich 90
Weyprecht, Carl 72 ff., 90, 201, 205
Weyröter, Franz von 48
Widerspruch 51, 79, 155, 212, 226, 258 f.
Wilhelm I. 31
Wissenschaftliche Betriebsführung 110 ff., 118, 206
Wolfe, Tom 161
Wozniak, Steve 149 f., 258

Zeremoniell 56, 58, 63, 67
Ziel 44, 47, 77, 79, 81, 106, 117, 122, 133, 144, 203 f., 215, 222
Zinman, David 89
Zufall 36, 77, 173, 220
Zuversicht 73 f., 90, 205, 217, 251
Zweifel 106, 157, 209, 212, 226
Zweig, Stefan 22 ff., 69 ff., 93, 190, 253, 261

Der Autor

Benedikt Weibel, Dr. rer. pol., Jahrgang 1946, wuchs in Solothurn auf. An der Universität Bern studierte er Betriebswirtschaft und erwarb den Doktortitel. 1978 trat er bei den Schweizerischen Bundesbahnen ein, die er 14 Jahre lang bis 2006 als deren Chef führte. Er ist begeisterter Bergsteiger und diplomierter Bergführer. 2007 wurde er von der Schweizer Regierung zum Delegierten für die Fussball-Europameisterschaft 2008 ernannt. In dieser Funktion trug er massgeblich zum Erfolg des grössten je in der Schweiz durchgeführten Anlasses bei. Heute ist er Honorarprofessor an der Universität Bern für «Praktisches Management», Publizist und Buchautor. 2012 erschien bei NZZ Libro in 3. Auflage sein Werk *Von der Schublade ins Hirn. Checklisten für wirkungsvolles Management.*